DER FEINE GESCHMACK

Piero Camporesi, einer der originellsten Kulturanthropologen Europas, lehrt an der Universität von Bologna Literaturwissenschaft. Autor zahlreicher Publikationen; 1989 erschien bei Campus *Das Brot der Träume*, 1991 *Die Geheimnisse der Venus*.

Piero Camporesi

DER FEINE GESCHMACK

Luxus und Moden im 18. Jahrhundert

Aus dem Italienischen
von Karl F. Hauber

Campus Verlag
Frankfurt/New York

Die Originalausgabe *Il brodo indiano* erschien 1990 bei Garzanti Editore, Mailand.
© 1990 Garzanti Editore s.p.a.

Die Deutsche Bibliothek – CIP-Einheitsaufnahme

Camporesi, Piero:
Der feine Geschmack : Luxus und Moden im 18. Jahrhundert /
Piero Camporesi. Aus dem Ital. von Karl F. Huber. –
Frankfurt/Main ; New York : Campus Verlag, 1992
Einheitssacht.: Il brodo indiano ‹dt.›
ISBN 3-593-34616-8

Das Werk einschließlich aller seiner Teile ist urheberrechtlich geschützt. Jede Verwertung ist ohne Zustimmung des Verlags unzulässig. Das gilt insbesondere für Vervielfältigungen, Übersetzungen, Mikroverfilmungen und die Einspeicherung und Verarbeitung in elektronischen Systemen.
Copyright © 1992
Alle deutschsprachigen Rechte bei Campus Verlag GmbH, Frankfurt/Main
Umschlaggestaltung: Atelier Warminski, Büdingen
Umschlagabbildung: William Hogarth: Marriage à la Mode:
The Countess's Morning Levée. © The National Gallery, London.
Satz: L. Huhn, Maintal
Druck und Bindung: Fuldaer Verlagsanstalt, Fulda
Printed in Germany

INHALT

1 Die Wissenschaft von der Kunst zu leben 7
2 Die Revanche der Nacht 19
3 Gute Köche und tüchtige Friseure 36
4 Das geläuterte Jahrhundert 46
5 Zähes und schweres Fleisch 57
6 Die fremden Übernahmen des geschmäcklerischen Küchenmeistertums 65
7 Kurzlebige Dekorationen 76
8 Die trinkbare selige Ewigkeit 85
9 Die Botanik des Gaumens 98
10 Tückische Kunst 113
11 Die indianische Brühe 126
12 Namen, um Hunde verrückt zu machen 141
13 Quintessenz der Säfte 148
14 Die großzügige Tafel 158

Anmerkungen 183

I

DIE WISSENSCHAFT VON DER KUNST ZU LEBEN

Die Krise des europäischen Bewußtseins, die Paul Hazard (*La Crise de la Conscience Européenne,* Paris 1934) in den Jahren zwischen 1680 und 1715 (»rauhe, bis zum Rand mit Kämpfen und Aufregungen angefüllte und so gedankenschwere Jahre«) ansiedelte, fällt auch zusammen mit der Krise der Eßgewohnheiten in der Tradition der Spätrenaissance und mit der fortschreitenden Ausgrenzung Italiens von den nach vorwärts drängenden Zentren, in denen sich neue kulturelle Formen ausbildeten. Es waren Jahre, in denen sich zusehends die kulturelle Achse von Mittel- und Südeuropa nach Nordwesten, vom Mittelmeer an die Nordsee verschob. Für mehr als zwei Jahrhunderte gründeten sich auch die Formen und die Sprache der Küche und der Kochkunst auf andere Paradigmen als die der großen römisch-florentinischen Schule. Das Licht vom Hofe der letzten Ludwige in Frankreich verbreitete sich auch dort, wo alte Prachtentfaltung die großen Feuer an den anspruchsvollen Höfen der italienischen Renaissance entfacht hatte.

Das Frankreich der *conquérants,* der kriegerischen, jähzornigen Gallier, begann – zusammen mit den Frohbotschaften der *nouveaux philosophes* (neuen Philosophen) – Heere von Köchen und Friseuren, von Schneidern und Tanzmeistern, von unwissenschaftlichen Popularisatoren und sozialen Interpreten der neuen Tendenzen seiner aufkeimenden *civilisation* zu exportieren. Über die »Wissenschaft von der Kunst zu leben« und »gewisse soziale Genüsse, die die Franzosen so gut kennen und die wir Italiener, und vor allem die im südlichen Teil Italiens, nicht kennen»[1], klagte Pietro Verri mit einem Schuß von umgekehrtem fadem Provinzialismus, der damals wie heute widerlich war und ist.

Nicht wenige adlige Küchen fielen in die Hände von in Frankreich gebürtigen Köchen, die mit hochmütigem Eigensinn den neuen Gesetzeskodex von jenseits der Alpen durchsetzten. Giuseppe Parini bemerkte sie mit schlecht verhülltem Widerwillen und machte sich lustig über deren pompöse Inszenierung, von denen die Großtaten der neuen Meister begleitet waren. Diese waren darauf aus, in den »innersten Werkstätten... heftigen Kitzel« für die adligen Gaumen auszutüfteln, der »sanft an den Nerven zerrt / und allerlei Wollust mit sich bringt«.[2]

> In weißen Gewändern
> beeilen sich tapfere Diener, das edle Werk
> zu verrichten. Und ihre Grundsätze,
> von einem großen Geist eingegeben, kommen aus dem Land,
> wo Colbert und Richelieu berühmt waren...
> ...O du, kluger Meister
> der Verlockungen des Gaumes, wirst über kurzem
> den Lobpreis über dich von der hohen Tafel erschallen hören.
> Wer wird sich unterstehen, auch nur einen Makel
> an deiner Arbeit zu finden?[3]

Der »erste Koch, den man ausdrücklich deswegen aus Paris kommen ließ«, der »tüchtige erste offizielle Küchenfranzose« (wie ihn der Marchese und Komödienschreiber Francesco Albergati Capacelli aus Bologna in den *Lettere capricciose* [Kapriziöse Briefe] nannte) wurde zu einer zentralen Persönlichkeit, zu einem geachteten Ehrenmann, der verantwortlich war für die Handhabung des komplexen Räderwerks einer Maschine, die für die Adligen – Stunde um Stunde, den lieben langen Tag – liebliche Freuden für selbstvergessene und heikle Münder ausspuckte.

Nicht alle freilich erkannten Frankreich das Primat und das Erstgeburtsrecht für die Veredelung der Sitten und die Verfeinerung der Lebensformen zu. Der Graf Francesco Algarotti, ein großer und feinsinniger Reisender, der in Paris wie in Berlin, in Petersburg wie in London zu Hause und in Potsdam Tischgast von Friedrich II. und von Voltaire war, schrieb im Jahre 1752 anden Dichter Carlo Innocenzo Frugoni, dem der Hof der Bourbonen in Parma Schutz und Schirm gab. Er wies ihn darauf hin, daß

man für die Annehmlichkeiten des Lebens, wo es ebensoviele Petronii Arbitri gibt, der Franzosen Lehrmeister begrüßen muß. Montaigne spricht in einem seiner Essais von einem Mundschenk des Kardinals Caraffa, einem großen Doktor in der Wissenschaft der leckeren Soßen und aller anderen Dinge, womit man den am schwersten zu befriedigenden und den am besten ausgebildeten Appetit anregen kann. Dieser wußte sehr wohl,

Quo gestu lepores, et quo gallina secetur.

(durch welchen Handgriff man Hasen und durch welchen man ein Huhn tranchiert). Und an einer anderen Stelle noch berichtet er, daß die Franzosen zu seiner Zeit nach Italien gingen, um den Tanz, die guten Umgangsformen und jede Art der Höflichkeit zu lernen, so wie jetzt die Engländer kommen, um die Werke von Palladio und die Überreste der antiken Gebäude zu studieren. Und man kann wohl sagen, wenn sie jetzt schlecht von uns reden, daß das Kind die Amme schlägt, um mich eines ihrer Ausdrücke zu bedienen.

Es steht fest, daß die Italiener nach der allgemeinen Barbarei in Europa die Augen vor den anderen Nationen aufmachten. Als die anderen noch schliefen, waren wir wach.[4]

Der Prozeß der Modernisierung, der von Italien eingeleitet wurde, war so intensiv, daß die »Barbarei« (die von den »Leuchten«, den Aufklärern, erfolgreich bekämpft worden war) auch in Italien unkenntlich gemacht worden war. Als der wiedererstandene Francesco Petrarca aus dem Reich der Schatten »nach gut vier Jahrhunderten«[5] Abwesenheit in Gesellschaft von Amor auf die italienische Halbinsel zurückkehrte, war er verwirrt angesichts so großer unvorstellbarer und »seltsamer Umwälzung«. Alles hatte sich geändert seit der Zeit, als »alles gotisch, das heißt deutsch war«[6]. Als der Schatten Petrarcas – nach den Worten von

Saverio Bettinelli – vom Himmel auf die Erde niederfuhr, war er erstaunt über die »wunderbaren Fortschritte«[7], die vor seinen Augen vorbeizogen; denn er war aus seinem »rohen Zeitalter« in eine nicht wiederzuerkennende Welt herausgeschleudert worden. Und die Phantasie Bettinellis erreicht groteske Höhen, die unvorhersehbar und unerwartet waren gerade im »Jahrhundert der Kenntnisse der Dinge (cose)«[8], als geometrische Formeln selbst für die Geheimnisse des Jenseits mißbraucht wurden und »Predigten unter Verwendung von Lemmata und Theoremen gemäß der Wolffschen Methode verfaßt, wenn nicht gehalten«[9] wurden. »Wie verschieden von jener Zeit sind das Reden, Sich-Kleiden, Wohnen, die Umgangsformen, das Zusammenleben, die Künste, die Gesetze, die Sitten und selbst die Religion!«[10], ruft der doch seinerseits anspruchsvolle Besinger Lauras aus. Als er umhersah, erblickte er eine offene, freundliche und anmutige Stadtlandschaft, in der sich anstelle von »Burgen und Wachtürmen«, von »Zinnen und Türmen mit Schießscharten« – errichtet von wilden »Machthabern«, die in ihrer Lebensart eingekapselt und »selbst in den Städten eingeschlossen, ja begraben« lebten – grazile, elegante, »mit Gold und Stuckwerk verzierte Paläste« erhoben. »Sie waren ausgestattet mit Gemälden, mit Portalen und marmornen Säulenhallen, mit breiten Fassaden und großen Kristallglas-Fenstern bis zum Fußboden, um die schönen Zimmer, in langer Flucht angeordnet, heller zu machen.«[11]

Es sind helle, lichtvolle Suiten mit weitläufigen Zimmern und vergoldeten Decken und großen, ausladenden Fenstern. Die neue bürgerliche Architektur, einladend und beschwingt, unterstrich die Distanz zur gotischen Vergangenheit, die voll von Ängsten, Gespenstern, finsteren Visionen, von greulichen Fallen und von »Schrecken« war. Vor allem die Treppen schienen Petrarca zu bezaubern, die »großartigen«, sanft geschwungenen und luftigen Treppen des 18. Jahrhunderts, die so verschieden waren von jenen »so engen und finsteren Treppenhäusern«, die er in seinen Tagen gekannt hatte. Und die Innenräume erschienen so einladend und reizend, daß sie ihm Schreie der Bewunderung entlockten.

Und jene Möbel, jene Einrichtungsgegenstände mit ihren breiten und weichen Sesseln, ihren mehrlagigen Betten und Baldachinen, ihren mit schönen Tüchern drapierten Wänden sowie dem Geschirr, o, welch ein Reichtum, welch ein Glanz! Ich fürchtete selbst, auch nur irgend etwas von dem Prozellan zu berühren. Alles schien mir wie ein Zauber, wie ein Traum...[12]

Der ausgesuchteste Luxus ging einher mit einer unnachahmlichen Erlesenheit in der Mode:

höchste Eleganz ist auch an ihrer Kleidung zu sehen, die eng an den Gliedern anliegt, so daß sie unbekleidet erscheinen; der Kopf ist ganz gepudert und mit dreispitzigen Filzen und einem First bewehrt; der Hals ist mit einer Presse umwunden; sodann sind sie leicht bekleidet und so behende, um in jedem Moment tanzen zu können, denn die Beine sind sichtbar und durch nichts behindert, mit goldverzierten, sehr fein polierten Schnallen und feinen Steinen besetzt, womit wir uns ehedem die Hände schmückten.[13]

Bei Tisch, in der allgemeinen Ökonomie des Mahls, in der Art und Weise der Speisengänge und im Geschmack der Speisen waren die Veränderungen radikal. Die Tafeln der Adligen waren weniger üppig als die der Neureichen, die es aufgrund von unerlaubten Abzweigungen von den »Abgaben« an die Fürsten sein konnten; denn dies waren Leute mit »tadelnswerten Sitten«, im Vergleich zu denen die »antiken Steuerpächter« als schlichte »Stoiker« erscheinen konnten.[14] Jene wurden zwar nicht durch das »plebejische Sich-Suhlen« wie bei den mittelständischen Schlemmereien der Neureichen ohne »Benehmen« bereichert, sondern durch »sehr erlesene Speisen und ausländische Weine, von denen jeder eine Liste sich vorhielt, um das auszuwählen, was ihm als das Beste erschien«. Verschwunden war von diesen Tafeln das barbarische Sich-Aufhäufen, die chaotische Abfolge von riesigen Gängen des mittelalterlichen Mahles, »jene riesigen Teller aus meinen Tagen«, so bemerkte Petrarca, »die überladen waren mit Wildbret und Pyramiden von Geflügel oder ganzen Kälbern und Ziegenböcklein.«[15]

Der schwere Vorhang der Gewürze, der mit seinen vollen und vergessen machenden Düften das mittelalterliche Festmahl einhüllte, löste sich in nichts auf, er war verschwunden, zusammen mit den Rosenwassern bei den Waschungen vor der Mahlzeit.

Sodann riecht nichts mehr nach den damals so seltenen und uns bei jeder Speise so willkommenen Gewürzen, ebensowenig sieht man riesige Kuchen oder auf dem Tisch aufgetürmte Pasteten. Auch besprengt man sich nicht mit Rosen- oder Jasminwasser. Heute gibt es wenige Speisen, jedoch invielen Gängen und in kostbaren Tunken, Essenzen und sehr nahrhaften Soßen. Nur scheint es mir neu, daß man sich bei soviel Luxus vorher nicht die Hände wäscht.[16]

Sich vor dem Essen die Hände zu waschen wäre ein »Eingeständnis [gewesen], daß man schmutzig ist«, erläutert Amor dem Petrarca in den *Dialoghi*, »dessen man so von Kopf bis Fuß elegante Personen nicht einmal verdächtigen darf«.[17] Die neue Eleganz, der sanfte und erlesene Luxus, die kurvenreiche Mode der enganliegenden Kleidung, die sozusagen ersonnen wurde, um die Leichtigkeit der Bewegungen und die Behendigkeit der Körper zu unterstreichen, erforderten eine neue Ernährungsweise und andere Grundsätze des Kochens.

Wenige Speisen, jedoch in vielen Gängen: Dieser Grundsatz verweist auf eine nuancierte Palette von Genüssen, die auf der Verschiedenartigkeit und dem Spiel der sich überlagernden und beieinander liegenden, sich jedoch nicht durchdringenden Würzen aufgebaut ist. Es ist ein nervöses und aufgeregtes Grundmuster der Kochkunst, das weit entfernt ist von dem alten, bei dem die schwere Überfülle den zarten und feinfühlenden Gaumen mit einer wuchtigen Kaskade von »riesigen Kuchen« und sich auftürmenden Pasteten überlud.

Verschwunden war die altväterliche Speisenfolge, wo das Wildbret und das Fleisch schwerer und kräftiger Vierfüßler der Reihe nach in fetten Prozessionen daherkamen, um dann von den riesigen Speisentabletts auf die großen einladenden Gedecke und die geräumigen Teller der Tischgäste zu gleiten. Dagegen artikulierten sich die neuen Formen und die neue Auffassung vom Kochen und Essen in einem Defilee von kleinem, luftigem und zerbrechlichem Geschirr, auf dem »kostbare Tunken«, »Essenzen und nahrhafte Soßen«, Konsommees und Fleischbrühen, abgeseihte Kraftbrühen (culì = franz. coulis, d. Ü.) und Gelatinen aufgetragen wurden, wobei durch die Alchimie der Köche den derben, rötlichen Fleischstücken unedlen Viehs die Essenz entnommen wurde. Dadurch wurden die feinen *mangeurs* (Speisenden) von der ordinären Pflicht entbunden, zu beißen, zu reißen und zu kauen, sie konnten sich so feinsinnige Gespräche und spritzige Konversationen erlauben.

An den Tafeln des 18. Jahrhunderts herrscht eine neue *ratio convivalis* (Tafelordnung) vor, eine geometrische Ordnung und eine mathematische Vernunft: die Vielfalt der Gedecke schließt die Leichtheit der Nahrungssubstanzen ein. Und die Verschiedenartigkeit der Geschmacksnoten wird symbolisch durch das Schillern der verschiedenen Farben angekündigt. Das Auge entthront die Nase und bevorzugt und begeistert sich an der Vielfarbigkeit der Parade, dem Menuett der Täßchen, dem Tanz der Speisen. Polychromie und Miniaturisierung vermischen sich im wohltemperierten Konzert der Mahlzeit wie bei einer eleganten musikalischen Phrase. Über allem waltet der Generalplan, die *Ordnung* und die harmonische Disziplin, die die überlegte Abfolge der Gedecke, ja die bunte, sichtbar appetitliche und für das schwer zu befriedigende Vergnügen des zublikkenden Auges hergerichtete *promenade* leitet. Das Auge wird zur letzten Instanz des subtilsten Geschmacks, zum sensiblen Werkzeug für das Maß und die morphologische Bewertung schon von ferne. Es ist das Auge, das am wenigsten intime und das am wenigsten vernachlässigte Sinnesorgan, der eiskalte, unerschütterliche Regisseur, dem nichts entgeht, während es unbeteiligt und gleichgültig über die farbigen Oberflächen gleitet, ohne das Interieur zu erkunden und ohne den verborgenen Kern der Nahrungssubstanzen zu beriechen oder zu berühren.

Schon kommt die Tafel heran. In tausend Spielarten und in tausend Geschmacksrichtungen, in tausend Farben tummelt sich das bunte Erbe der Vorfahren auf den Gedecken; und wahrt rechte Ordnung.[18]

Das »geläuterte Jahrhundert«, das »Jahrhundert der Kenntnis der Dinge und der universalen Kultur«[19] hatte Francesco Algarotti damit bereichert, daß er für die italienischen Damen »eine neue Art von Vergnügen« erfand, indem er aus Frankreich »die Mode, den Geist zu kultivieren« nach Italien verpflanzte, »und nicht eine neue Art, die Haare zu kräuseln«[20]. Gleichzeitig mit dem »alten gotischen Plunder«, den »alten und abgestandenen Worten«[21], der magischen Esoterik, dem vorwissenschaftlichen Animismus und der Kultur der Schulen hatte dieses Jahrhundert die Unordnung und die konfuse, aufgeblähte Überfülle nicht nur der mittelalterlichen, sondern auch der Renaissance- und Barock-Tafeln zum staubigen und schädlichen Gerümpel getan. Auch bei den Speisen hatte die Mathematik des Geistes, die »Lehre der Maße und die unfehlbare Wissenschaft der numerischen Quantitäten« eine Wendung um viele Grade, einen wahrhaften Richtungswechsel bewirkt. Die Tafel wurde langsam zur Verdichtungskammer für neue mentale Grundmuster, zu einem Schachbrett, auf dem die Partie der Umstellung der menschlichen Natur nach den Regeln der Vernunft und der Wissenschaft gespielt wurde. »Könnte man den Geschmack nicht«, fragte sich Algarotti in den *Pensieri diversi* (Verschiedene Gedanken), »als Ergebnis der Lehre von den Proportionen in der Geometrie des Geistes definieren?«[22]

Diese »Geometrie des Geistes« wurde dennoch vielfach eher theoretisiert als gelebt und praktiziert, und nicht wenige *philosophes* vergaßen, wenn sie zu Tische saßen, die »Lehre von den Proportionen« und gaben sich vorwissenschaftlichen Exzessen, *plantureuses ripailles* (üppigen Schlemmereien) hin, die denen jener rohen und finsteren Jahrhunderte ebenbürtig waren, jenen alten obskurantistischen und abergläubisch pervertierten und für den *esprit* verderblichen und tödlichen Ernährungsweisen. Dieser verspottete scharfsinnig und locker die barbarischen Gebräuche und die beklagenswerten Sitten der rohen und gotischen mittelalterlichen Gesellschaft. Als sich der Abt Ferdinando Galiani, der im Gegensatz zu den anderen Aufklärern auch weiterhin die Fastentage beachtete, von Neapel aus an die Freitage in Paris erinnerte, kamen ihm nostalgisch wieder seine Magenverstimmungen durch Fischgenuß ins Gedächtnis, die er sich durch seinen gesunden Appetit zuzog. »Man bittet zu Tisch. Wir gehen hinaus, die anderen essen vom Fetten, ich esse vom Mageren, ich esse viel von jenem grünen Kabeljau aus Schottland, der mir so gut schmeckt, und ich ziehe mir eine Magenverstimmung zu, während ich gerade die Geschicklichkeit des Abtes Morellet bewundere, ein Masthuhn zu tranchieren.«[23]

Die Magenverstimmungen waren beinahe regelmäßige Begleiterscheinungen bei den Mahlzeiten der Aufklärer, auch bei denen »jenes seltenen Geistes von Monsieur Voltaire«, der immerhin eine Soiree zu einem außergewöhnlichen und unvergeßlichen Ereignis machen konnte. »Ein Abendessen ohne ihn«, erinnerte sich der Graf Algarotti, Kammerherr Friedrichs des Großen, dessen Tischgast er oft war, »schien beinahe wie ein Ring ohne Edelstein zu sein.«

Bei den »Abendessen des Königs« in Sans-Souci »sprühen die Gedanken lebhaft und prickelnd, und wie von elektrischen Körpern übermäßig erregt, schlagen Funken und Geistesblitze hervor.«[24] Es waren Abendessen nicht nur für freie Geister, sondern auch für Menschen mit einem gesunden Appetit und einem gefräßigen Magen, die eine Abneigung gegen Abstinenzen und Fasten hatten und geregelter Essensdisziplin abhold waren. Denn diese war nur bei Leuten von beschränkten Tugenden angebracht. So etwa spöttelte Algarotti im Jahre 1750 gegenüber Francesco Maria Zanotti:

Man bräuchte die allergrößte Tugend an diesen Tischen. Man setzt dir beinahe immer schlechte Gerichte vor, das heißt solche, die du essen sollst, auch wenn du keinen Appetit hast.

Helas! Les indigestions (Nun denn, die Magenverstimmungen
Sont pour la bonne compagnie. Sind für das gemeine Volk.)

Ich möchte bei derlei Leistungen Herrn Luigi Cornaro sehen mit seinem überaus schönen Traktat über das »Maßvolle Leben«...[25]

Von Potsdam bis zum Schloß »Les Délices« (die Wonnen) bei Genf blieb das diätetische Programm im wesentlichen (und gefähr-

licherweise) unverändert. Der Patriarch von Ferney, Voltaire, der
»mehr Geist denn Körper«[26] und sehr mager war, »ein großes
Samtbarett über den Augen hatte, unter welchem eine sehr dichte
Perücke war, die sein Gesicht umschloß, aus dem die Nase und
das Kinn noch schärfer herausragten, als sie auf den Porträts zu
sehen sind, und der den Leib vom Scheitel bis zur Sohle in Pelz
gehüllt hatte«[27], purgierte sich regelmäßig, bevor er sich zu Tisch
setzte, um ohne Gefahr von Magenverstimmungen essen zu können. So erwähnt Saverio Bettinelli, der den Autor von *Candide* in
Ferney besuchte, als dieser bereits über sechzig war, folgendes:

> Wir speisten in guter Gesellschaft, und ich sah seine Art und Weise, einen
> guten Löffel Kassienmark einzunehmen, bevor er sich hinsetzte, um gut
> zu essen, wie er es tat. Nach dem Mahl sagte er zu mir: »Ich habe zuviel
> gegessen, ich werde nicht lange leben, um mein neues Haus zu genießen
> [das er in Ornex hatte bauen lassen, »um«, wie er gewöhnlich sagte, »von
> einem Ort zum anderen einen Verdauungsspaziergang zu machen«]; aber
> ich muß genießen, ich bin gierig. Horaz war es auch; jeder sucht sein
> Vergnügen. *Il faut berner l'enfant jusqu' à ce qu'il s'endorme.*« (Man muß das
> Kind foppen, bis es einschläft.)
>
> Ihr seht, daß er aus der Herde des Horaz und des Epikur war, wie er
> in anderem ein Diogenes war; und mal ist er ein Sokrates, mal ein Aristipp. Er nahm dann viel Kaffee, nachdem er die Flaschen gekostet
> hatte.[28]

Sein Leibarzt, der berühmte Tronchin, dem Voltaire sein »Leben
und seine Gesundheit« anvertraut hatte,[29] »war mit seinem Kranken nicht zufrieden«.[30] Dieser Modearzt, »ein schöner und graziöser Mann«, wurde von allen »an Krämpfen Leidenden« umworben, die selbst aus Paris kamen, um sich von ihm untersuchen
zu lassen. (Die Zarin Katharina hatte ihn mit einem fürstlichen
Kontrakt aufgefordert, die kleine kalvinistische Republik am
Genfer See zu verlassen und an den Hof von Petersburg zu kommen). Dieser empfahl seinen Patientinnen – alles Damen aus der
guten Gesellschaft mit besonders empfindlichen Nerven und einer sehr zarten Gebärmutter, die an der zu jener Zeit in der weiblichen Welt am weitesten verbreiteten Krankheit, der konvulsiven
Krise, litten – eine »galante Kur«: »jeden Morgen auf Kavalkaden

schöne Reiterinnen, erlesene Mittag- und Abendessen in der vorgeschriebenen Weise, Spieltische und weitere Galanterien, Musik, die dazwischen aufspielte, schließlich Vergnügungen weit weg von den Ehemännern und dem Hof...«.[31] Auch Thomas Sydenham, der »englische Hippokrates«, empfahl seinen Patientinnen, die das gleiche Symptom aufwiesen, die Lektüre von Don Quichotte und das Reiten, weil »das Pferd die Tinktur für die im Unterleib Leidenden (ipocondriaci) ist«.[32]

Da ihm Rat und Hilfe von einem solchen Arzt zuteil wurden, konnte auch ein so schwieriger Kranker wie Voltaire ohne große Hindernisse das Alter von vierundachtzig Jahren erreichen. Voraussetzung dafür waren moderates Vergnügen, kontrollierter Genuß, umsichtige Mäßigung, galante Befreiung und eine leichte Kost.

Wenn der große Tronchin – dem die Zarin »60 Tausend Franken im Jahr, Tafel für viele Personen, Karosse, Haus und ein Geschenk beim Weggang, falls er für drei Jahre an ihren Hof kommen wollte«[33], versprochen hatte – für die an den Turbulenzen und den Ohnmachten des leichten Lebens leidenden schönen Damen Spiele, Musiken, Kavalkaden, verbunden mit »Mittagessen und feinen Abendessen«[34], vorschrieb, waren es die freigeistigen Verführer ihrerseits gewohnt, der Geliebten »ein köstliches und ausgezeichnetes, wenn auch schlichtes und in der Menge mäßiges Abendessen«[35] anzubieten. Nur die heliogabalistischen, d.h. ausschweifenden Visionäre im Stile von De Sade konnten von unmäßigen Soupers mit Anhäufungen von Fleisch und exzentrischen, ausufernden wollüstigen Verschlingungen übermäßiger Speisengänge träumen, was dem guten Geschmack des 18. Jahrhunderts fremd war.

Als erster Gang wurden Krebssuppe und zwanzig verschiedene Platten Hors-d'oeuvres serviert. Zwanzig Vorspeisen folgten und wurden alsbald durch zwanzig andere feine Gerichte ersetzt, die nur aus auf die verschiedensten Arten zubereitetem weißen Geflügelfleisch und Wild bestanden. Danach trug man einen Gang Gebratenes auf; es fand sich darin alles, was man sich an höchst Seltenem vorstellen kann. Das Menü ließ eine kalte Patisserie folgen, die alsbald 26 verschiedenen Gerichten aller Art

Platz machte. Man trug ab und wechselte zu einem prächtigen Gang kalter und warmer Süßspeisen. Schließlich machte das Dessert den Abschluß. Man reichte – trotz der Jahreszeit – eine erstaunliche Menge von Früchten, sodann Gefrorenes, Schokolade und Liköre, die man bei Tisch zu sich nahm. Die Weine hatten bei jedem Gang gewechselt: beim 1. gab es Burgunder, beim 2. und 3. verschiedene Sorten italienischer Weine, beim 4. Rheinwein, beim 5. Rhônewein, beim 6. moussierenden Champagner und zwei verschiedene griechische Weine.[36]

Schwerlich hätte ein Ehrenmann von Rang (selbst wenn er von satyrhaften Dämonen besessen gewesen wäre) ein solches Menu akzeptiert, wie es sich der adlige Gefängnisinsasse der Bastille in seinem pervertierten Geschmack vorstellte. Dieser erträumte sich in seinen sexual-diabetischen Krisen Maßlosigkeiten, wie sie weder für einen *honnête homme* (Ehrenmann) mit geschultem Gaumen noch für die Profis der Libertinage annehmbar waren. Für einen wahren Herrn war die Entartung des Geschmacks niemals von der Zügellosigkeit in den Sitten getrennt: ein abscheulicher Schmorbraten und eine schändliche Liebe waren das gleiche; sie gehörten beide ein und demselben verruchten Prinzip des Verfalls an. Auch am Hof wimmelte es von »untätigen, müßiggängerischen Geistern«, von »unermüdlichen und sehr ermüdenden Schwätzern«, von »geschmacklosen Spöttern«.[37] Sie waren alle »Menschen von schlechtem Geschmack, einem seltsamen, wunderlichen Geschmack, verdorben in ihren Liebesaffären und in ihren Eßgewohnheiten«.[38]

2

Die Revanche der Nacht

Charles Louis de Secondat, Baron von La Brède und von Montesquieu, bemerkte: »Die Frauen und die müßige männliche Jugend durchwachten die Nächte, und oft begann der Mann den Tag, wenn seine Frau ihn beendete.«[1] Die Gesellschaft des 18. Jahrhunderts und besonders die »aufgeklärte« Frau hatten die lange Tyrannei der Finsternis besiegt. Der »schreckliche Schatten«, der ehemals, so Giuseppe Parini, von der Nacht heraufbeschworen wurde, »die schrecklich verschwiegene und finstere Luft«, erstrahlte in »hellem Licht und Gold«. Das »nächtliche Konventikel« in der »stolzen Halle« glitzerte im Licht von »Hunderten von Fackeln«. Die »feindliche Finsternis«, die von den »Genien, / die triumphierend in der Nacht umherstreifen«, neu geweiht wurde, floh vor dem »neuen Licht« und zog sich ins Innere des finsteren flachen Landes zurück. In den »beglückten Räumen« des »großen Palastes ist [alles] Lärm und Licht«.

> Betäubt sieht um sich die Nacht
> stärker als vor der Sonne goldene Nischen
> erstahlen, und durch Kristalle und Spiegel
> geschmückte Wände und bunte Kleider, weiße
> Schultern und Arme und lebhafte Äuglein...
> (Parini, *La Notte*, Verse 48-52)

Die weibliche Verführung hatte in der von funkelnden Lüstern erleuchteten Nacht die passendsten Stunden gefunden, um ihre magische Macht auszudrücken. »Die schönen Frauen«, bemerkte

Pietro Verri, »lieben es mehr, bei Nacht zu erscheinen als beim Lichte des Tages. Bei Tage geht das Große Licht nur von einer Seite aus, alle Erhebungen des Antlitzes, alle Aushöhlungen erhalten einen Schatten, der die Züge hervorspringen läßt. Ein herrschaftlich erleuchteter Ballsaal dagegen erhält sein Licht auf einen Schlag von allen Seiten; die ganze Gestalt wird gleichmäßig beleuchtet und ist beinahe immer strahlend.«[2]

Der »Sieg über die Nacht« (F. Braudel), dessen Protagonistin eine Gestalt war, die der Abt Roberti als »Licht-Frau« bezeichnete, hatte die Lebensrhythmen erneuert, das traditionelle Dahinfließen der Stunden durcheinandergebracht, die »Ausnutzung der Zeit« tiefgreifend verändert, veraltete Sitten und Gebräuche aus den Angeln gehoben und archaische, abergläubische Ängste bekämpft.

Eine leise und lautlose Revolution begann die alte Ordnung in den Abgrund zu stürzen. Ein unerbittlicher und unsichtbarer, aber deswegen nicht weniger zäher und heimtückischer Gegner war für immer geschlagen und aus dem Wege geräumt, nämlich das »Gefühl des Nachtseins« (das »sentiment de la nuit«, von dem Montesquieu in seinem *Essai sur le goût* [Essay über den Geschmack] sprach).[3] Denn dieses war übergegangen in den unheimlichen Gedanken des nicht Existierenden, der negativen, trägen und düsteren Zeit, der Zeit der Abwesenheit der Seele, die leer den Tod aushheckt. Der Fall des Tabus der Nacht, die Machtergreifung des Künstlichen über das Natürliche markierten einen tiefen Einschnitt in des Netz der Konditionierungen, das stillschweigend über Jahrhunderte und Jahrtausende hinweg geknüpft worden war.

Die »Nachtzeit« hatte den fahlen Schein der düsteren Stunden verloren, die von den Hexen und den Schwarzkünstlern geschätzt wurden und die den Schrecken der Gespenstererscheinungen und das »Gepolter« der wiederkehrenden Geister mit sich brachten. Im funkelnden Licht der galanten Soirees war auch das durchaus weise Verdikt der alten Medizin über die schädlichen Folgen des »Ausgehens bei Nacht«, der nächtlichen Reise, zerschellt. Denn dies galt als Störung der Ordnung der Natur und Gefährdung der moralischen Ordnung. So hatte – unter so vielen Stimmen – auch der Monsignore Sabba Castiglione in der Mitte des 16. Jahrhunderts gemahnt:

Hütet Euch auch, des Nachts – außer in allergrößter Not – auszugehen, erstens wegen der Ärgernisse, Unannehmlichkeiten und Gefahren, die ständig daraus erfolgen; zweitens wegen der vielseitigen und verschiedenen Gebrechen, die für gewöhnlich durch die Nachtluft hervorgerufen werden. Denn ich muß Euch daran erinnern, daß der Tag für die Arbeitsmühe und die Nacht für das Ausruhen gemacht worden sind. Und nachts ohne Not auszugehen ist gewißlich nichts weiter als eine Störung der Ordnung der Natur...[4]

Das »müßige und sanfte«[5] Leben des »Jahrhunderts ohne Ordnung«, die heruntergekommenen Sitten des »verweiblichten Jahrhunderts«[6] erschienen aus der Sicht der katholischen Konservativen in der zweiten Hälfte des 18. Jahrhunderts als die Negation der alten zivilen Ordnung, als der Triumph der Zügellosigkeit, der Ausschweifung und der Verderbtheit. Für sie war es das Delirium des »rasenden Zeitalters«, das, »durch eine eitle Wissenschaft aufgeblasen«, vorgab, »die Bildung und das Glück auf die Erde zu bringen«.[7] Die »Ausschweifung der Gedanken, die Krankhaftigkeit der Lüste..., wo alles aus Lappalien und Bagatellen, Flitter, Müßiggang und Wahnwitz besteht«,[8] hatten in der Nacht die beste Zeit gefunden, um die ausgeglichenen Zeiteinteilungen des Tages und die Pflichten des christlichen Lebens vergessen zu lassen, das durch die Sonne des Glaubens und nicht durch die falschen Glanzlichter des Atheismus, des Deismus, des Skeptizismus und des Atomismus erleuchtet werden sollte. Letztere reduzierten ihrer Meinung nach den Menschen auf »ein bißchen ziemlich feinen, heftig umhergewirbelten Staub« und das Denken auf ein zufälliges Agglomerat zerpulverter Substanz, das »dreieckig oder quadratisch..., hart oder weich« erscheinen konnte.[9] Und schließlich werde erklärt, die Menschen seien nichts anderes als »Maschinen, die sich wie Uhrwerke bewegen«.[10] Aus dem Schoß der erleuchteten Nacht waren die »fauligen Sophismen«[11] der *philosophes*, der üblen französisch-holländischen Lehrmeister, der

»anmaßenden Freigeister«[12], der »Freidenker« hervorgegangen. Es waren Monstergeburten der »Autorität der Freigeister«, des »gottlosen Spinoza«[13], und der perfiden Lobhudler der »rohen Triebe«[14], derer, die mit Befriedigung die Leute dazu aufforderten, »sich ohne Maß und Zügel jeder Frevelhaftigkeit in die Arme zu werfen«, »dem Wein, den Betten und den Speisen zu frönen«, »jedes Recht und Gesetz niederzutreten« und »wie die Windhunde auf jeder Wiese ein sehr dreckiges und sehr billiges Stück Vergnügen zu wittern«[15]. Auch in den Städten und bei den Leuten, die grundsätzlich mit der katholischen Tradition und der alten Ordnung verbunden geblieben waren, »verlängerten sich die nächtlichen Wachen und zogen sich so sehr in die Länge, daß sie sich dann in ausgedehnten Ruhezeiten zu sehr später Stunde erholen mußten. Daher steht man erst dann aus dem Bett auf, wenn bereits beinahe die Feier der göttlichen Mysterien ganz vorüber ist. So sind etwa die Haare gekräuselt, die Stirn glänzend, die Augen aufgeheitert, die Wangen bemalt, die Halsbänder angeordnet, die Bänder aufgerollt und der ganze Habitus verschönert, so daß es, wenn es nicht die Stunde ist, da man den Tisch deckt, immerhin die Zeit ist, da bereits alle Kirchen geschlossen werden.«[16]

Die »böse moderne Sitte« war nicht nur bei den »ansehnlichen Familien« und bei den »adligen und herrschaftlichen Ständen« eingedrungen, auch »Leute aus dem Volk«, »Handwerker«, das ganze »arbeitsscheue Volk«[17] bevölkerten die Schänken der Stadt, vor allem an den Festtagen, und hielten sich damit auf, »selbst die Nächte mal in großen Theatern, mal bei durchgehenden Zechereien, mal bei anderen übermäßigen Ausschweifungen zu entheiligen«[18]. Die schlechte, ja perverse Verwendung der Stunden war das deutlichste Zeichen für die moralische und soziale »Unordnung«[19] und die Verkehrung der Zeit das klarste Anzeichen für die Umkehrung der Werte:

> O unwürdige, mächtige Mode,
> die von Natur aus alle Ordnung
> umkehrt, wo sie herrscht,
> die Vernunft und Glaube verfinstert![20]

Die Vernunft ist verfinstert, angestrahlt von satanischen Lichtern, sie tritt auf als maskierter Wahn und schleppt unmoralische und liederliche Neigungen ein. Motor, Antrieb und sehr aktive Triebkraft der Unordnung ist die Frau:

> Diese Lebensweise
> zerstört und tötet die Gesundheit;
> dennoch ist sie bei allen erwünscht,
> und die Nacht schwelgt nur so dahin;
> und vor allem die Frauen
> sind froh, die Nächte über aufzubleiben.
>
> Sie werden zwar gelblich und häßlich
> wegen der verpesteten nächtlichen Luft,
> doch wohl wissen unsere Dirnen
> im Tageslicht zu erscheinen,
> weiß im Gesicht und rot die Lippen
> vom Bleiweiß und Zinnober.[21]

Sehr verbreitet war in den kirchlichen Kreisen und bei den katholischen Intellektuellen die Gewißheit, daß die Gesellschaft an einer entscheidenden Wende angekommen sei, daß das »Jahrhundert des Luxus«[22] schnell auf einen Bruch mit den Traditionen, den Grundsätzen und den Sitten der Vergangenheit zugehe, daß jetzt die Zeit eines radikalen Wandels und einer beispiellosen Umwälzung gekommen sei. Die verkehrte Welt begann in Erscheinung zu treten. Die »seltsame Metamorphose« begann das Menschenbild zu ändern. Der Karmeliter Pier Luigi Grossi (1741-1812) machte auf folgendes aufmerksam:

Ich finde, daß unser Jahrhundert... nichts anderes als eine Verkehrung, ein Auf-den-Kopf-Stellen der Jahrhunderte ist, die uns vorangingen. Denn die wahre Derbheit wurde in unseren Tagen ersetzt durch eine verführerische Kultur, die blutige Grausamkeit durch eine weiche Verweiblichung und die unwissende Leichtgläubigkeit durch einen philosophischen Unglauben. Dieser Szenenwechsel, dieser Austausch der Komparsen datiert erst seit einem Zeitraum von einigen Jahrfünften, und wir selbst waren größtenteils deren bestürzte Bewunderer. Gewisse Überreste von Altertümlichkeit durchziehen noch mit geometrischem Schritt unsere Landstriche. Diese in den Kleidern und im Benehmen abergläubischen Angeber mit der Bäuerlichkeit ihrer Zeit wettern den ganzen Tag aufdringlich und finster und streng dreinblickend gegen die elegante Kleidung von heute und gegen den verführerischen Zauber unserer verfeinerten Sitten und Gebräuche. Es ist deshalb nicht nötig, daß ich weitere Worte und Zeit vergeude, um euch den seltsamen Wandel zu bestätigen, den man in unseren Tagen in unserer bürgerlichen Gesellschaft sieht...«[23]

Die »seltsame Metamorphose« des »unglücklichen Jahrhunderts«[24] lag vor aller Augen: Die »modernen Entartungen« des »verfeinerten guten Geschmacks von heute«[25], die »herrschende übertriebene Kultur der Kleider und der Manieren«, die »überspannte Kultur... und dieses maßlose und ausschweifende Prunken mit den Kleidern«, die »die Augen verzaubernden und die Herzen verhexenden Kleider« der »eitlen und prunkenden« Frauen und der »gleichfalls in weibischem Pomp herausgeputzten Männer«, die »übertriebene Eleganz«, die »herausgeputzten Reize«, die »schändliche Nacktheit«[26] und die »Prunkentfaltung beim Kleiden« hatten jede Spur von »christlicher Mäßigung« vertilgt.

Weitere Kennzeichen dieser Kultur seien: die »sanfte Verweiblichung«[27], die »grenzenlose Serie der neuen (moderni) weibischen Schandflecke«, die »unzüchtigste Schamlosigkeit«, die »so oft wiederholten nächtlichen Besuche«, die »Freiheit und Zügellosigkeit der liederlichen Unterhaltung«, die »moderne affektierte Verweiblichung«, der »Zauber der einschmeichelnden Manieren«, die verzaubernde »Lebhaftigkeit des [weiblichen] Esprit«, »gewisse schmachtende und schlaffe Höflichkeiten voller Getue, die jeden Tag zwischen Personen unterschiedlichen Geschlechts ausgetauscht werden«, die »anziehenden Liebenswürdigkeiten«, die »graziösen Aufmerksamkeiten«, die »in den bürgerlichen Gesellschaften ausgetauscht werden«, die »gekünstelten Schwächeanfälle«, die »Ermattungen und die Seufzer«, die »die frivolen Freundschaftsschlüsse fördern«, die »gierigen Sehnsüchte eines wollüstigen Herzens«[28] und die »herrschende Zwanglosigkeit, die man besser Ausschweifung und Libertinage nennen sollte«[29].

Dies alles führte dazu, daß man die Eifersucht, eine doch wohl »verabscheuenswürdige Leidenschaft«[30], mit Sympathie und Schmerz betrachtete.

Nicht wenige Menschen, die an der Tradition hingen, hatten erstaunt gesehen, »wie sich unversehens die Szene gewandelt hatte«[31]. Das »Sich-Vermischen« und das »Durcheinander der Geschlechter«[32] schienen sogar die klassischen Vorstellungen von Männlichkeit und Weiblichkeit auf den Kopf gestellt zu haben. Nachdem die Mäßigung verloren gegangen war, hatten die Frauen ihre Figur größer und leichter gemacht. In den Augen des wiedererstandenen Petrarca sah dies so aus:

sodann sind sie allzu groß und toupieren und pudern die Haupthaare und schmücken sich mit Blumen, Laub, Kräutern, Federn, Tüchern, Bändern und Binden ohne Ende, so daß sie gänzlich aus Farbe bestehen. Sie bemalen die Wangen, schleudern die Blicke, erheben die Stimme, so daß es mir scheint, sie werden zu Männern, ebenso wie diese durch anmutige und gezierte Kleider zu Frauen werden... Nichts an der Freiheit der Ehefrauen erstaunte mich mehr, als daß sie am Ende immer Ersatz-Ehemänner zur Seite haben und doch Ehemänner durch Gesetz haben wollen, welchletztere großen Schaden davon tragen, bei ihren Frauen zu sein.[33]

Es war eine neue Generation von Blumen-Frauen aufgetreten, die luftig, leicht, ungebunden wie Binsen, beweglich wie nächtliche Schmetterlinge, aber auch mit einer festen und sicheren Stimme ausgestattet waren. Die Flatterhaftigkeit lag in der Luft.

Auch die Männer-Mode schien den weiblichen Geschmack anzunehmen:

denn es ist auch höchste Eleganz an ihrer Kleidung zu sehen, die eng an den Gliedern anliegt, so daß sie unbekleidet erscheinen; der Kopf ist ganz gepudert und mit dreispitzigen Filzen und einem First bewehrt; der Hals ist mit einer Presse umwunden; sodann sind sie leicht bekleidet und so behende, um in jedem Moment tanzen zu können, denn die Beine sind sichtbar und durch nichts behindert, mit goldverzierten, sehr fein polierten Schnallen und feinen Steinen besetzt, womit wir uns ehedem die Hände schmückten.[34]

Die neuen Rituale wurden also überall von der gebildeten, reichen, aristokratischen Gesellschaft akzeptiert. Am Vorabend der französischen Revolution erscheint in Bologna unter der sehr bedeutenden Schirmherrschaft des angesehenen *Istituto delle Scienze* (Institut der Wissenschaften) *La Toletta* (die Toilette), ein geschmackvolles Büchlein für Hochzeiten, das – wie es Tradition war – von unterschiedlichen Autoren stammte (von denen einige sehr bekannt und einflußreich waren). Es ist ein wahrer kollektiver Hymnus auf die ausgefeilten Zeremonien, unter denen das weibliche Idol erstellt werden sollte, sowie auf das bunte, in die Augen fallende Spiel, wenn die neue Venus die gewundenen Pfade eines »modernen« Tages betreten sollte. Es reicht von den ersten Stunden im »Toilettenkleid« bis hin zu den Lektüren, den »Bildungsstoffen« und den »Besuchen«. Das »déshabillé« (Negligé) preist ihre verborgene Schönheit, enthüllt ihre allerlieblichsten Nacktheiten.

> O, wie sollte man darstellen
> Alle die zierlichen Glieder,
> Die das Röckchen gänzlich
> Nachzuzeichnen scheint.
>
> Wie verbirgt es nicht ganz
> Den verstohlenen Blicken der anderen
> Das warme und lebende Elfenbein
> Des bebenden Busens!
>
> Und wie es zum Teil bloßlegt
> Das hingestreckte und schöne,
> Schneeweiße und schlanke Bein
> Mit dem kleinen hübschen Fuß!
>
> Mit dem Fuß, der auch bekleidet ist
> Mit himmelblauer Seide, schreitet
> Zum geschmeidigen Tanz
> Der Bote des April.[35]

Alle Hilfsmittel und »Topoi« der galanten Schönheit des 18. Jahrhunderts finden in dieser chorartigen »Toilette« ihre artigen Sänger:

der »Stolz der Kleidung«, das »Kabinett«, natürlich das »Negligé«, der »Kamm«, der »Spiegel«, das »Toupet und die Locken«, die »Haarnadeln«, die »Pomade«, der »Puder«, die »Haube und der Schleier«, die »Federn«, die »Bänder«, die »Schönheitsflekken«, die »Parfüme«, die »Schokolade«, die »Bücher«, die »Besuche«, die »Bildungsstoffe«, der »gute Geschmack«.

Es hatte »sich das Gesicht der bürgerlichen (civile) Welt geändert«. »Gebändigt wurden die Barbareien der vergangenen Jahrhunderte«[36] durch eine »sanfte Kette wechselseitiger Dienste..., durch die verführerische Kultur in den Kleidern und in den Umgangsformen«[37]. Aber die wechselhafte Mode und der »Genius des Handels« hatten die Handelslinien verlagert und den Verkehr umgelenkt, und gleichzeitig hatten die Anglomanie und die Frankomanie, nachdem der Weg für nichtige, aber kostspielige Importe geöffnet worden war, die alten, ruhmreichen Manufakturen der alten italienischen Staaten verarmen lassen und beinahe auf die Knie gezwungen. Die venezianische Wirtschaft rang nunmehr mit dem Tod.

> Unsere Handwerke, Herr, sind auch eine Beute
> Durch die Hand der Ausländer, die zu lieben
> Den kräftigsten Gewinn bringt. Den Scharlach,
> Kräftig in der Farbe, geschmeidig und dicht im Garn,
> Stellen jetzt Spulen jenseits der Berge her.
> Ein fremder Ofen härtet und kocht jetzt
> Jenes einst so edle Erzeugnis von Murano,
> Das den Grazien und Cloë so teure glorreiche Werkzeug,
> Jenen Ruhm der Kleiderräume...[38]

Der weibliche »Kleiderraum«, in dessen Kristallen sich mit krankhafter Ausdauer die Gesichter der »feinen« Damen spiegelten, war zum magischen Fetisch der Gesellschaft geworden, und man entblößte sich galant auch bei den städtischen Massen, die Männer eingeschlossen. Von jenseits des Ärmelkanals kam als letzter Schrei »der schöne englische Fächer«, der Geschichten von Paladinen erzählte anstatt von den gewohnten chinesischen Landschaften (»hier sieht man nicht Drachen und Pagoden, wie sie bereits in Peking / von barbarischem Pinsel gemalt wurden»)[39]. Es waren Fächer, die in der Hand der Damen, in ihrem bunt bewegten Rhythmus zu Spiegeln ihrer wankelmütigen und wechselhaften »Leidenschaften« wurden. »Wenn ich nur einen Fächer in der Hand einer wohlgesitteten Dame sehe«, schrieb Magalotti am 10. April 1710 an Tommaso Bonaventura, »weiß ich zu meiner Ehre sofort, ohne ihr ins Gesicht zu sehen, ob sie lacht, ob sie errötet, ob sie schmollt. Ich habe damals so erboste Fächer gesehen, daß ich um die Galane fürchtete, die sie provoziert hatten; ich fürchtete, der Fächer hätte ihnen folgen können, wenn sie unglücklicherweise den Mut verloren hätten, ihr vor den Wind zu kommen. Und andererseits habe ich damals so schmachtende und lechzende Belüfter gesehen, daß mir der Dame halber das Herz hüpfte, und ich hoffte, ihr Galan sei weit weg, was nötig gewesen wäre, um nicht die Besinnung zu verlieren. So denke ich, der Fächer reicht – je nach dem Temperament – zum Beweis dafür aus, ob die Besitzerin ein heller Kopf ist oder eine Kokette.«[40]

Von jenseits der Alpen, von Frankreich stürzten Fluten von Bortenware, von Kurzwaren und von Damenputz hernieder.

> Mit dem kotigen Boten kam vorgestern
> Jene schöne hehre Puppe aus Paris,
> Worauf so viel Erwartung stand,
> Daß sie von jeder Stadt scharenweise »hübsche,
> Der Liebe ergebene Frauen« aufscheuchte.
> Du wirst sie vor ihr in Schwärmen sehen,
> Wie sie die Schleppkleider, die Haube, die Bänder,
> Den riesigen Reifrock und Stück für Stück
> Zergliedern und bis ins Innere und unten
> Die gierigen Blicke auf das Röckchen bohren.
> Ein ziemlich langer Ärmel verbirgt
> Dieses Jahr einen beneidenswerten Teil des Arms.
> Doch ein neuer Damenstutzhandschuh wagt den anderen
> Nicht auch noch zu verbergen, der das darunterliegende
> Blendende Weiß bedeckt und erhöht.[41]

Aus Holland kamen die feinen Tuche an die Tische der Adligen, auf denen die »ausländischen Weine, / für adligen Durst gewachsen«, in den Gläsern schäumten.

>...auf den Tischen
> strahlen weiß
> die feinsten Tuche,
> die die tapferen
> holländischen Schiffer
> auf den Wogen herbringen
> für die großen Gastmähler.⁴²

Die Liebe zum Ausländischen bei den wohlhabenden Klassen verband sich mit der »Unverschämtheit der utilitaristischen Philosophen (filosofi economisti)«, die behaupteten, daß »die galanten Damen und die, die der Mode hinterherrennen, für die Gesellschaft nützlicher seien als die wohltätigen und christlichen Frauen«.⁴³ Und Francesco Albergati Capacelli, ein immerhin lauer Bewunderer der neuen Tendenzen, bemerkte:

> Würde es Euch schlecht stehen, wenn man auf diesen Euren Haaren, die Ihr nachlässig mit einem Band verknotet haltet, zum Beispiel eine zwar einfache, aber elegante Haube *à la baigneuse, à la laitière* oder *à la voltaire* aufragen sehen würde? Worin wäre Euer Schmuck beeinträchtigt, wenn ihr vom Hals zwei graziöse Haarlocken *à la barry* herabwallen ließet und ein Fischu [Schultertuch] trügt, das von einem jener vielen Mädchen zugeschnitten und zusammengenäht wurde, die die Fischus in der Werkstatt von Madame Nanette herstellen [Madame Nanette, französische Haubenmacherin, war in Mailand ziemlich renommiert; ihre Werkstatt lag gegenüber dem Bezirk de' Rastelli]? Und was wäre, wenn ihr anstatt jener Schnüre, mit denen ich Euch die Schuhe zuschnüren sehe, ein schmuckes Paar sehr haltbarer Schnallen *all'artois* hättet?⁴⁴

Die Patrizier (»grandi«) zeigten ihrerseits

einen allgemeinen Widerwillen allen nationalen Manufakturen gegenüber, wie exakt, wie erfinderisch, wie vorzüglich sie auch waren, und eine launenhafte Neigung, ja geradezu eine schmachtende Begierde, aus allen, selbst den entlegensten Gegenden über Gebirge und Meere hinweg abzusahnen, was es an Eigenartigem und Außergewöhnlichem in allen Arten von Bekleidung gibt.⁴⁵

Die Frauen ihrerseits, »angetan mit prunkvollem Flitter«, stöhnten »unter der Last riesiger Mitren, sich auftürmender Helme, von Reifröcken, Geschmeiden und Bändern und waren so beladen mit reichem Zierrat, daß der königliche Prophet sie mit dem gepflegtesten, geschmücktesten Tempel verglichen hätte: *filiae eorum compositae, circumornatae, ut similitudo templi* (ihre Töchter sind gleich Tempeln hergerichtet und geschmückt)«[46]. Sie waren verhext von den »anmutigen Gerätschaften der Toilette und den schillernden Haarfrisuren, den verschiedenen Parfümen, den Lippenstiften und den Miniaturen im Gesicht, den vielfältigen Garnituren der Kleider und den Spitzenarbeiten und den hundert anderen niedlichen Kleinigkeiten und Lappalien und jener kleinen Rüstkammer an Stuck, an Ohrgehängen, an kleinen Broschen und Nadeln, jenem tragbaren Kramladen von Juwelen, Hütchen, Federbüschen, Schleiern, Spitzen, Binden und unendlich vielen Dingelchen, die in Mode sind«.[47]

Die aufrichtige Bestürzung und Empörung (nicht ohne einen hohen Grad genauer Sachkenntnis) des Karmelitermönchs Pier Luigi Grossi schienen nicht mehr dessen eingedenk zu sein, daß »die Frau nur deswegen soviel Sorgfalt auf das Sich-Kleiden anwendet, weil der Mann um so mehr wünscht, sie entblößt zu sehen«.[48] Und wenn sogar ein »sehr unverschämter Zyniker bekennen mußte, die Scham sei die Farbe der Tugend«[49], hatte die »Sucht nach Neuem«, die in den letzten Jahrzehnten des 18. Jahrhunderts das fromme Italien befleckt hatte, vergessen lassen, daß die Scham eine »wesentliche christliche Tugend« sei »und ihr Gegenteil ein verabscheuenswerter Frevel«[50]. Ein betörender Schwall neuer Dinge erschütterte die ehemals geordneten Sitten und die soliden Tugenden des katholischen Volks. Ihre Namen waren: Libertinismus, Jakobinismus, Unglaube, Irreligiosität, Geist der Gleichheit, Mißachtung der Autoritäten. In Parma, der vielleicht am meisten französelnden Stadt Italiens im Schatten der bourbonischen Lilien, entdeckte der Bischof Adeodato Turchi (1724-1803) in seiner am Allerheiligen-Tag 1794 vorgetragenen Homilie in der »lasterhaften Liebe nach Neuem« den heimlich wirkenden Verderber der Sitte und Verwüster eines Landes, das von der Entchristlichung bedroht wurde und am Rande »eines Abgrundes von Verderben« tanzte.

Wir beklagen in unseren Tagen eine Unmenge von Verbrechen und Schrecken, die durchaus neu zu sein scheinen und die vielleicht kein Jahrhundert jemals sieht. Aber welches Jahrhundert wurde je mehr denn das unsrige so sehr von der Begeisterung nach Neuheiten umgetrieben? Es gibt eine neue Art zu denken, eine neue Art zu reden, eine neue Art zu handeln. Es waren kleine Neuerungen, die zu Beginn diesen tragischen Vorgang eröffneten. Es waren neue Systeme, die nur deswegen gefielen, weil sie neu waren. Es waren neue Vokabeln, die den Schrecken vor dem Laster und die Achtung vor der Tugend verringerten. Unsere Vorfahren wußten nicht zu leben, daher wurde alles Alte ein Mißbrauch genannt. Man machte die Einfältigen und die Freigeister glauben, daß man, um glücklich zu sein, die alten Gesetze, Sitten und Grundsätze durch neue Gesetze, Sitten und Grundsätze ersetzen müsse. Der Geist des Neuen wurde zur wilden Raserei. Man änderte das Solide ins Wankelmütige, das Ehrenhafte ins Schändliche, das Nützliche ins Schädliche...[51]

Mit dieser perversen und ungestümen Begeisterung für das Neue verband sich die unwiderstehlichste Unbeständigkeit, die den »Exzess des Aufwands«[52] durch die ständige Änderung der »vergänglichsten Moden« und durch die »Wechselhaftigkeit des prunkhaften Luxus« aufblähte. Dieser belächelte die »barschen und rauhen Moden der Vorväter« (Parini) und verachtete die »vergangenen Jahrhunderte«. Es handelte sich um Vergänglichkeit und Irrationalität, um unnütze Träumerei und vermessene Vernunft. Unvernünftig war die beunruhigende Begeisterung für die kleinen nutzlosen Dinge, für die Vorspiegelungen und trügerischen Bedürfnisse. Irrational war die »allgemeine Abscheu vor allen nationalen Manufakturen«, unverständlich die unkontrollierbare »große Leidenschaft« für die »kleinen Bagatellsachen«, für die »nichtigen und unbedeutenden Gegenstände«, verblüffend die launische und grillenhafte Lust an »hunderttausend niedlichen Belanglosigkeiten«. Nutzlose Tändeleien und kindische Schwärmereien gingen einher mit der »faulen Trägheit« und dem »Übermaß an Bequemlichkeit«. Die »Verfeinerung« der Bequemlichkeiten des Lebens war das Ziel der »kultivierten« Nationen, die darin wetteiferten, »eine derartige Verfeinerung in den würdevollen Stand eines Geschmacks nach wissenschaftlichem Maßstab zu erheben«. Aufgrund des »Geistes der Bequemlichkeit« hatte sich bei den Oberschichten ein »vornehmer und feiner«, ja »edler und schicklicher Epikureismus« entwickelt im Gegensatz zu den wilden und liederlichen Vergnügungen der unkultivierten und plumpen Neureichen. Aber zu leicht konnte man »von der Behaglichkeit zur Wollust, von der Sanftheit zur Verderbtheit, von der Sensibilität zur Sinnlichkeit« übergehen. Und der ehemalige Jesuit Roberti, Graf und Abt, der mit viel Gleichmut die Transformationsprozesse seiner Zeit beurteilte, rief aus:

Man muß gestehen, daß dieses sündige Fleisch, dem durch das Essen, den Wein, den Schlaf, den Wohlklang und den Wohlgeruch zu sehr geschmeichelt wird, übermächtig wird und über die Vernunft herrscht. O, wie ungerecht sind gewisse Erwägungen, die die Freiheit und die Gnade beleidigen.[53]

Der Sturm auf die nichtigen Konsumgüter, die Suche nach Vergnügungen im Überfluß der materiellen Güter (der zügellose »Konsumismus« unserer Tage), nach den Dingen, die man damals den »Hausrat des Lebens« nannte, dem zufolge jeder Ehrenmann »schlau« zu werden begehrte, »um dann ein Feinschmecker zu sein«, hatten die Grenzen zwischen Adel und Großbourgeoisie beseitigt, um sich dann bei allen möglichen Leuten zu verbreiten und die Personen obskurer Herkunft und niedrigen Standes zu verseuchen. Die Genußsucht der Massen hatte damals ihre ersten Auftritte. Sogar die Atmosphäre der Städte hatte sich verändert.

Sicher ist, daß sich zumindest innerhalb der Städte eine ich weiß nicht welche träge Verweichlichung, wodurch eine kurze Zeit der Anstrengung durch eine lange Zeit des Müßiggangs unterbrochen wird, in den Kaufhäusern und in den Werkstätten nicht ohne Schaden für die Gewerbe und nicht ohne Klagen der Städter einschleicht. Das Volk verlangt einstimmig Brot und Spiele. Und es scheint, als ob es sein Recht auf Theater, Promenade, Gastmahl, Spiel, Tanz und Versammlung einfordert. Jede Stadt will den Ruhm haben, ein Land von fröhlichen Frauen und kurzweiligen Männern zu sein. *Terra suaviter viventium* (Land der behaglich Lebenden).[54]

Sowohl bezüglich der »Lebensqualität« als auch der Art des Sich-Kleidens wollte jeder »die Grenzen überschreiten, die durch die Geburt und den Stand gezogen waren«.

Das bürgerliche Leben hat heute unerträgliche Lasten und tyrannische Verhaltensregeln, so daß sich kaum der Bürger vom Edelmann, der hungrige kleine Handwerker vom reichen Händler, die schandbare Frauensperson von der vornehmen Matrone unterscheiden. Die vielfältigen Verhältnisse, ja sogar die beiden Geschlechter verschwören sich, um sich im Glanz der Kleider zu übertreffen. Schließlich hat der Ehrgeiz, der Eigensinn, der Wettlauf bei den Kleidern, dem Zierwerk, den Tüchern, den Garnituren und den Stoffen jedes Maß überstiegen.[55]

Die »Wissenschaft von der Kunst zu leben«, die in der Vergangenheit nur wenige gekannt und praktiziert hatten, die Bequemlichkeiten, die viele der Vorfahren nicht gekannt hatten, waren nunmehr vielen Leuten zugänglich, die – bei der allgemeinen Vermischung der »Stände« und der Schichten – sich bereichern konnten.

Die Sommerfrische war nicht mehr das Privileg weniger Auserwählter, die gute Tafel war nicht mehr das Monopol von Großaristokraten. Es entstand allmählich eine neue, eine »dritte« Küche parallel zu der antiken und der klassischen, jener des Volkes und der des Adels. Die Küche der Mittelschicht (jener Mittelschicht von »Advokaten, Händlern, und Schreibern«, die Vittorio Alfieri verächtlich die »Schicht der Häßlichen«, »nicht Mittelschicht, nein, sondern Halbschicht« nannte) und der handwerklichen Kleinbourgeoisie nahm immer mehr Konsistenz an. Und diese war verschieden von den erleuchteten, köstlichen und verfeinerten Tafeln der Intellektuellen hoher Abstammung sowie von denen der Herren. Auf den Hügeln von Bologna

> Füllen sich die Dörfer,
> Wenn der Sommer naht,
> Mit sehr fröhlichen Gesellschaften,
> Um ruhige Stunden zu verbringen –
> Auf dem Gipfel der lieblichen Hügel
> Oder in der Ebene eines Tälchens.
>
> Und nicht nur bei den Wohlhabenden
> Oder Herren geht man aufs Dorf.
> Es haben ein Landhaus die Händler

Und die niedrigsten und untersten Handwerker:
Es hat eins der Schneider und der Barbier,
Der Schmied und der Trödler.

In froher Gesellschaft geht man
Irgendwohin, um zu festen.
Und man achtet nicht auf Hauswirtschaft.
Um zu prunken rüstet sich jeder,
Alle laden Tischgäste ein.
Und man lebt auf großem Fuß und treibt Aufwand.

Auf der Tafel sucht man sich
Die erlesensten Bissen aus:
Wachteln, Turteltauben, Tauben
Und die mit Salami oder Mortadella
Gewürzten Feigen,
Gebackenes, Gesottenes, Ragout und Kuchen.

Hin und wieder fügt man bei
Eine gute Pastete aus Klößchen
Oder teigumhüllte Bällchen (tortellini). Und wenn die Laune
Der Hausfrau es will, gibt es Weine
Jeder Art vom Ausland
Bis hin zu der Insel der Venus.

Gerichte tischt man auf
An der üppigen Tafel des Handwerkers.
Und Madame gibt sich freizügig
Und teilt ihre Gefälligkeiten aus.
Und man soll's verzeihen. Sie sagt:
Man hat uns plötzlich überrascht.

Da gibt's Torte und bei den Desserts
Kandierte Früchte und Konfekt.
Man hat Blumen von einem Gartenbeet
Und die erlesensten Früchte.
Und man wünscht den Schafskäse
Oder den Käselaib oder das Stracchino-Eis.

Nach Tisch gibt's den Kaffee
Und weiße und schwarze Rosolio-Liköre.
Und die Tochter mit dem Toupet
Hält das Tablett mit den Gläsern,
Und die Mamma indes schenkt ein
Türkenkaffee (acqua turca) oder Mokka (acqua persa).[56]

3

Gute Köche und tüchtige Friseure

»Die Epoche des verweichlichten und faulen Lebens, das man heutzutage führt«, bemerkte ein scharfsinniger Beobachter der Veränderungen des Geschmacks und der Transformationen der bürgerlichen Gesellschaft im 18. Jahrhundert, hatte sich angebahnt, als »unter der Härte der Schwerter die Verweiblichung und unter dem Schrecken der Kanonen der fremden Heere der Müßiggang nach Italien gekommen« waren.[1] Der Autor dieser Überlegungen, der Graf und Jesuit Giovan Battista Roberti (1719-1786), ein gewitzter Beobachter der neuen Bräuche und aufmerksamer Analytiker der sich in Bewegung befindlichen Gesellschaft, war sich völlig darüber im klaren, daß die französische kulturelle Hegemonie und der kulinarische Internationalismus eng mit dem militärischen Expansionismus und der dynastischen Politik der Bourbonen verbunden waren. Außerdem spielte die vorurteilslose Vitalität der Pariser Intellektuellenkreise eine Rolle.

Frankreich exportierte Kanonen und Ideen. Wo die Armee mit ihren Bajonetten hinkam, kamen auch Bücher und Köche, *philosophes* und *chefs de cuisine*. Auch die französischen Abhandlungen über das Kochen unterstrichen in ihren Titeln das personifizierte Vorreitertum und den unverkennbaren nationalistischen Stolz der neuen gallischen Invasion: *Il cuoco reale e cittadino* (Der königliche und bürgerliche Koch) von Massialot (1691, erste italienische Übersetzung 1741) und *Il cuoco francese* (Der französische Koch) von François Pierre, Sieur de La Varenne (1651, erste italienische Übersetzung, Bologna 1693). Diese beiden in Italien bekanntesten französischen Kochbücher stellen nicht nur »die Kunst, gut zu kochen«, sondern auch den Künstler im Dienst des Königs, den national-kulinarischen Dienst, den Matador und Fechter, der Fasane und Rebhühner am Bratspieß aufspießt, den Verfeinerer und Erfinder glücklicher Kombinationen neuer Saucen und neuer »Mundvorräte« (munizioni di bocca) zur Schau. Denn inzwischen hatte die Butter neue Bereiche erobert und revolutioniert. Mit geschwellter Brust schreitet der *cuisinier* (Koch) einher; aber allemal ist es ein *cuisinier français*, ein französischer Koch, und zwar ein stolzer Franzose wie zum Beispiel »le Sieur de la Varenne, Escuyer de cuisine de Monsieur le Marquis d'Uxelles«. Er ist ein *Escuyer de cuisine* (Küchenmeister, wörtlich: Küchen-Schildknappe, d.Ü.), nicht nur irgendein Koch, der eingebunden ist in die Sklaverei der Kochherde, in die korporative Tradition der anonymen Meister an immerhin adligen Herden. Er ist ein stolzer Schildträger, für den die kulinarischen Kriege gegen Hirsche und Wildschweine eine vergnügliche Abwechslung zu den militärischen Feldzügen der ruhmreichen feudalen Kavallerie der *conquérants* (Eroberer), der hochmütigen und ungestümen Kriegsherren der mächtigsten und kriegerischsten Armee Europas darstellten. Nicht zufällig sieht *Le cuisinier français* eine ganze lange Serie von »entrées« (Vorspeisen) vor, »die man in den Armeen oder im Feld machen kann«. *Entrée en guerre / entrée de table* (Kriegsbeginn / Speisenbeginn): Der Beginn des körperlichen Handgemenges wurde korrelativ zu dem der kulinarischen Genüsse gesehen. Und das Entree ist tatsächlich der erste Gang nach dem Antipasto (Vorspeise) oder der Potage (französische Gemüsesuppe), die heute von der Tafel jenseits der Alpen, in Frankreich fast ganz verschwunden ist.

»Die Kohle tötet uns«, hatte eines Tages der heldenhafte Carême ausgerufen, »aber was macht das aus! Nun denn, weniger Jahre, aber mehr Ruhm«.[2] Und für das Vaterland und den kulinarischen Ruhm schlugen sich »die Kinder« und die »Brigaden« der Küche mit heroischem Elan und Begeisterung, angeführt von unbesiegbaren Köchen. »Die Pastetenbäckerei ist eine sehr schwierige Arbeit und sehr gefährlich«, pflegte Laguipierre, ein anderer denkwürdiger »Meister«, zu sagen, »folglich ist der Beruf ehrenwert! Es ist ein beständiger Kampf«.³

Das Festmahl glich einem Kampf mit ungewissem Ausgang. Der Koch mußte wie ein eingeübter Heerführer über gute Vorräte verfügen, um die Gefahren auf ein Minimum zu reduzieren. Daher mußte er sich immer »jenes ewige Prinzip« vergegenwärtigen, »daß es bei einem kulinarischen Fest wie bei einer Armee ist, man weiß nie ganz genau, was man auf den Armen haben wird. Daher muß man glänzende Reserven haben!«⁴

Da »Meister« Vatel die Vorräte ausgingen (nicht rechtzeitig eingetroffener frischer Fisch oder – nach einer anderen Version – wegen eines schlecht gelungenen Bratens), war ihm nichts anderes als der Selbstmord geblieben, um mit Blut die Schande der Küchenkatastrophe abzuwaschen. Das »Feinschmecker-Fest« konnte für gewisse virtuose gallische Köche mit einem blutigen Harakiri enden. Glücklicherweise bliebt das Beispiel von Vatel, »einem Mann der Pflicht und der Etikette«⁵, ein nobler Einzelfall. Und sein umsonst vergeudetes Talent (das der anspruchsvolle Marquis De Cussy allerdings in Zweifel zu ziehen sich erlaubte) lebte noch größer wieder auf. Die große Tradition ging weiter und erreichte glänzende Höhen. Nach den letzten finsteren Jahren des endlosen Königtums Ludwig XIV., einer Epoche von großer »Zierde der Tafel« und einer gepflegten und prunkvollen Küche, jedoch ohne »epikureische Sinnlichkeit«⁶, nach dem Niedergang des Sonnenkönigs, wurde das französische Primat unerreichbar. »Dies ist das einzige Land der Welt«, wird ein Jahrhundert später mit unvergleichlicher Bescheidenheit Antoinin Carême, der unbestrittene Meister der neapolitanischen Ägide und der Restauration behaupten, »für die gute Bewirtung«.⁷ Der berechtigte Stolz als Schulgründer hinderte ihn dennoch nicht daran, einige kluge Überlegungen zu seinem schwierigen und mühseligen Beruf zu schreiben, indem er die enge Beziehung zwischen der Kunst, die Kehle zu betrügen (er verwechselte dabei den gesunden Appetit des Magens mit dem des heimtückischen und hinterhältigen des Gaumens), und den Kniffen der Diplomatie hervorhob.

Nicht nur »weiß der Diplomat wohl ein gutes Mahl zu schätzen«, behauptete er in einem seiner *Aphorismes, pensées et maximes* (Aphorismen, Gedanken und Grundsätze), sondern »die Kochkunst dient der europäischen Diplomatie als Eskorte«.[8] Nicht umsonst hatte der »Pasteten-Architekt« im Haus des Fürsten Charles-Maurice de Talleyrand, des unvergleichlichen Meisters der Wissenschaft vom Überleben um jeden Preis und in jedweder Lage, gedient.

Es mag ein Zufall sein, aber es ist sicher, daß die große Zeit der hohen französischen Küche zur Zeit der Arbeiten für den Friedensvertrag von Utrecht (1713-1715) begonnen hatte und an den Tafeln der Bevollmächtigten vervollkommnet wurde. Es war auch das Goldene Zeitalter der Pastetenbäckerei. Carême, der auch der Lady Morgan als *»homme bien élevé«* (Mann von guten Sitten) erschien, ein fähiger Entwerfer und Experimentator für die europäischen Schulen der Kochkunst, hatte keine Zweifel an dieser Datierung. Der große neoklassische Reformator der Lehre von den auf die Würzen angewandten Proportionen hatte die architektonischen Prinzipien bei den italienischen Klassikern – Vignola, Palladio, Scamozzi – gelernt und war bescheiden in Wien, Warschau, Petersburg, London, in Rom, Neapel und sogar in der Schweiz auf Wanderschaft gegangen, um die Geheimnisse seines Berufs zu erlernen. Vielleicht übertrieb er, als er schrieb, daß »es fünf schöne Künste gibt: die Malerei, die Dichtung, die Musik, die Bildhauerei und die Architektur, deren Hauptzweig die Pastetenbäckerei ist«. Dennoch wußte er sehr wohl, daß die französische Pastetenbäckerei in den Küchen der Bevollmächtigten veredelt wurde, die das Ende des spanischen Erbfolgekrieges ausgehandelt hatten.

Die Pastetenbäcker machten damals die Delikatessen für den Hof des galantesten Königs und spielten eine Rolle in der Gesellschaft. Man bemerkte dabei ihre gute Ausführung, und sie breiteten sich in Europa auch seit der Zeit aus, als die Diplomatie eine anerkannte Wissenschaft wurde, das heißt nach dem Aufhören der Schlachten.[9]

Aber es waren vor allem die Jahre der Regentschaft Philipps II. (1715-1723), als man auf die französische Küche flog. Sie wurden erlebt unter der »angenehmen Autorität des guten Regenten... im Glanz seiner kleinen Soupers«[10]. »Es ist die Leistung der Köche, die er [Philipp von Orléans] hochkommen ließ, die er so königlich und fein bezahlte und behandelte, daß die Franzosen weiterhin die auserlesene Küche des 18. Jahrhunderts haben.«[11] Es war mehr als ein Aufblühen, es war ein Knall, eine unvorhersehbare Explosion an Raffinement, verbunden mit der Lebensfreude und dem subtilen Vergnügen an der funkelnden Konversation. Diese Wissenschaft der Würzen gab der Kultur des Jahrhunderts einen außergewöhnlichen Schwung und verlieh den überschäumenden Ideen von Philosophen und intellektuellen Damen einen unvergleichlichen Aufschwung.

Diese gleichzeitig kunstvolle und einfache Küche, die wir vervollkommnet besitzen, hatte eine gewaltige, rasche und unverhoffte Entwicklung. Das ganze Jahrhundert, oder vielmehr sein feinfühlender und geistiger Abschnitt, wurde durch sie verführt. Weit davon entfernt, die Intelligenz zu behindern oder zu verdunkeln, erweckte sie diese Küche voller Schwung. Jede ernsthafte und fruchtbare Angelegenheit wurde bei Tisch diskutiert und erledigt. Die französische Konversation, aufgrund deren Modell überall unsere guten Bücher gelesen wurden, fand bei Tisch während irgendwelchen bezaubernden Abendgesellschaften ihre Vervollkommnung.[12]

»Die Küche«, bemerkte Montesquieu, »trägt nicht wenig dazu bei, uns jene Heiterkeit zu geben, die vereint mit einer gewissen Häuslichkeit die wahre Bildung ausmacht. Wir vermeiden die beiden Extreme, zu denen die Völker des Südens und des Nordens neigen: wir essen oft gemeinsam und trinken nicht im Übermaß.«[13] Dieses Gefallen an der wahren Bildung, die bei Tische entsteht, wäre Giacomo Leopardi, jenem *monophágos* (Alleinesser) aus Berufung und Prinzip, unangemessen erschienen. Er merkte in seinem *Zibaldone* (Gedankenbuch) an einem schwülen Tag im Juli 1826, während er sich in einer für die Annehmlichkeit des Lebens und die liebenswürdige Gastfreundschaft seiner Bewohner berühmten Stadt (Bologna) befand, folgendes an:

Wir haben die natürlichste und heiterste Gewohnheit des Einander-Zutrinkens (compotazione) abgelegt und reden beim Essen. Nun, mir will es nicht in den Kopf gehen, daß jene einzige Stunde am Tag, in der der Mund unbehindert ist, in der die äußeren Organe des Sprechens eine andere Beschäftigung haben (eine sehr interessante Beschäftigung, bei der es sehr wichtig ist, daß sie gut verrichtet wird, weil von der guten Verdauung zum großen Teil das Wohlergehen, der gute körperliche und folglich auch geistige und moralische Zustand des Menschen abhängt; und die Verdauung kann nicht gut sein, wenn sie nicht gut im Munde beginnt gemäß dem bekannten Sprichwort oder medizinischen Aphorismus), eben jene Stunde sein soll, in der man mehr denn je sprechen muß. Denn es gibt viele, die den Rest des Tages – außer bei Tisch – nicht sprechen, weil sie sich wegen irgend etwas dem Studium hingeben oder Einkehr halten. Doch sie wären gut beraten, in dieser Stunde allein zu sein und zu schweigen. Aber ich, dem die gute Verdauung am Herzen liegt, glaube nicht, es sei unmenschlich, wenn ich in jener Stunde weniger denn je sprechen will und deshalb allein speise. Um so mehr, als ich meine Nahrung im Mund verdauen will entsprechend meinem Bedürfnis und gemäß dem der anderen, die oft schlingen und nichts anderes tun als zu futtern und hineinzustopfen. Wenn also ihr Magen damit zufrieden ist, folgt daraus nicht, daß sich mein Magen damit zufrieden geben muß, wie es nötig wäre, wenn ich in Gemeinschaft äße, um nicht die anderen warten zu lassen und um die Wohlanständigkeit zu wahren. Ich glaube nicht, daß sich in diesem Fall die Alten allzusehr darum kümmerten. Dies ist ein weiterer Grund, weshalb sie sehr gut daran taten, gemeinschaftlich zu essen, so wie ich sehr gut daran zu tun glaube, allein zu essen.

Dieser Ansicht geht die genaue Unterscheidung zwischen dem »Zusammen-Speisen« und dem »Einander-Zutrinken« voraus, wie es bei den alten Griechen und Römern der Brauch war, wobei letzteres »bei ihnen nach dem Essen Sitte war, wie heute bei den Engländern, und außerdem begleitet ist vom Knabbern an irgendwelchen kleinen Speisen, um die Lust zum Trinken anzuregen«. Diese Ansicht ist nicht nur historisch belegt, sondern auch wegen ihrer einwandfreien Logik und ihres Argumentationsstiles sehr respektabel. Sie ist besser ausgedrückt und glücklicher formuliert als gewisse Überlegungen von Montesquieu, der Banalitäten und Widersprüchen nicht entgeht, wenn er vom Tafeln redet. »Das Abendessen«, dachte der unvergleichliche Autor der *Lettres persanes* (Persische Briefe), »tötet die Hälfte der Pariser, das Mittagessen die andere.«[14] Aber unmittelbar danach fügt er hinzu: »Die Mittagessen sind unschuldig, die Abendessen fast immer Verbrechen.«[15]

Der gebildete Baron aus dem Westen übertrieb, wenn er behauptete, Paris sei »die Hauptstadt der distinguiertesten Sinnlichkeit« und gleichzeitig die »der widerlichsten Gefräßigkeit«, so wie es für ihn gleichzeitig die Hauptstadt »des guten und des schlechten Geschmacks, der Teuerung und der wohlfeilen Preise« sein konnte.[16] Freilich meinte Montesquieu, sein Land sei der ideale Boden, um die glücklichste Beziehung zur »guten Mahlzeit« zu haben, weil »es schön ist«, und er schrieb: »In Frankreich zu leben ist schön: die Küche ist dort besser als in den kalten Ländern, und man hat besseren Appetit als in den warmen.«[17] Dennoch billigte er es bedingungslos (und zu Recht), wenn einer behauptete, daß »die Medizin sich mit der Küche ändert«.[18] Und der Graf Roberti, immer ironisch gegenüber dem »affektierten Franzosen«, bemerkte boshaft:

Die Franzosen haben einen heiklen Gaumen. Aber Jean-Jacques Rousseau hat recht, wenn er im Émile sagt: »Die Franzosen glauben, sie allein verstünden zu essen; ich aber glaube, sie sind die einzigen, die nicht zu essen verstehen.« Denn den anderen genügt es, um gut zu essen, gute Nahrung und einen guten Appetit zu haben, aber die Franzosen brauchen auch noch einen guten Koch. Ein junger großer italienischer Herr, der in allem auf französisch lebte, litt einen Tag bei mir, weil er ohne seinen französischen Koch war, den er auch auf Reisen bei sich hatte: »Ich versichere Sie«, sagte er zu mir, »daß ich nicht einmal ein gesottenes Hühnchen essen kann, wenn es nicht von ihm oder von einem seiner Profession gekocht wurde.« O Teufel, Teufel über diese Herren! Ich würde zwar kein Hühnchen essen, sondern einen Kapaun, selbst wenn er von der Frau des Kastellans gekocht worden wäre. Zu den Zeiten des Augustus waren die geschätzten Köche Sizilianer. Heute müssen diese bedeutenden Männer, diese so geschätzten häuslichen Chemiker Franzosen oder zumindest Piemontesen sein. Dennoch (wer würde es glauben?) ist auch die Kunst des Kochens nach Frankreich von Italien aus unter Heinrich II. gekommen, als so viele Italiener die Königin Katharina de' Medici begleiteten. Aber die Franzosen, die dies nicht leugnen können, könnten mit den Worten von Titus Livius (Buch 34) antworten: »Vix tamen illa quae tunc conspiciebantur, semina erant futurae luxuriae« (Doch bald war das, was sie damals erblickten, der Nährboden der künftigen Genußsucht). Jetzt herrschen sie in der Wissenschaft der Würzen von Norden bis Süden.[19]

Wenn also der Koch kein Franzose ist, ist er kein Koch. Nur wenn diese »häuslichen Chemiker«, diese Herren der »Wissenschaft der Würzen« von Vercingetorix abstammen, kann man von Kochkunst sprechen. Es müssen Franzosen »oder zumindest Piemontesen« sein. Aus diesem Grund heißt das erste Buch, das nach einem Jahrhundert des Schweigens wieder auf der italischen Bühne erscheint (die erste Ausgabe der *Arte di ben cucinare* [Kunst des guten Kochens] von Bartolomeo Stefani scheint 1662 erschienen zu sein), *Il cuoco piemontese perfezionato a Parigi*, Turin 1766 (Der in Paris weitergebildete piemontesische Koch), ein Werk, das das lebhafte und glückliche französisch-piemontesische Kapitel im Buch der nationalen Küche eröffnet. Wahrscheinlich stammt vom selben Autor *Il confetturiere di buon gusto*, Turin 1790 (Der Pasteten- und Zuckerbäcker von gutem Geschmack), das alle Delikatessen der Pastetenbäckerei südlich der Alpen zur Schau stellt: Turiner Pastete, savoyische Pastete nach provenzalischer Art, savoyische Pastete nach piemonteser Art, savoyische Kekse, savoyische Kekse nach provenzalischer Art u.s.w. Die Tradition wird im 19. Jahrhundert fortgesetzt mit *Il cuoco piemontese*, Mailand 1815 (Der piemontesische Koch), dem *Cuoco milanese e la cuciniera piemontese*, Mailand 1859 (Der Mailänder Koch und die piemontesische Köchin) sowie dem *Trattato di cucina pasticceria moderna credenza e relativa confettureria*, Turin 1854 (Abhandlung über die Pastetenbäckerei nach moderner Kredenz und die diesbezügliche Zuckerbäckerei) von Giovanni Vialardi, dem Assistenz-Oberkoch und Pastetenbäcker von Carlo Alberto und Vittorio Emanuele II. In der Geschichte der italienischen Küche ist es ein Kapitel aus dem subalpinen Raum und eines der Geschichten des Risorgimento, ein wenig marginal und peripher wie die des Königreichs Sardinien. Sein geringer Bekanntheitsgrad beginnt erst jetzt – nach der glänzenden Ausstellung des Porzellans und des Silberbestecks der Savoyer – endlich einmal durch subtilere und genauere Kenntnisse aufgehellt zu werden, wodurch das Stereotyp von den Gebirglern und den plumpen, hinterwäldlerischen Herzögen zerstört wird. Die architektonischen Raffinessen des 18. Jahrhunderts in Savoyen hatten herrschaftliche Ausstrahlungen auch auf die ausgefeilte Erlesenheit der Tafel und vor allem der Kredenz und der Pastetenbäckerei. Es sind Köstlichkeiten, die im herrschaftlichen Italien des 18. Jahrhunderts beim Adel nördlich und westlich der Alpen wohlbekannt waren. Diese sahen im Turiner Hof »einen entscheidenden Maßstab für uns«, so der Graf und Jesuit G.B. Roberti, »mit vielen Erlesenheiten, woher nicht nur die guten Köche, sondern auch die tüchtigen Frisöre kamen«[20].

Die lange Latenzperiode und das lange Schweigen hinsichtlich der Abfassung von Traktaten über die Kochkunst in Italien ist bezeichnend für den langgezogenen, kritischen Übergang, der die Veränderungen begleitet und unterstreicht. Die italienische Tafel (das heißt natürlich die der aristokratischen und großbürgerlichen Kreise) tritt in eine Periode der Reflexion, des Neuüberdenkens und der Transformation ein. Die alte glorreiche Traktate-Schreiberei der Renaissance und des Barock entspricht nicht mehr dem neuen Verlangen nach gemäßigtem und ausgeglichenem Vergnügen. Die monumentale Küche der Höfe und die prunkende, massige, pompöse, erdrückende und verhüllt todbringende Küche der Tafeln von Herren, Adligen und Kardinälen der alten Gesellschaft genügen nicht mehr dem neuen Geschmack, dem Bedürfnis nach »eleganter Schlichtheit«[21]. Der »erlesene und prunkvolle Luxus« des 17. Jahrhunderts, die »unüberlegte Verschwendungssucht«, die »überschießende Großzügigkeit« des »alten Stils« (alles Ausdrücke von G.B. Roberti)[22] müssen jetzt einem neuen gemäßigten »Geschmack der Eleganz«[23] Rechnung tragen. Das 18. Jahrhundert mißt sich beständig mit dem 17., und auch bezüglich des Stils der Küche (wie der Literatur) eröffnet sich eine gedrängte Zeit der Reflexion, ein kritischer Prozeß der Revision und der Loslösung von der Vergangenheit. Der

»Streit der Alten und der Neuen (modernes)« geht vom Schreibtisch über an die Tafel. Der Geist der Accademia dell'Arcadia geht aus vom Boudoir der »weichen« Dame und schleicht sich ein an den Tafeln des »sehr verweiblichten und zarten« Herrn, der »sehr gezierten und reizenden« Frau.

4

DAS GELÄUTERTE JAHRHUNDERT

Die »schönen Künste« legen die schwellenden und schweren Formen des Barock ab und werden behender, gefälliger und lockerer. Die spielerischen Perspektiven der Salons öffnen sich zu luftigen Prospekten, die Decken zeigen azurne Himmel, an denen weiße, dünne Wolken dahinsegeln, während im Inneren der Patrizierhäuser die Räume rational aufgeteilt sind, die Möbel feiner werden und ihre schlanken und markanten Linien im Glanz lackierter oder mit Intarsien belegter Oberflächen erstrahlen. Der Rokoko-Stil und noch mehr die neoklassisch-empfindsame Dichtung verlangen nach *edler Einfalt und stiller Größe* (Winckelmann). Der »gute Geschmack« schreibt dem neuen »Zeitgeist« die neuen Gesetze vor. In gleicher Weise drückt die reformierte Küche der Aufklärung das *Lebensgefühl* (im Original deutsch, d.Ü.) des neuen Jahrhunderts aus, das Bedürfnis nach leichten, kühlen und flinken Leibern (die wie die neuen Ideen und der neue Geist lebhaft und bewegt sein sollen) im Vergleich zu den breiten und wenig robusten Fleischmassen des vorangegangenen Jahrhunderts. Die Küche interpretiert die unterschiedliche Gebärdensprache und das neue Gefühl für die Bewegung des Körpers. Auch die weiten, überladenden Männerkleider, die vom Gürtel an weiter werden, werden enger und dünner. Seit der Mitte des 17. Jahrhunderts stellt das enganliegende Kleid das gebauschte und die Kniehose (*culotte*) die weiten Hosen in den Schatten. Im allgemeinen werden die Männerkleider, die im 17. Jahrhundert in der Weise geschnitten waren, daß sie ihren Träger

größer, majestätischer und imposanter erscheinen ließen, enger und pendeln sich auf die Proportionen ihres Trägers ein.
Die Küche der alten Gesellschaft mit ihren »altväterlichen« Gedecken entspricht nicht mehr dem neuen Geschmack, dem wachsenden Bedürfnis nach »eleganter Schlichtheit«. Der »erlesene und prunkvolle Luxus«, der »ungelenke Pomp«, die »unbesonnene Verschwendungssucht« und die »überschießende Großzügigkeit« des »alten Stils« müssen einem neuen, gemäßigten und ausgeglichenen »Geschmack der Eleganz« Rechnung tragen. Der »Geschmack des Jahrhunderts«, »dieses unseres geläuterten Jahrhunderts«[1] (wie Francesco Algarotti, »der Sänger von Padua«, das scharfsichtigste Auge im 18. Jahrhundert, Autor des *Congresso di Citera* [Versammlung von Kythera] und ein sehr anspruchsvoller Liebhaber der Kunst und jeder Form des Schönen, schrieb) bringt mit überlegten, aufgeklärten Dosierungen die Gesetze der Tafel wieder ins Gleichgewicht, erfindet neue Einrichtungsgegenstände, schreibt neue Rhythmen vor, führt neue Zeremonien ein und verbannt Lebensmittel, die nicht nur für aus der Mode gekommen, sondern auch für schädlich und vor allem für sozial unschicklich und vulgär gehalten wurden wie der Knoblauch, die Zwiebel, die Kohlarten und – wie zu erwarten – die Käsesorten. Der Lobpreis der »knappen gewöhnlichen Tafel« und der »gesunden Schlichtheit« befriedigte seinerseits den nicht, der die Großzügigkeit, wenn nicht die Pracht, den Prunk, den Pomp und den Glanz der Tafel des 17. Jahrhunderts gekannt hatte. Der alte grundherrliche Graf, den sich der Abt Roberti als Adressaten des Briefes über »den Luxus des 18. Jahrhunderts« auswählt, war ohne zu zögern folgender Ansicht:

> Man aß im 17. Jahrhundert besser als jetzt, obwohl die Tafel den Augen weder soviele Saucen noch soviele Farben, Gestalten, erlogene und fremde Namen darbot... Unsere mit süßer Milch aufgezogenen Kälber, unsere mit duftendem Heu gemästeten Rinder, unsere langsam in der trägen Muße ihrer Käfige wohlgenährten Hühner, sodann unsere Vögel und unser Wild sind heilsame und würzige Mahlzeiten. Die Gerichte von erlesenem Wildbret, die ihr altväterlich zu nennen pflegt, übertreffen alles Wissen aller Schulen der Köche. Ich mißtraue, sagtest du, Marzialò (Mas-

sialot, Autor von *Le Cuisinier royal et bourgeois* [Der königliche und der bürgerliche Koch], einer der bedeutendsten Vorläufer der Küche zur Zeit der Regentschaft Philipps II. von Orléans), dem großen Meister unter den Kochtalenten, mir eine junge und fleischige Waldschnepfe oder ein Dutzend zarter und fetter Gartengrasmücken zu machen. Die Art, beständig das Beste an Fleisch und an Fisch, an Gemüse, Vögeln und Früchten zu essen, je nach den geeigneten Jahreszeiten und den für ihren Fettgehalt und ihre Reife günstigen Stunden – so werde ich sagen – war und wäre heute immer noch eine kostspielige, annehmliche und hervorragend herrschaftliche Methode.[2]

Der Veränderungsprozeß der Tafel reiht sich ein in den weiteren Kontext der ökonomischen Evolution in Italien, des Entstehens eines realistischeren finanziellen Bewußtseins, eines ökonomistischen Ideals zur Rationalisierung des Warenaustauschs und des Konsums, was sich tiefgreifend auf den Stil des Adels im Barock auswirkt, der sehr empfänglich für Prunk und effektvollen Glanz der feierlichen Ausstattung und des Pomps war.[3]

Auf die »unbedachte Verschwendungssucht des vorangegangenen Jahrhunderts folgt der »diskrete Prunk«, der wenig zum Wahn der Verschwendung und der Vergeudung neigt. Dadurch wurden im 17. Jahrhundert mit großer Leichtigkeit und entgegen jeder ökonomischen Logik, nur um die aristokratische Pracht zu demonstrieren, Ressourcen und Kapitale vernichtet. Es ändert sich die Beziehung zu den Lebensmitteln, und man betrachtet die Speisen mit neuen Augen. Der Geschmack wandelt sich, und man verdammt den Exzeß und den Prunk als Anzeichen irrationaler Zügellosigkeit, und man theoretisiert den guten Geschmack mit der Maßgabe der maßvollen Genügsamkeit. Das übersteigerte Ausgeben ist nicht mehr der beste Beweis für den Luxus und die Großzügigkeit. Darauf laufen die weisen Überlegungen des Abtes Roberti hinaus:

Wenn zum Luxus das Ausgeben ausreicht, welches Mittagsmahl wäre dann berühmter als das, das im vorigen Jahrhundert Boullion, Staatsminister am Hof von Frankreich, gab? Er stellte sich vor, die Tafel festlich mit Tellern, gewürzt und beladen mit Gold- und Silbermünzen, herzurichten und seine Tischgäste einzuladen und anzuregen, um davon zuvor reichlich mit gierigem Löffel, ja sogar mit den Händen zu nehmen ohne Furcht, sich damit zu beschmutzen.[4]

Der neue »Geschmack der Eleganz« prägt der »Taktik der Tafel« eine andere Strategie auf, die dennoch spontan vor sich ging und sich auch ohne Zutun der Aufklärer von der Zeitschrift »Caffè« veränderte. Deren »Reform« beschränkt sich darauf, eine bereits erfolgte Änderung festzustellen, bereits verbreitete Verhaltensweisen festzuhalten und das Bestehende zu kodifizieren entsprechend dem Fluß der Dinge und der Herausbildung der Formen des sozialen Lebens.

Ein alter Libertin und Freigeist wie Saint-Évremond, der in England 1703 in der Verbannung starb und Lehrer einer ganzen Generation in der »Wissenschaft der Vergnügungen«[5] war, hatte mit seinem ausgewogenen Hedonismus im Namen Epikurs (und im Gefolge von Horaz und Petronius) ein Programm moderater und wohlabgestimmter Freuden, eine »Wollust ohne Wollust«[6] – entsprechend der weisen Lehre des alten Meisters – auf den Plan gebracht. Dem war es darum gegangen, daß »die Genügsamkeit eine Ökonomie der Begierde sei und daß die Mahlzeit, die man einnimmt, niemals dem abträglich sei, was man tun muß«.[7]

Aus dieser Perspektive einer überlegten Revision des Geschmacks im Spätbarock erfahren die schweren, »dunklen« Fleischsorten (eben jene, die später von den Tafeln der italienischen Aufklärer verbannt werden) ihre erste Niederlage. Die Austern und die Trüffel übernehmen die erste Stelle und vertreiben die schweren Gerichte der alten aristokratischen Gesellschaft. Als Saint-Évremond, der alte anspruchsvolle adlige Theoretiker der Perfektion und Erfinder der »phantastischen Frau« (La donna immaginaria) – den Lorenzo Magalotti, der »Odysseus der Toskana« (wie ihn Francesco Redi nannte), voll Bewunderung und Sympathie besuchte und dann übersetzte – die Landkarte der »Feinschmecker-Geographie«[8] neu zu zeichnen sich anschickt, hält er den Todesakt der alten feudalen Küche in Versen fest:

> Verbannen wir alles dunkle Fleisch,
> Leider wir nicht mehr daran bei unserer Mahlzeit,
> Außer zweien, denen die Ehre gebührt,
> Allen Feinschmeckern zu gefallen.
> Kommt, Zierde der Küchen,
> Vögel, die man nicht genug lieben kann:
> Lerchen und Schnepfen,
> Ist's nötig, Euch zu benennen?⁹

Die kalten Partien von Thetys, die Muscheln, waren dabei, den gefiederten Bewohnern der Luft ihr altes Primat zu entreißen. Der Gaumen der Feinschmecker hatte – wechselhaft wie der Wind – seine Geschmacksausrichtung verändert. »Dank ihres Geschmacks« waren »die Austern« (vor allem die aus Colchester) in der Lage

> ...jedes
> Fliegende Geschöpf zu übertreffen,
> Jedes Wildbret, jedes gaumenreizende Gericht, alles,
> Was den berühmten Erfinder des Grabs Epikurs preisen kann.¹⁰

Federvieh, Pelztiere, dunkle Fleischarten, sogar der berühmte Schmorbraten, der von seinem Erfinder dem ruhmreichen Epikur gewidmet worden war, standen in Gefahr vor dem vernichtenden Vormarsch der rohen Austern, deren Aufstieg unter den »fremden Übernahmen« des »neuen geschmäcklerischen Küchenmeistertums« auch in Italien Magalotti 1682 festhält.¹¹

Zusammen mit dem Grab Epikurs waren Vögel und Wildbret (»toute volante créature«, »tout gibier«) dem Niedergang geweiht. Diese ruhmreichen dunklen und blutigen Fleischarten waren die Symbole der feudalen Gastfreundschaft und der barbarischen Aggressivität und müssen jetzt die Schmach ertragen, sich zu beugen vor dem weichen, blutleeren und gallertigen Fleisch der Austern und vor dem zweideutigen Geruch von feuchter und dunkler Erde, den die schwermütigen und traurig venerischen Trüffeln haben, jene unterirdischen Früchte, die sich von Finsternis, von nächtlichem Tau und trüben Säften nähren.

Austern, ihr habt sie abgeschafft;
Nur noch die Trüffeln werden mehr geschätzt.[12]

Es ist seltsam, daß der Niedergang der großen, prunkenden Küche der Renaissance und des Barock gekennzeichnet ist vom einsetzenden Ende der großen Jagden, dem Niedergang alles dessen, was in der Luft vorbeifliegt oder auf der Erde läuft, alles dessen, was Bewegung, Muskelkraft, Laufkraft, Energie und Lebenskraft ausdrückt, der Ablehnung des Animalischen, das in enger Vertrautheit mit den Wolken, den Winden und der Sonne lebt. Sonderbar ist auch, daß das Jahrhundert des intellektuellen Lichts, des Feindes der Finsternis und des Dunkels, sich lieber von eiskalten, halb-leichenhaften Organismen ernährt, die zerstört aus den Wassern herauskommen, oder von fruchtlosen Knollen, Feinden des Lichts, die sich von der nächtlichen und lunaren Feuchte des Untergrundes der großen herbstlichen Wälder nähren. Eigenartig, aber nicht paradox ist auch, daß der tugendhafte, strenge Abstinenzler und Vegetarier Robespierre (der mit den Asketen die »traurige Eigenart« teilte, »nur Kräuter zu essen«)[13] das königliche Wild von Versailles schlachten ließ und die wogende Silhouette der Königin wie auch den nicht eben feinen Souverän, der die Künste Vulkans und die Techniken des Feuers liebte, töten ließ.

Diese neuen Männer, Aufklärer mit gallischer Ausbildung, waren sehr hart in ihrer Verdammung der Exzesse und der belanglosen Spielereien des Barock-Zeitalters. Sie waren unerbittliche Zerstörer des alten »Stils« und sie liebten es, in kleinen Räumen mit schlichter Eleganz, in *cabinets* und in lichtvollen und ruhigen Studierzimmern zu leben. Ihnen wäre es als ein Einbrechen in die Hölle des schlechten Geschmacks erschienen, wenn sie in Madrid in die *buen retiro* (gute Zuflucht) eines italienisch-spanischen Adligen des vorigen Jahrhunderts hinabgestiegen wären, das heißt in die duftende Höhle des Luigi Guglielmo Moncada d'Aragona aus dem Geschlecht der Herzöge von Montalto, jenem großartigen sizilianischen Baron, der spanischer »Grande« geworden war und dann nach dem Tod seiner zweiten Frau 1664 Kardinalswürden erlangte. Seine erstaunliche *Boveda* (Gewölbe), die in einen ständigen Nebel von Düften gehüllt war, ein letztes Beispiel von übertriebenem Hedonismus und unruhiger arabisch-mediterraner Verweichlichung, hätte den Aufklärer, der zufällig hier eingetreten wäre, erschaudern lassen. Er wäre sicher dem Lorenzo Magalotti als Zauberer der Aromen, als Magier der Geruchsdelirien, als »großer schützender Genius der Gerüche«[14] erschienen, wohingegen er den Männern von der Zeitschrift »Caffè« als eine Art von orientalischem Kalifen vorgekommen wäre.

Es war eine Art von Keller, den er in seinem Haus in Madrid gegraben hatte, ausdrücklich in der Absicht, einen Ort einzurichten, wo er sich und seinen Freunden in den glühend heißen Stunden des Sommers Ruhe gönnen konnte... Weiße Mauern und als Schmuck lediglich Spiegel. Große Marmortische. Darauf Vasen mit frischen Blumen, und die Blumen allesamt von den duftendsten der Jahreszeit; unten eher Bäder als Becken mit Blumen, die auf die verschiedenste Weise hergerichtet waren, und alle *sobresalientes* (hervorragend). An der Hauptwand ein sehr großer Schrank in der Mauer mit verschiedenen Fächern von der Wölbung bis zum Fußboden. Eines war voll von Buccherovasen [Vasen aus wohlriechender Tonerde, d.Ü.] aus Indien, ein anderes von solchen aus Maya, ein weiteres aus Estremoz [beides Orte in Portugal, d.Ü.) und eines mit Porzellangefäßen, aber alle offen und gefüllt mit Essig-Essenzen und Blütenwassern von der Art, wie sie der Kardinal zuzubereiten verstand. An den Fenstern waren Vorhänge aus holländischem Tuch und auf dem Bett eine Decke aus mit Ambra geräucherten Fellen, die mit Futter aus farbigem Hermelin durchbrochen war... Zwischen zwei und drei am Abend, wenn der Kardinal aufwachen sollte, ging Francisco, sein Kammerdiener, der als Junge für die Parfümerie erzogen worden war, mit zwei oder drei großen Spritzkannen aus Silber in die Boveda hinab; eine war mit Essig gefüllt und die anderen mit stark angereicherten Wassern; und auch damit ließ man ihn gewähren. Nicht nur in der Luft, sondern auch an den Vasen, an den Buccherogefäßen (freilich nur an denen aus Portugal) und an den Vorhängen der Fenster, so wie die holländischen Bootsführer an den Segeln der Kähne, damit sie den Wind besser auffangen. Kurz, es war ein ständiger Nebel, bis alles durchnäßt war. Sodann kam der Essig, aber nur auf den Backsteinboden. Nachdem diese Verrichtung der *asperges* (Besprengung) vorüber war, wurde der Tabernakel geöffnet, der, wie mir der Marchese von Grana sagte, der mir diese ganze Geschichte berichtete, wahrhaft ein Ruhmesblatt war. Und darauf begab sich der Kardinal hinab...[15]

Spanien und seine mozarabischen Zeremonien entfernten sich vom Italien des 18. Jahrhunderts, das sich jetzt in nördliche Richtung orientierte. Seine Mode ging vorüber, seine Sprache verschwand, man vergaß seine Parfüme, seine aromatischen Gallerten, seine Breie, seine gefrorenen Früchte, seine mit Honig und Gewürzen vermischten Getränke wie die *aloxa*. Im Aussterben war jetzt auch der *candiero* begriffen, dessen Rezept Lorenzo Magalotti, jener Mittelsmann zwischen Süden und Norden und Erforscher der Kulturen des »nicht-barbarischen Europa«, in Reime gefaßt hatte:

> Wenig gekochte Eigelbe
> In reinem Porzellan verrührt,
> Und wenn du etwas Meisterliches willst,
> Rühr und schlenkere, soviel zu kannst.
> Füge dann Zucker zu,
> Etwas mehr als eine Prise.
> Nimm aus einem Buccherogefäß,
> Aber nicht nach und nach:
> Ein wenig Moschus und Ambra mit einem Schlag,
> Zwanzig oder dreißig Jasminblüten,
> Schäle ein paar Limonen
> Nur um dem Mund zu schmeicheln...[16]

Nachdem er England entdeckt hatte, wandte der große Reisende im Dienste Cosimos III. eine Zeitlang den iberischen Pomaden den Rücken zu und schien deren Duftkissen und Pastillen, »Blütenschokoladen« und gekühlte Kompotte zu vergessen. Verführt von der »schönen, verzauberten Insel«, setzte er das Rezept des »*Contento*, einer englischen Speise«, in Verse und pries das neue Gericht, das von jenseits des Ärmelkanals gekommen war.

> Von England also ist gekommen
> Zu rechter Zeit
> Ein nettes neues Gericht:
> Weiße Paste, wohlriechend,
> Verflüssigt,
> Für drei Sinne lebensspendende Erquickung.

Eine parfümierte Paste,
Köstlich,
Daß augenblicks das Blut kommt.
Zu sagen genügt, daß ihre glückliche
Erfinderin
Ihr den Namen *Contento* [Vergnügen] gab.
Nun merk auf! Auf das Pfund
Nimm mir zu gleichen Teilen
Reis und gemehlte Mandeln.
Bis auf den Reis ist's eine kleine Sache:
Mühselig
Ist wohl das andere, das Ausländische...
Nimm dann Regen von reinem Wasser,
Den Natur
Vom Himmel niedergehen läßt.
Nur sei er siedend
Oder kochend,
So reicht er zum Strecken.
Zu Strecken jene dicke Milch,
Die bekämpft
Mithilfe von zwei Mehlen
Die Trägheit eines feinen
Gaumens,
Der Rosen ohne Stacheln will...[17]

Die albionische [= englische] »stolze Gelatine« war dann fertig, wenn man sie mit dem »Manna aus Caracas« (d.h. der Schokolade) vermischt, mit Ambra besprengt, danach in ein Prozellangefäß geschüttet und mit Blüten garniert hatte.

Lorenzo Magalotti war ein katholischer Freigeist und Libertin, der die Luft an den angesehensten Höfen Europas geatmet hatte und dessen »Stil als Herr... seine hohe Abstammung« und »seine Weltläufigkeit« (A.M. Salvini) spüren ließ. Er war ein kultureller Mittelsmann und Importeur iberischer und transalpiner Neuheiten, war aber auch stolz auf die große römische und toskanische Tradition und, wenn nötig, kritisch gegenüber den fragwürdigeren Aspekten der fremden Kulturen. Dieser *florentin* (Florentiner) mit leicht römischem Akzent hatte ein unfehlbares Auge und eine erstaunliche Nase, wählte vom Besten immer das

Bessere aus und war ein Modepapst und vorzüglicher Berater von Edelmännern und Edelfrauen in Sachen Handschuhen, Draperien, Perücken, Porzellanwaren und Parfümen. Er war Kunstkenner wie wenige, »Naturphilosoph«, neugierig auf alle Seltenheiten und Wunder der Natur, vielsprachig und Übersetzer aus den ausgefallensten orientalischen Sprachen, wurde als Kammerherr vom Großherzog Cosimo III. »einbehalten« und war Mitglied seines Staatsrats. Er revidierte Galilei, war in Oxford und an der Royal Society zu Hause und war auch einer der ersten Italiener (Vorläufer der Anglomanie des 18. Jahrhunderts), die sich in England verliebten, die »schöne verwunschene Insel, / geliebter Ort / des geselligen Lebens und des Vergnügens«.[18]

Er schätzte die »guten Tafeln von Paris« und den »Genius der [gallischen] Nation« und blühte bei der »Leckerei des Essens« auf (zu Hause jedoch war er durchaus in der Lage, auf einer »großen Tafel« neben dem Feuer ein Mahl zu halten mit »zwei Löffeln Brei, vier Bissen Ragout und einem gekochten und sautierten Apfel«)[19]. Während seines Aufenthalts in Paris im Jahr 1668 war er beeindruckt von der »Sauberkeit der Küche und der Kredenz« des *traitteur* (Speisewirts) de Noier, der »Vorzüglichkeit« seines Luxuslokals, das vor den Toren der Hauptstadt im »Dorf S. Clou« lag.

Dieses Haus ist ein Durchlaufsieb für die Jugend von Paris, denn das ganze Jahr über kommt man zu welcher Stund und in welcher Zahl auch immer; in einer halben Stunde ist es serviert, für wie viele Dublonen je Person man auch will. Die Zimmer sind mit Gobelins (arazzi) ausgestattet, mit Marmor bepflastert, mit Ruhebetten, mit Stühlen und mit anderen sehr vornehmen Möbeln geschmückt, da gibt es Gesimse, die so voll stehen mit Gefäßen aus Türkenerde, mit Buccherovasen [beide aus wohlriechender Tonerde, d.Ü.] und Porzellangeschirren, daß sich die Gefäße berühren. Sodann hängen riesige Kristallüster herab, es gibt Weißzeug aus Flandern, das ganze Silberzeug, alle die wohlzubereiteten Blumengestecke je nach Jahreszeit, Eis und weißen Konfekt, weißes Eis, mit Ambra* versetzte Speisen, kurz, alles ist erlesen, sauber und galant.[20]

---

* Ambra = (vermutlich krankhafte) Absonderung aus dem Darm der Pottwale, die bei längerer Lagerung einen süßlichen Geruch abgibt (d.Ü.).

Von Spanien her sind ihm freilich im Herzen unauslöschlich die Parfüme geblieben. Lorenzo Magalotti war nach Italien zurückgekehrt »mit der Sucht nach Düften im Kopf und mit einer Bücherei von Rezepten, sowohl von der Infantin Isabella als auch vom Kardinal von Moncada wie auch von vielen anderen spanischen und portugiesischen Herren und Damen«.[21] Er war verzaubert von den Jasminblüten von Katalonien und den Duftkissen von Andalusien und Kastilien, der Schokolade mit Jasmin und der mit Zitrusfrüchten, dem glasigen und schneidenden Geschmack der Schokolade auf Eis und dem zarten der Schokolade mit Frangipani (Tempelstrauch, stark duftendes, mittelamerikanisches Gewächs, d.Ü.). Und obwohl er alle Straßen des zivilisierten und des barbarischen Europa (er war auch bei den Lappen und Schweden) bereiste, fuhr er immer in einer Wolke iberischer Zauber. Während seiner dritten Reise nach Flandern hatte er die nähere Bekanntschaft des mythischen Herzogs von Montalto (alias Kardinal von Moncada) gemacht, bestach dessen Kammerdiener und konnte schließlich die Geheimrezepte jenes wollüstigen Grande von Spanien abschreiben, der sich Klistiere mit Duftwässern ohne Salz machte, um sie den ganzen Tag in sich zu behalten.

5

Zähes und schweres Fleisch

Ein neuer Geschmack, eine neue Poetik, ein neuer Stil bringen dort Ordnung, Maß und Mäßigung, wo die barocke Phantasie mit ihren Exzessen und ihren Ausschweifungen gewaltige, überladene und verstopfende Kaskaden von Speiseplatten, verzierte Wunderdinge, aufgespritzte Schwülstigkeiten, vielfältige Überraschungsbraten, in Eigelb gewälztes Fleisch, monströse, mit Ambra versetzte Pasteten, prunkende, glasierte Embleme, geschnörkelte Apotheosen, gallertartige Tapisserien aus flüssig gemachtem Schweinefett aufgehäuft hatte. Die Poetik des Hyperbolischen und der Anhäufung (ja sogar der *acumulación caotica* [chaotische Anhäufung]) wird ersetzt durch die erlesene Schlichtheit und den rational ausgeglichenen und belehrend pragmatischen »guten Geschmack«. Die Küche tritt ein in eine klassizistische Phase ausbalancierter Restauration, einer delikaten Reinigung von den schweren Verkrustungen der Vergangenheit, dem »gotischen Plunder«[1] und dem verdorbenen Geschmack des 17. Jahrhunderts, und man verzichtet auf die unmäßigen Anhäufungen und die Ausschweifungen der barocken Phantasien. Die allgemeine »Reform des Geschmacks«[2] wirkt auch auf das neue Programm einer diätetischen Vervollkommnung der menschlichen Maschinerie ein. »Reform der Küche«[3] wird zum Losungswort von Pietro Verri und seiner Gruppe. Der »Geschmack des Jahrhunderts«[4] formt mit überlegten, aufgeklärten Dosierungen die Tafelordnung um, setzt neue Verfahrensweisen und unbekannte Zeremonien durch und regt mit sanfter Despotie neue Stile voll »lichter Wahrheiten« an.

Dies geschieht im Namen der »aufgeklärten Männer«, der neuen agilen Philosophen, die so verschieden sind von denen der aristotelischen Tradition, welche es gewohnt waren, über »das sachlich Allgemeine, über die Wesenheiten, über das Nichts und über andere derartige sehr schwerwiegende Lappalien und Delirien der menschlichen Schwachheit zu disputieren«.[5] Die »barbarischen Worte« des alten aristotelisch-scholastischen Logos, die abstrusen Kategorien der Formallogik, das bedrückende »Joch jener Vokabel-Wissenschaft«[6] (die *barbara* und die *baralipton* [Merkwörter für zwei syllogistische Schlußweisen, d.Ü.] repräsentierten das formale Äquivalent zu den unverdauten und verdorbenen barokken Anhäufungen) wurden durch eine neue Wissenschaft beiseite geschoben. Diese wurde von Intellektuellen ausgearbeitet, die bei Tisch lieber moderne Kategorien der Ernährung heranzogen, die sehr nützlich waren, um sich von der »derben Ernährungsweise«, den einnebelnden Drogen der Vergangenheit, der betäubenden, »einlullenden und einschläfernden« Küche der feudalen Generationen zu befreien. Der Triumph des Kaffees, der reich an »aufweckender Kraft« ist, scheint das Erwachen und die Munterkeit der Gebildeten des 18. Jahrhunderts deutlich auszusprechen. Denn »er belebt den Geist, weckt den Verstand auf... und flößt dem Blut ein beflügelndes Salz ein, das dessen Bewegung beschleunigt, es ausputzt, verdünnt und es in gewisser Weise wiederbelebt«. Er ist »besonders nützlich für Personen, die wenig Bewegung haben und die die Wissenschaften pflegen«.[7]

Die »Modernen« rufen die überladene, asiatische Maßlosigkeit des Barock vor den Richterstuhl des guten Geschmacks und der aufgeklärten Tafel der reformierten *nouvelle cuisine*. In der Villa des modernen Herrn löst sich die neue *ratio ciborum* (Speiseplan) in eine maßvolle Ordnung delikater, schlichter, wenn auch erlesener Genüsse auf. In einem Artikel der Zeitschrift »Caffè« schrieb Pietro Verri nach seinen Landhausfreuden von 1764 folgendes:

> Die Tafel ist so delikat wie möglich; die Speisen sind alle gesund und leicht verdaulich; es gibt keinen pomphaften Überfluß, sondern das, was

zur Befriedigung ausreicht. Die zähen und schweren Fleischsorten, der Knoblauch, die Zwiebeln, die starken Gewürze, die gesalzenen Speisen, die Trüffeln und ähnliche Gifte für die menschliche Natur sind an dieser Tafel vollständig geächtet. Dagegen nehmen hier das Fleisch von Vögeln und von Hühnern, die Kräuter, die Apfelsinen und deren Säfte die erste Stelle ein. Die Würzen sind erlesen, aber nicht stark; jede Speise, die stark auf den Gaumen einwirkt, läßt eben diesen Gaumen mehr oder weniger verblöden und beraubt ihn einer unendlichen Zahl an köstlichsten Freuden; außerdem wirkt jedwede Speise, die den Gaumen stark reizt, auch stark auf die Wände des Magens und der Eingeweide ein, und daher kommen unendlich viele Gebrechen, die mit viel Ungemach (usura) das Vergnügen der herbeigeführten Empfindung heimzahlen. Die Weine von den nahegelegenen Hügeln haben viel Würze und sind wenig stark, so daß sie mit einer kleinen Zugabe Wasser vermischt wegen ihrer leichten Säure den Zitronenwässern (limonate) ähneln und ein wohlschmeckendes Getränk sind, das einer raschen Verdauung dienlich ist. Keine Speise von starkem Geruch ist an unserer Tafel erlaubt, und jedes Kraut, das wegen Fäulnis einen schlechten Geruch abgibt, ist geächtet; deswegen bleiben die Käsesorten und die Kohlsorten jeder Art davon ausgeschlossen. So sieht unser Mittagsmahl aus, das wir mit einer ausgezeichneten Tasse Kaffee beenden, und wir sind zufrieden, wohlgenährt und unbedrückt von derber Nahrung, von der der Geist einschlafen würde und wodurch Langeweile in unserer Tischgesellschaft verbreitet würde. Im Gegenteil scheint sich nach dem Mittagsmahl die allgemeine Heiterkeit wiederzubeleben.[8]

Die Röntgenaufnahme der reformierten herrschaftlichen Tafel könnte nicht klarer sein. Es ist eine wertvolle Stelle, die deutlich die erneuerten *manières de table* (Tafelsitten) einer munteren und eleganten Gesellschaft umreißt, die sich selbst umgestaltet und wieder zu sich selbst findet, indem sie sich in eine andere Beziehung zur alten Gesellschaft setzt. Der Unterschied zur barocken Tafel erscheint radikal, denn in dieser neuen Gesellschaft herrschen Umsicht, Gewandtheit und Maß (»es gibt... das, was zur Befriedigung ausreicht«); abgelehnt werden markante Tönungen, scharfe Würzen, volle und beißende Aromen. Man ist weit entfernt vom »pomphaften Überfluß«, vom

»pompösen und eitlen Prunk« der Mahlzeit des 17. Jahrhunderts. Die Verdauung des »Menschen von gutem Geschmack, der das Wahre sucht« und sich nicht grillenhaften und unziemlichen Träumen, wunderlichen Hirngespinsten hingeben kann und niemals die Munterkeit und die intellektuelle Lebhaftigkeit mit »derber Nahrung« einschläfern lassen darf, muß »leicht« vonstatten gehen. Die »rasche Verdauung« soll auch durch nicht nur »wenig starke«, sondern mit Wasser verdünnte Weine begünstigt werden, so daß sie den prickelnden Limonaden ähneln. Auf die lokalen Produkte blickt man herab. »Unsere besten Weine schmecken mir nicht, und ich würde den mittelmäßigen Wein aus Österreich dem besten aus der Lombardei vorziehen«, schrieb Pietro Verri am 26. Oktober 1771 an seinen Bruder Alessandro. »Den unsern trinkt man, um sich zu betrinken; der andere ist eine geisthaltige Limonade, die erfreut und sonst nichts.«[9]

Nachdem die erhitzenden Gewürze, die stark gesalzenen und pimentierten Speisen und die Trüffeln (»Gifte für die menschliche Natur«) ausrangiert worden sind, sollen jetzt die »erlesenen, aber nicht starken« Würzen wahrgenommen werden. Sie sollen eher nebeneinander stehen als durcheinander gemischt, eher miteinander verbunden als vermischt, oder noch schlimmer verschmolzen sein.

Nachdem das »zähe und schwere Fleisch« geächtet worden ist (der Fleischverbrauch – so die Feststellung von F. Braudel – nimmt im 18. Jahrhundert beträchtlich ab), orientiert sich der moderne Geschmack am Huhn und am Geflügel. Es soll Kleinvieh und Kleinwild, nicht »Großwild« mit starkem Beigeschmack sein.

Auch der Pfau, der jetzt vom zarteren Fleisch des Truthahns (dem »indischen Hahn«) entmachtet und – Vincenzo Tanara zufolge – bis zur zweiten Hälfte des 17. Jahrhunderts als Schmuckstück auf die Hochzeitsessen verbannt ist, verschwindet tendenziell von den Menus des 18. Jahrhunderts. Dennoch ist es sehr wahrscheinlich, daß der *pavo cristatus* (der mit einem Kamm versehene Pfau), der »wegen seiner Farbenpracht der herrlichste unter der Gattung der Hühnervögel« ist, noch eine mehr oder weniger heimliche Verbreitung hatte, wenn er bei Pellegrino Artusi, dem Verfasser eines berühmten Kochbuchs im 19. Jahrhundert, »die Erinnerung an ausgezeichnetes Fleisch hinterließ, da es sich um Exemplare in jungem Alter handelte«. Tatsächlich wurde die Pfauentaube noch in der zweiten Hälfte des 17. Jahrhunderts für eine Köstlichkeit gehalten. Lorenzo Magalotti, ein Mann von außergewöhnlichem Geschmack, schätzte sie so sehr, daß er es für unerläßlich hielt, seinem Freund Redi eine davon mit einem seiner Rezepte als Geleit zu schicken.

> Eine sehr fette gejagte Pfauentaube,
> die der Gartenammer und der Drossel die Feige bietet,
> schick ich dir, mein Redi, König des guten Geschmacks,
> um damit eine sehr schlichte Schlemmerei zu machen.
>
> Dein Geschmack ist so erfahren und erlesen,
> daß ich annehme, du weißt wohl, wie man sie kocht;
> denn du bist Arzt und doch keine dumme Gans,
> daß du sie gesotten oder in Kräutersoße ißt.
>
> Nimm jedenfalls ein dickes Stück
> frischen Speck, dessen Schwarte
> mit Brasilholz gefärbt ist und das herabkommt von der Spitze
> der Alpen, wo die Schneeflocken dichter sind.
>
> Diesen schneide in Streifen wie Würmer
> mit dem Messer, und je kleiner
> und je dünner du die Streifen machst,
> desto besser werden deine Speckstreifen.
>
> Nachdem du den Freund gut gerupft und gesäubert hast,
> setze dich hin, nimm ihn in den Schoß und nimm
> die Nadel in die Hand, um mit diesem Silberband
> ihm die Hosen auszuziehen und das Wams...[10]

Weit zurück liegen jetzt die fetten Jagdbeuten der barocken Adligen, das rote und blutige Fleisch mit dem scharfen Geschmack der großen Vierfüßler wie Wildschweinen, Hirschen oder etwa Damhirschen, die der Hof der Medici bei den Jagden in Artimino tagtäglich schlachtete (manchmal tötete man mehr als vierzig am Tag, wobei auch »junge Prinzessinnen« und Damen teilnahmen). Diese wurden nach dem Gemetzel unter den »Herren Höflingen« verteilt, die davon die edlen Teile aßen, während die Innereien und die Köpfe, das »Klein« der »Barone der Küchen«[11], auf den Tischen der Jagdaufseher und Küchenjungen landeten.

Die anspruchsvollen Tischgenossen des weichen und wählerischen Jahrhunderts wären entsetzt gewesen, wenn sie gewußt hätten, daß der »magere, hagere, spindeldürre und abgezehrte«[12] großherzogliche Leibarzt Francesco Redi sich abenteuerlichen gastronomischen Experimenten widmete. Dabei benutzte er eben jene Gehirne vom Damhirsch, über die am Hof ein »gewisser sehr alter, hartnäckiger und mehr als häretischer Glaube« umging. »Diesen hat dieses Gesindel [das Küchenpersonal und die Jagdhelfer], das meint, das Gehirn der Damhirsche sei eine sehr schlimme Sache und beinahe etwas Ekliges, um es zu essen, und sehr schädlich für die Gesundheit des Menschengeschlechts. So gab es keinen Hof und auch keinen Edelmann, der es – der Kultur halber oder aus Angst – gewagt hätte, Hirn vom Damhirsch an der eigenen Tafel erscheinen zu lassen.«[13]

Der rastlose Anatom aus Arezzo, der unerschrockene Sezierer von Schlangen, Würmern und Kröten, »der beständige Henker der ekligsten und schmutzigsten Teile der Natur» (Magalotti), konnte eines Tages dem Versuch nicht widerstehen, ein Damhirsch- Gehirn vom Seziertisch zu nehmen und es in die Pfanne zu geben, um es zu braten. An den Arzt Iacopo del Lago schrieb er im September 1689 (also zur Jagdzeit) eben vom großherzoglichen Landsitz in Artimino:

Aber ich, der ich auf die Welt gekommen bin, um die schönen und erfreulichen Dinge herauszufinden, hatte dieser Tage einige dieser Hirne unter den Händen, um deren Bau zu beobachten. Und die Gehirne schienen mir feist, schön, wohlgeraten und von gutem Nährwert. Und trotz meines Dieners, der sich schämte, dieses lutherische Schelmenstück in die Küche zu tragen, wagte ich – ich sage es zweimal –, davon eine prächtige Pfanne voll in reinem Speck braten zu lassen. Es erschien mir bei Tisch recht warm und gut angebraten, und ich schlang beinahe alles unbefangen hinunter. Und ich fand mit einem öfter wiederholten und wahren und zuverlässigen Experiment heraus, daß das Gehirn vom Damhirsch eine feine Sache ist, schmackhaft und sehr gesund und viel besser als das Gehirn vom Schwein und vom Kalb, um nicht zu sagen das vom Delphin, das meiner Ansicht nach besser ist als alle Gehirne, weil man es in der Fastenzeit und an den bestimmten Vorabenden von Festen essen kann.[14]

Der Graf Verri, der immerhin Galilei verehrte, hätte sicher nie die Lust gehabt, das »wahre und zuverlässige Experiment« eines unermüdlichen Experimentators in der Tradition von Galilei wie Francesco Redi aus Arezzo auszuprobieren. Dieser hatte nicht nur den jahrtausendealten Mythos von der Urerzeugung, sondern auch andere archaische und weitaus hartnäckigere Glaubensinhalte wie etwa den von der Schädlichkeit des Gehirns vom Damhirsch zerstört.

Nach den ersten diffusen Unschlüssigkeiten warf sich der Hof der Medici gierig auf die Gehirnlappen dieser edlen Vierfüßler.

Nun, ich verkündete meiner Gewohnheit entsprechend wohl in der Öffentlichkeit meine neue Entdeckung, und man dachte in den geheimsten Zimmern und Vorzimmern darüber als Erfindung nach

Da un uom qual mi son io d'ingegno predito
(eines Mannes, von geweissagtem Talent,
wie ich es bin).

Sogleich begann man mit großer Gier, die Gehirne der Damhirsche als eine fremdländische und neue Köstlichkeit anzufordern; und man sah sie hier an den allerbesten Tafeln.[15]

Es geschah dann etwas Eigenartiges. Der ganze Hof von Cosimo III. schien vom Zauber dieser anatomisch-gastronomischen Experimente verhext zu sein; und von Experiment zu Experiment, indem man in den Eingeweiden herumschnitt und herumwühlte, kam man fatalerweise auf einen neuen, erschütternden Fund. Ein

Edelmann von dem hohem Stand des Markgrafengeblüts konnte schließlich, indem er immer wieder herumprobierte, eine geheime, undenkbare Köstlichkeit finden, die die immerhin sensationelle Entdeckung des berühmten Leibarztes Francesco Redi verblassen ließ. Und dieser tat so, als würde er sich darüber beklagen, daß er nicht nur ein Meister der neuen Wissenschaft, sondern auch ein ironischer alter Zopf und ein duckmäuserischer Komödiant sei:

In dieser Welt gibt es keine Freude, die nicht von irgend einem Schmerz oder zumindest einer Mißstimmung begleitet wäre. Groß wäre mein Ruhm gewesen, wenn gleichzeitig nicht noch eine andere sehr wohlschmeckende Entdeckung in der unbekannten Eingeweidegegend der Damhirsche gemacht worden wäre. Denn der hochverehrte Herr Marchese Clemente Vitelli, erster Edelherr der Kammer Seiner Durchlaucht des Großherzogs, hat mit seinem eigenen Verstand wieder herausgefunden und entdeckt, daß das Gekröse des Damhirsch noch viel edler, zarter und wohlschmeckender ist als das irgend eines anderen Getiers, das in den Küchen der Leckermäuler in Mode kommt. Und gestern früh gab er mir, um meinen unbesonnenen Hochmut zu dämpfen, einen Teller von seiner Tafel, der – um ergebenst die Wahrheit zu bekennen – vorzüglichst gelungen war.[16]

Zwei Generationen später wären diese waghalsigen gastronomischen Spiele zwischen den Eingeweiden und den Innereien der Damhirsche, ihren vorderen und hinteren Teilen als ungeheuerliche Schrullen überspannter und noch nicht vom Licht des wiedergefundenen »guten Geschmacks« erleuchteter Gehirne erschienen. Aber die Jahre Redis waren noch Jahre kontroverser Entdeckungen. Sie waren gekennzeichnet von der Krise am Ende des Jahrhunderts, die ihre Spur auch im ungewissen und wirren Amalgam der Gaumenfreuden, in der Verflechtung von alten Feinschmeckereien und neuen Raffinessen, von mittelalterlichen Fleischbergen und exotischen Neuheiten hinterließ. China und die Neue Welt drängten spektakulär in die eurozentristische Tradition des toskanischen und italienischen Geschmacks hinein.

6

Die fremden Übernahmen des geschmäcklerischen Küchenmeistertums

Holländische und englische, spanische und französische Schiffe, die vom äußersten Westen oder vom fernen Osten kamen, entladen auf den Molen des alten Europa Ballen und Kisten mit neuen und aufregenden Produkten: indische Kräuter, subtropische Pulver, verwirrende Blumen, undenkliche Fleischarten, unerwartete Früchte, unbekannte Knollen und Samen, fremde Gemüsearten, Tabak und Kakao, Vanille und Chinachina, Paprikaschoten und »Schwalbennester«, Kaffee und Tee, Tulpen und Jasmin von Goa, Gürteltiere und Truthähne, brasilianische Annonengewächse (port. *araticù*) und Katechu-Erde (*terra catù*; Extrakt aus dem Holz von Akaziengewächsen, d.Ü.).

In den Gewürzläden von Livorno, das in den Augen von Montesquieu (und mit den Worten des Briefeschreibers Usbeck aus den *Persischen Briefen*) als »die blühendste Stadt Italiens« erschien und »vom Geschick der Toskanerherzöge zeugt«[1], kam im Jahr 1679 ein Gewürz mit eigenartig zusammengesetzem Geschmack an. Es war ein Superkonzentrat von vielen anderen tropischen Gewürzen, »eine Rinde ähnlich dem dicken Zimt, die von Cadiz dem Herrn Cestoni unter dem Namen ›Allesgewürz‹ geschickt wurde. Es schien bei der Vielfalt der Aromen jenen Vorzug zu haben, den jenes Gewürz oder aromatischer Same hat, der von Westindien gebracht wurde und von den Spaniern *Pimienta de Chapa* [Jamaika-Pfeffer] genannt wird«[2]. Geheimhin wurde es auf den Namen »neue Würze« getauft. Diese unbekannte Beere, die Lorenzo Magalotti den Francesco Redi untersuchen ließ, erschien dem Leiter der großherzoglichen »Schmelzhütte« als ein »galantes Gewürz«, in der er eine Vielzahl von verschiedenen Geschmacksrichtungen erkannte: »die von Nelken als hauptsächlichste, die von Muskat als zweites, die von Zimt an dritter Stelle, die vom Zedratbaum, den Geruch von Moschus, den Geruch von Ambra und die allerlieblichste Süße vom Zukker«[3]. Wenn man diese Samen zerkaute, setzten sie andere aromatische Düfte ähnlich denen der Wacholderbeeren und – schwächer – denen der schwarzen Pfefferkörner frei. Dieser neue »Jamaika-Pfeffer«, der in Neu-Spanien gewöhnlich Eingang in die Schokolade fand, hatte in Europa nicht den Erfolg wie andere Kräuter, die vom fernen Orient kamen. Wenn der »China-Fenchel«, der »nicht sehr verschieden von unserem römischen oder süßen Fenchel, wenn auch nicht so scharf, ist und ein wenig nach Anis schmeckt«[4], nur hin und wieder anzutreffen war, war der Erfolg des Tees gewaltig. »Zwei [andere] fremde und sehr wertvolle Kräuter« aus dem »großen Reich China« blieben im magischen Umkreis der Talismane, in der Schwebe zwischen Legende und Realität:

eines von ihnen mit dem Namen *pusu* macht das Leben der Menschen unsterblich; das andere, das *ginseng* genannt wird, ist, wenngleich es nicht soviel Kraft hat, um Unsterblichkeit zu verleihen, dennoch so wertvoll, daß man die ganze Zeit des Lebens gesund und munter und ohne Angst vor Krankheiten bleiben kann. Vielleicht war jener große Kessel voll von solcherlei Kräutern,
*Wo Medea den Schwiegervater wieder aufwärmte,
Um ihn dem Zugriff des Alters zu entziehen.*[5]

Die »mystischen Leckermäuler«[6] können sich durch die Läden von armenischen und hebräischen Händlern, durch Warenhäuser und Lagerhallen bewegen und dort die neuen »fremden Übernahmen des neuen geschmäcklerischen Küchenmeistertums« finden, die geeignet sind, »ihrem Geist einige Mittel an geistigen Leckerbissen vorzustellen«. Ein eßbares »Hieroglyphen-Alphabet« bereichert mit neuen Wundern die bereits überfüllten Kredenzen und die mit Würzen versehenen Vorratskammern des alten Kontinents. Die Jesuiten waren dabei sehr aktiv und wirtschafteten und trieben Handel, importierten und verteilten Tabak, Chinarinde (das »Pulver des Kardinals De Lugo«) und Kakao. Sie trachteten mit neuen Versuchungen, mit seltenen und verlockenden Waren oder mit staunenerregenden Pülverchen wie dem Chinin nach den Seelen von Mächtigen und Plebejern. Die Politik wirft einen Blick in die Ladenräume und in die Vorratskammern, die Schokolade wird zum Instrument für die religiöse Unterwanderung und das erbauliche Sich-Eingang-Verschaffen, zur neuen Wonne *ad maiorem Dei gloriam* (zum größeren Ruhm Gottes). Das kulinarische Panorama wird verwickelter und präsentiert einen seltsamen Cocktail aus Altertümlichkeit und exotischer Modernität: »über der Flamme der Wachskerze geröstete Drosselbeine, aufgespaltene und auf dem Bratrost angebratene Waldschnepfenköpfe, rohe Austern, junge Hörner vom Damhirsch, Bärentatzen, Schwalbennester aus Kotchinchina [Indochina], Tee, Kaffee, Ketchup [= malaiisch *kechap*], Katechu..., die lieblichsten flüssigen Mischungen..., Sorbets und Schokoladen auf Eis (span.: *in garapegna*)«.[7]

Als eine »einfallsreiche Erfindung des Rachens der Modernen, der immer nach Neuheiten gierig ist«, erschien Francesco Redi die sich rasch verbreitende Mode der Nester gewisser Vögel aus dem Orient, die auf den Tafeln als Speise aufgetischt wurde. In der Tat war dies eine der letzten Entdeckungen an kulinarischen Raffinessen, die »desto mehr im Ansehen stehen«, kommentierte der großherzogliche Leibarzt, »von je weiter weg sie zu uns gebracht werden«[8].

Es gibt einige, von den Schwalben nicht sehr verschiedene Vögelchen, die an den Klippen des Meeres von Kotchinchina [Indochina] entlang ihre kleinen, weißlichen Nester aus einem Material bauen, das nicht sehr verschieden vom Fischleim ist; Diese Nester werden aus den Felsen herausgerissen und zu einem sehr hohen Preis verkauft, um die Gastmähler zu veredeln. Diese würden für gemein und wenig feierlich erachtet, wenn sie nicht mit jenem fremden Gericht verfeinert würden, das wahrhaft appetitlich ist, wenn es von einem Oberkoch meisterhaft zubereitet wird. Und eine der Weisen, es herzurichten, ist, diese Nester in gute Masthahn- oder Kalbsbrühe einzuweichen, bis sie geschmeidig werden und quellen;

so kochen sie in dieser Brühe, und dann bereitet man sie mit Butter, mit Käse und verschiedenen Arten von Gewürzen zu...[9]

In Frankreich hatten sich gewisse zarte Gaumen so verfeinert, daß sie unfehlbar, selbst »wenn sie im Dunkeln aßen«, eine »Fasanenbrust von einer Masthuhnbrust, eine Rebhuhnbrust von einer Feldhuhnbrust« unterscheiden konnten. Lorenzo Magalotti hatte im Land der Bourbonen »unter Landsleuten, die vom Essen etwas mehr verstehen, als es in Italien im allgemeinen der Fall ist«, virtuose *connaisseurs* (Kenner) und »so unfehlbare Feinschmecker [gekannt], die sehr wohl herauszufinden wußten, ob der Koch die Feldhühner eher mit dem einen oder mit dem anderen Feuer gekocht hatte und ob er sie nach dem Beginn des Kochens vom Feuer genommen hatte, um sie warmzustellen, wenn die Soße bereits eine Haut zu ziehen begonnen hatte und dort abkühlte und einen ich weiß nicht welch üblen Geruch angenommen hatte, aber beim Wiederaufwärmen wieder flüssig wurde, und ob er sie so – sagte er – *détestables du dernier détestable* (abscheulicher als abscheulich) gemacht hatte«.[10]

Die »neuen Übernahmen« (wie sich Magalotti ausdrückte) der Küche des späten 17. Jahrhunderts zwischen Barock und Rokoko waren ein »durchdachtes Geschenk von geschmäcklerischen, luxuriösen, wenn nicht schwelgerischen Europäern«[11], die gierig nach weit hergebrachten Neuheiten, nach Exotik für das Auge, die Nase und den Gaumen waren. Es waren Neuheiten und Süchte, die sich plötzlich erfolgreich durchsetzten und ebenso rasch wieder verschwanden. So war es der Fall mit der »japanischen Erde« oder »Katechu-Erde«, die auch (spanisch) *cato* genannt wurde, »die bei den Portugiesen zu *cacciunde*, bei den Franzosen zu *casciu* wurde und bei uns Italienern, soviel ich weiß, *casciù* oder *cacciù* [Katechu] blieb oder es wurde«[12]. Viele in Florenz hielten sie für eine Art »Kakao von dieser orientalischen Schokolade«[13]. Magalotti war der erste, der das »Katechu-Wasser« extrahierte, das »sowohl in reiner Form von einfachem Wasser als auch in einem Sorbet die Hochschätzung vor so vielen Getränken, die man im Sommer macht, genoß«[14]. Es war eine Erde mit sehr delikatem Duft, von dem »ein gewisses Gerüchlein einer aromatischen Substanz aufstieg, das so zwanglos ausströmte, daß es in der Trockenheit der Luft in einer Weise verflog, daß es die Nase, so sehr sie auch danach spürte, nicht wiederentdeckte; wenn man sie aber in den Mund nahm, machte sie einen mit Hilfe der Feuchtigkeit der Zunge von innen heraus dafür empfindlich«.[15]

Es sind vergängliche Wölkchen von so ätherischen Gerüchen, daß sie sich beinahe in nichts auflösen, Schätze eher genießerischer Einbildungskraft als solche der Sinne, weil sowohl dieser orientalische Extrakt als auch viele andere neue Köstlichkeiten »beim ersten Mal, da man diese Dinge kostet oder da man von ihnen reden hört, – wie es zuvor nicht geschah – es sollten noch so fremdländische Köstlichkeiten sein, niemandem schmecken. Aber die etwas feineren Geister sind sehr empfänglich für die Kuriosität und das vorgängige Urteil, so daß sie nicht mehr den Geschmack der Sache wahrnehmen, sondern sich in gutem Glauben in sie verlieben, wenn sie ihr begegnen. Und bevor der wirkliche Geschmack in seinem natürlichen Sein die Seele erreicht, benetzt dieser sie von ferne mit jenem imaginären Zauber, wovon sie in sich einen kleinen Einschlag hat. Und wenn sie dann mit ihm in Berührung kommt, fühlt die Seele, was er angerichtet hat, nicht was er war. Und wenn sie sich selbst in ihrer Imagination genießt, denkt sie ihn zu genießen. ›Es bedrängte ihn manchmal mitten während der Mahlzeit das Verlangen‹ (schreibt ein moderner Autor von versteckten Nachrichten über Bibbiena, den späteren Kardinal [Bernardo Dovizi, 1470-1520, d.Ü.]), ›Saucen zuzubereiten, die sich noch kein Koch je ausgedacht hatte. Er legte Hand an, und sie gelangen ihm immer zur Freude der Gäste, waren es Meister in der Kunst, der Zunge, dem Geschmack zu schmeicheln, oder solche, die in ihrem Urteil dazu beitrugen, sich selbst zu täuschen.‹«[16]

Die »feinfühligen« Geister des aus- und niedergehenden Barock und Rokoko, die »in gutem Glauben« Verliebten, die visionären Destillateure, die in ihrem inneren Laboratorium imaginäre Köstlichkeiten zubereiteten, stellten die letzten Exemplare einer Rasse dar, die schließlich gegen die Mitte des 18. Jahrhunderts (entgegen allem Anschein) ausgelöscht sein wird. Sie waren typische Produkte der Krise um die Jahrhundertwende und erstanden nicht wieder in Gestalt der *philosophes* noch lebten sie in den (wenn auch leichten und flüchtigen) Geschmäcken der kulinarischen Rationalität des 18. Jahrhunderts wieder auf. Um so weniger lebte das gierige Gespenst des Polyphago (Vielfraßes) wieder auf, des »großen Leckermauls«, des Bauch-Menschen, das in den Sälen der Adligen und des Hofes von Frankreich in den Jahren von Ludwig XIII. und von Richelieu in der Maske des »Seigneur Panphagus« (des Herrn Vielfraß), »des großen Prassers an jenem Hof«, umging und das Francesco Fulvio Frugoni später aus dem *Banquet sceptique* (Das zweifelhafte Gastmahl) von La Mothe le Vayer in sein dithyrambisches Melodrama *L'Epulone* (Der Prasser) übertrug. In einem der *Cinq dialogues faits à l'imitation des Anciens* (Fünf Dialoge in Nachahmung der Alten) von Oratius Tuberus erzählt Eraste folgendes:

Ich habe ihn während der ganzen Mahlzeit beobachtet, wie es so schnell und so akkurat zuging, daß ich tatsächlich glaubte, er habe, ebenso wie die Hirsche, die Ziegen und die Schafe, mehrere Mägen anstatt einem und habe wie die Igel, die Krebse und die Heuschrecken in diesen Mägen weitere Zähne, um hier zum zweiten Mal zu kauen. So glaube ich auch nicht, daß jedermann, weil er nur einen Magen hat, ein Dickwanst ist, wenn er ihn wie Knospen geöffnet und geschlossen hat wie die der Bewohner des Mondes.[17]

In den Jahren, in denen Panphagus zwischen den Tafeln der großen *hôtels particuliers* (vornehmen Privathäuser in der Stadt) verkehrte, griffen große Kardinäle, jene Purpurträger, sowie hochgestellte Mitglieder des hohen Klerus in Italien in den Zeiten vorgeschriebenen Fastens zu einfallsreichen kulinarischen Listen. Sie täuschten die Augen und verbargen verbotene Speisen unter unschuldigen Hüllen. Wahrhaft »talentiert« war die Kehle der Gegenreformation, der es gelang, wohlschmeckende, aber verbotene und sehr verwerfliche Fleischsorten einzuschmuggeln, indem man auf die Formen und die Farben setzte. So schrieb Francesco Ridolfi, der Erzkonsul der Accademia della Crusca, an den Leibarzt und Autor des *Bacco in Toscana*, Francesco Redi, bezüglich der offenkundigen Leichfertigkeit von dessen sehr berühmtem Preislied:

> Man darf nicht dem äußeren Anschein glauben; ich erinnere mich, in der Fastenzeit auf den Gastmählern der großen Kirchenmänner, wo man kein Ärgernis erregen will, weiße Gemüsesuppen, Seebarben, Seezungen und Forellen gesehen zu haben; aber die ersteren bestanden aus Speisetellern mit verflüssigten Masthähnen, die letzteren waren in Gestalt von Fischen aus Fleisch von Rebhühnern, schwarzen Frankolinen [Feldhühnern] und Fasanen zusammengestellt.[18]

Im übrigen konnte man nicht absolut verlangen, daß sich alle, Große und Kleine, um sinnlichen Verlockungen und krankhaften Versuchungen zu entgehen, kalten und abkühlenden Exerzitien der Enthaltsamkeit unterzogen wie der sehr gelehrte Jesuit Tomàs Sanchez. Dieser, ein merkwürdiger Kasuist der Ehegesetze und feinsinniger Gelehrter für die kleinste unerlaubte sexuelle Handlung, hatte »dreißig Jahre seines Lebens diese Fragen« studiert »und saß dabei auf einem Marmorsitz..., aß niemals Pfeffer, Salz oder Essig, und wenn er bei Tische war, um zu speisen, hielt er immer seine Füße in die Luft«[19] (»salem, piper, acorem respuebat. Mensae vero accumbebat alternis semper pedibus sublatis«). Wir wissen freilich nicht, was er genau aß. Seine vollkommene Integrität vorausgesetzt, muß man annehmen, daß er sich allzu erhitzender Fleischsorten enthielt und peinlichst jenes Hirschhorn mied, das – in unterschiedlicher Aufbereitung – niemals bei den Mahlzeiten der nicht geweihten Leute fehlte. Er mußte es fürchten wie ein Stück Höllenabgrund, mußte sich sehr davor hüten (*maxime vitandus*) wie vor einem satanischen Leckerbissen. »Die zarten Hörner«, so die Worte von Francesco Redi, »sind köstlich auf den Tafeln der Patrizier, und die Köche bereiten daraus verschiedene appetitliche Leckerbissen zu. Aus den harten, trockenen und abgeschliffenen Hörnern machen sie für den Gaumen verschiedene Arten von sehr schmackhaften Sülzen.«[20] Hinter dieser »Gewohnheit des Halses«[21], die weitläufige Ableger in der Apothekerkunst des 17. Jahrhunderts hatte, verbarg sich – verhüllt – ein Glaube an die aphrodisischen Kräfte des Horns und des Gliedes des Hirsches, eines Tieres von erregter Ausschweifung.* Und Redi selbst schaut in der *Preghiera e sacrificio a Venere* (Gebet und Opfer an Venus), wo er »unzüchtigen Gespenstern« und »sommerlichen Narrheiten« nachgeht und sich wollüstigen Phantastereien hingibt, bei einem *pervigilium Veneris* (Nachtfeier der Venus) zu, bei dem auf dem »heiligen Feuer« »Laudanum, Weihrauch, Zimt und Krokus« brennen. Und dabei wird der zyprischen Venus dargeboten

> Des berühmten Satyrn
> geschätzte Wurzel und des fruchtbringenden
> etrurischen Hirsches unreines Glied.[22]

Und als Tischsitte überlebte das Horn dieses beneideten Vierfüßlers jeden Zusammenbruch von Reichen und jedes soziale Erdbeben, jede Erneuerung des Geschmacks und jede diätetische Revolution – zumindest bis zum Zeitalter der Restauration. Dieses Horn taucht unter den »Würzen der Lebensmittel« wieder auf, wo es wie die »Butter«, der »Parmesankäse«, die »Trockenpilze« unter der Rubrik »allgemeine Würzmittel« abgehandelt wird. Dort ist es in jener virtuosen kulinarischen Rhapsodie auf halber Strecke zwischen Ancien Régime, Romantik und Wiener Kongreß angesiedelt und wird vom emsigen und phantastischen Francesco Leonardi in seinem Buch *Gianina ossia La Cuciniera delle Alpi* (Hannele oder die Köchin der Alpen; Rom 1817, Bd. I, S. 45) aufgeführt.

Umsonst würde man dagegen unter den »Erzeugnissen der vier Jahreszeiten« wie auch auf den »Speisekarten« die Sülze oder das Vipernfleisch suchen, ein Fleisch, dem seit uralten Zeiten die Macht zugeschrieben wurde, die Spanne des menschlichen Lebens kraftvoll zu verlängern. Zum Beispiel konsumierten es – Plinius zufolge – die Makrobioi, langlebige Menschen, in unge-

---

* Das als Back- und Treibmittel verwendete Hirschhornsalz steht damit nur in bedingtem Zusammenhang, als es früher aus tierischen Hörnern und Knochen durch Trockendestillation hergestellt wurde. D.Ü.

wöhnlich großem Ausmaß. In der westlichen Welt, im Land der wissenschaftlichen Medizin und dem Land der exakten Wissenschaften, hatten die Mächtigen und die Reichen veranlaßt, daß man mit diesem Fleisch, dem Spender von langem Leben (und von Schönheit für die Damen), jenes Hausgeflügel aufziehen soll, das dann auf ihren Tafeln landete. Fürsten und Könige fanden es wenig interessant, vorzeitig zu enden oder zu rasch die bereits spärliche Ausstattung an Jahren aufzubrauchen, die ihnen (wie allen Sterblichen) zur Verfügung stand. Deshalb ließen sie das Geflügel, das für ihre Tafeln bestimmt war, mit Vipernfutter nähren: »Die Fürsten Europas«, schrieb der »Libertin« La Mothe le Vayer, der – René Pintard zufolge – »die gewagtesten aufklärerischen (sceptiques) Sinn- und Denksprüche des 17. Jahrhunderts« erfunden hatte, »lassen das Geflügel sie [die Vipern] verschlingen, welches ihnen hinterher als Speise dient.«[23] Diese indirekte »Nahrung aus Vipernfleisch«[24], das in das Fleisch des Haus-Geflügels einging, machte ihre Leckerbissen nicht nur schmackhafter, sondern auch magischer und deshalb appetitlicher. Wenn man mit Hingabe und Leidenschaft diese fleischigen Talismane aß, steigerte dies nicht nur das Vergnügen an der Mahlzeit, sondern vermehrte auch die den Freuden dieser Welt vorbehaltenen Jahre.

Der therapeutische Mythos vom Vipernfleisch hielt – wie der kulinarische vom Hirschhorn – bis in die ersten Jahrzehnten des 19. Jahrhunderts an.[25] Er war ein weiteres Anzeichen für das lange Andauern veralteter Glaubensformen, die unempfindlich für die wissenschaftliche Veränderung waren. Und er war ein Indiz für die unglaubliche Langsamkeit des Szenenwechsels in der galenischen Tradition, in der sich die Pharmakologie mit der Diätetik vermischte und ein ständiges Hin und Her zwischen Kochtopf und Destillierkolben zu bemerken war. Die Sülze vom Hirschhorn, die auch dem Gaumen von Francesco Redi schmeckte, wurde noch kurz vor der Mitte des 18. Jahrhunderts vom Begründer der pathologischen Anatomie, Giovan Battista Morgagni, verschrieben. Er war auch – wie die Mediziner des Zeitalters der Aufklärung – sehr vertraut mit dem wunderheilenden, reizbaren Reptil und wurde nicht müde, es in Form von Brühe oder aber in Form von Destillat (»circolato«: ein im Destillierkolben ausgezogener flüssiger Extrakt) zu verschreiben. Dabei wurde die Bergotter mit etwas magerem Kalbfleisch in »Häpchen« serviert, das mit eingemachter Zitronatzitronenschale gebunden oder – je nach Wunsch – mit Melissenspitzen garniert wurde.[26]

Die »Brühen und das Fleisch von Otternhühnchen« wurden als Stärkungsmittel, als Mittel zur Wiederherstellung der natürlichen Wärme und als Spender von langem Leben betrachtet.[27] Dennoch scheint der »edle und kräftige Weißwein, in dem man absichtlich einige lebende Ottern ertrinken ließ«[28], nicht auf die Gunst der Gesunden gestoßen zu sein, auch wenn er noch im 18. Jahrhundert in der Kranken-Diätetik verwendet wird. Mit Beginn der zweiten Hälfte des 18. Jahrhunderts verschwindet der Otterngeruch tendenziell aus den Archiven des Geruchssinns. Der Abstand zur Kultur des Barock ist auch durch dieses Verschwinden des Otterngeruchs gekennzeichnet. Auch gibt es keine Angaben mehr über Diäten, die sich vollständig auf dieses Reptil stützen, das im vorangehenden Jahrhundert sehr häufig als Lebensmittel anzutreffen war und geradezu Obsessionen auslöste. So war es der Fall bei

einem tugend- und sehr ehrenhaften Edelmann, der von Anlage und Körperbau eher grazil war. Dieser hat, als er in der ersten Blüte seiner Jugend stand, beständig in diesem Sommer [1664] vier Wochen lang jeden Morgen zum Frühstück eine Achtellunze Otternpulver getrunken, das in Brühe gelöst war. Dieses wurde aus einer halben Otter gemacht, die auf den Hügelchen bei Neapel gefangen wurden; zum Mittagessen aß er dann eine gute Suppe aus Brot, das in Otternbrühe eingeweicht, mit Otternpulver gesalzen und pimentiert ([salpimentata] du erlaubst mir diesen Ausdruck) und mit dem Herzen, der Leber und den zerkleinerten Fleischteilen dieser Otter gewürzt war, die die Brühe abgegeben hatte; er trank den Wein, in dem Ottern ertränkt worden waren; zum Vesper nahm er eine Emulsion ein, die aus dem Absud und Fleischteilen der Otter zubereitet war; und am Abend bestand sein Abendessen in einer ähnlichen Suppe wie die vom Morgen...[29]

Man weiß nicht so recht, was nach den vier Wochen, die streng diesem bezaubernden Reptil verschrieben waren, passiert ist, ob der »grazile Körper« des Freiherrn geziemend gestärkt wurde oder nicht. Schlecht ist es ihm sicher nicht bekommen. Denn in dem Bericht von Redi gibt es nicht den geringsten Hinweis, der an die kleinste Unannehmlichkeit denken ließe. Unsere Neugierde muß ohne Antwort bleiben. Dennoch sollten wir – abgesehen von der Episode dieses wackeren Verzehrers von solchem Fleisch – meinen, daß grundsätzlich die »Otternhühner« von bestem Geschmack waren und wahrscheinlich nicht schlechter mundeten als diejenigen, die heute im Schnellmastverfahren unter dem blendenden künstlichen Licht mit Futter gemästet werden, bei dem der edelste Teil aus Fischmehl besteht.

Sodann scheint es, daß die Ottern, wenn sie auf dem Rost gebraten wurden, nicht nur einen »sehr süßen Duft«[30] auströmten, sondern auch in nichts dem gegrillten Aal nachstanden. Zumindest wird uns von einem Siebzigjährigen berichtet, der (wir wissen nicht, ob mit dem Wunsch nach Unsterblichkeit oder wegen persönlicher Vorlieben) »in eineinhalb Monaten mehr als neunzig Ottern aß, die im Sommer gefangen und geröstet wurden, wie die Köche die Aale zu rösten pflegen«[31].

Man kann freilich mit aller Wahrscheinlichkeit annehmen, daß das weitere Schicksal des Otternfleisches von seinem Ruf abhing, die durch die Jahre verwelkte weibliche Schönheit wieder aufzufrischen und vor allem von seiner unterstellten magischen Kraft, den jungen Frauen Anmut und Zauber zu verleihen.

Ob dann das Essen dieses Fleisches in den jugendlichen Leibern der Frauen jenes gehörige Ebenmaß der Glieder und der Farben, die man Schönheit nennt, erzeugt (wie manche Autoren wollen) und ob es die im Greisenalter eingebüßte Schöne wiederherstellt, ist mir noch nicht klar geworden...[32]

Wenn es einem großen Erforscher der Geheimnisse der Natur wie Redi nicht klar geworden ist, ist es zwecklos, daß wir das alte Rätsel zu lösen suchen, auch wenn wir begierige Beobachter der »Proportionen der Glieder und der Farben« der weiblichen Schönheit sind.

7

Kurzlebige Dekorationen

Verschwunden waren nunmehr die Possenreißer, die bei den Gastmählern des 16. und 17. Jahrhunderts »mit ihren Streichen und Schwänken jeden in festlicher Stimmung hielten«[1]. Immer weniger gefielen die »starken Düfte«, veraltet und bereits unbekannt waren die »Duftkugeln voll lebender Augenflecke mit herrlichen Kreisen..., die aus köstlicher und wertvoller Parfümpaste bestanden«[2]. Bei den Mittags- und Abendessen waren die Wogen von »wohlriechenden Düften« abgeschafft, die »unter den Tischen und für jeden Tischgast« in »überreicher Menge«[3] vorhanden waren und die einen mit ihren schwindelerregenden Ausdünstungen betäubten. Die Renaissance und das Barock entfernten sich rasch von der Bühne des 18. Jahrhunderts. Der neue, anspruchsvolle und wählerische Gaumen verlangt nach einer neuen Nase, will andere Gerüche, intimere und gedämpftere Düfte. Man steht auf weibliche Aromen, zarte Düfte und luftige Pflanzenessenzen. Die scharfen Gerüche tierischer und männlicher Natur, der Zibet, die Ambra und der Moschus, die die barocke Atmosphäre schwängerten, wurden beinahe mit Abscheu abgelehnt. Seit den ersten Jahrzehnten des 18. Jahrhunderts galt folgendes, wenn die »vornehme Dame Ambra roch«:

> sie läßt den Mund schief hängen,
> und die Gebärmutter wird sagen, wenn es sie entflammt.
> Eine andere wirst du ebenfalls sehen, die tot scheint,
> wenn sie den Konfekt kostet, der mit Moschus versetzt ist,

und von der Mattigkeit wird sie nicht früher wiedererstehen,
als fauler Harn ausscheidet,
und ihrer feinen Nase dargereicht wird
Riechsalz, wie es die Ärzte in ihrer Sprache nennen.[4]

Bei der kränklichen »Vorstellungskraft der Damen und der an Krämpfen Leidenden« konnte der »starke Geruch« »Geruchsohnmachten« hervorrufen.[5] Die Fläschchen mit Essenzen, mit Salzen und Weingeist waren unvermeidliche Begleiter der vornehmen Damen, die anfällig für Herzklopfen und Dämpfe und noch anfälliger für Ohnmachten waren. Das »Vorgefühl von Krämpfen« wird in der weiblichen Welt zur modischsten sozialen Krankheit und nimmt nach und nach die Stelle der Hypochondrie des 17. Jahrhunderts ein. Für so empfindsame und appetitlose Geschöpfe brauchte man leichte, einschmeichelnde, genüßliche, erlesene und milde Diäten. Die Pastetenbäckerei, die Zuckerbäckerei und das Buffet lernen Jahre unerhörter und unerreichbarer Raffiniertheiten kennen. Die Ächtung der »zähen und schweren« Fleischsorten ging Hand in Hand mit der jeglicher »Speise mit starkem Geruch«: Käse, Kohl, Knoblauch und Zwiebel. Bei Alessandro Verri rief eines Tages im Jahr 1769 sogar ein Strauß Apfelsinenblüten »Ekel« hervor.

Der »starke Zitronat-Zitronengeruch in der Pomade« konnte ähnliche Wirkungen hervorrufen, und es gab sogar welche, die beinahe ohnmächtig wurden, »wenn sie Äpfel sahen oder gar rochen«.[6] Eine so endgültige Ablehnung der herben und scharfen Gerüche und der zu markanten Geschmäcke (»der Geruch«, schrieb Alessandro Verri, »erscheint mir als ein Geschmack oder ein abgeschwächtes Aroma«)[7] entstand nicht nur aus der Notwendigkeit heraus, den Gaumen von der Abstumpfung durch heftige, starke Düfte ausstrahlende Essenzen zu bewahren sowie aufgrund des Wunsches, ihn für »delikatere Vergnügungen« und Empfindungen freizuhalten. Sie war auch durch die Konvention (oder die Verpflichtung) bedingt, alles zu meiden, was die Stunden nach dem Mittagessen durch gewisse beißende Düfte und niedrige Ausdünstungen mit unziemenden Geruchsbotschaften stören könnte.

Denn diese Stunden waren der gesellschaftlichen Konversation, den näheren Beziehungen, den Gesellschaftsspielen und allgemein dem Beziehungsleben innerhalb einer galanten Salonwelt geweiht, in der die Dame eine hervorragende Rolle als Primadonna spielte. Die Diskriminierung von Speisen, die für vulgär gehalten werden, wird immer ausgeprägter und der aristokratische Snobismus immer akzentuierter. Was noch an klassennivellierenden Elementen aus der alten Gesellschaft mit feudalem Gepräge hinsichtlich des Essens und Trinkens überlebte, wird jetzt unerbittlich ausgemerzt. Die Diät der feinen Gesellschaft erhebt sich wie eine weitere Barriere gegenüber der anderen Welt der Plebejer, der Unterschichten und des Bürgertums; es ist ein verstärkendes Element der Abgrenzung des privilegierten Standes. Der Abscheu vor gewissen sozialen Gerüchen geht Hand in Hand mit der Entstehung der ersten rationalen und programmatischen Kampagnen städtischer Hygiene und Desodorierung, während die Grenze zwischen den sozialen Räumen dazu tendiert, immer deutlicher zu einer scharfen Geruchsschranke zu werden.

Eine »Sozial«-Geschichte des Geruchssinns, die nicht durch das Filter der Nahrungsgerüche hindurchgeht, die nicht die Nase in die Küchen steckt, läuft Gefahr, in die ideologische Abstraktheit der sensualistischen *philosophes* abzugleiten. Das umstrittene Schicksal des Käse zum Beispiel gehört eher zur Geschichte der Gerüche als zu der – zwar parallelen – der Geschmäcke. »Bis jetzt hat man zu wenig für die Nase getan, während man zu viel für den Mund getan hat... Von den Gerüchen zu den Geschmäkken ist nur ein kleiner Übergang...«,[8] bemerkte Cesare Beccaria, während er spaßeshalber darüber nachdachte, an drei Foliobänden einer *Elementa naseologiae methodo mathematica demonstrata* (Methodisch ausgewiesene mathematische Grundzüge der Nasenkunde) zu arbeiten. »Den Körper zu kultivieren« und die »Freuden des Geruchssinns« zu übergehen erschien ihm als Zeichen unverzeihlicher Barbarei. Und er notierte mit Bedauern:

Die Alten waren größere Leckermäuler als wir, und jene alten Römer, gleicherweise Meister in den Tugenden und in den Freuden wie die anderen Nationen, machten davon reichlich Gebrauch bei ihren Gastmählern, bei ihren Bädern und mit ihren Fußbodenheizungen; sie hegten und pflegten ihre Leiber, die darin geübt waren, in den Sporthallen zu schwitzen. Unsere lebhaften Alten, die noch den Moschus kennen, lassen uns den Verstand unserer Väter erkennen.

Aber jetzt sieht man – zu großem Ärgernis der Guten – unter hundert Friseuren, die mit Sorgfalt die Köpfe dieser großen Hauptstadt ekelhaft bemehlen und beschmutzen, kaum zwei Parfümeure, die ihre Nasen erquikken; doch überall, wo ich die Augen hinwende, sehe ich nichts als offene Abtritte, und man denkt nicht daran, dem Gestank abzuhelfen, der

> *Aequo pulsat pede pauperum tabernas*
> *Regumque turres*
> (gleichermaßen die Hütten der Armen belästigt
> wie die Paläste der Könige).

Es sind doch die Freuden des Riechens so harmlos, daß ich keine Sekte oder Religion kenne, die sie verurteilt hätten, und selbst bei den strengen Institutionen der Zönobiten [= Mönche] gibt es keine, die den Gerüchen ein Keuchheitsgelübde auferlegen würde... Ich wäre wohl beglückt, wenn ich diese Häretiker der Wollust zu den genialen Konversationen und den Bekleidungszimmern einer Dame bekehren könnte.[9]

Die auf die Bekämpfung der »Unreinheit« und die »Auffrischung der durch Ausdünstungen verpesteten Luft«[10] gerichtete Strategie geht parallel zur Reform der Küche der Eliten. Es gärt hier ein bewußter Wille, mit der Küche der Vergangenheit zu brechen, und dies drückt sich in einer ungestümen Polemik gegen die Geschichte, die Traditionen, die geistigen Einstellungen und Vorurteile der »rohen Jahrhunderte« und der »alten Zeiten« (Muratori) aus. Die Regeln der Ernährung der aufgeklärten Kultur spiegeln den beschleunigten geistigen Wandel einer Gesellschaft in Bewegung wider, die entschlossen auf Distanz zum Geschmack und zur Kultur der vorangegangenen Generationen geht.

Die Entwicklung des Geschmacks geht freilich nicht plötzlich vonstatten. Sie kommt von weither und wird langsam, Jahr um Jahr mit dem unaufhaltsamen Aufspulen des Knäuels der Zeit vorbereitet. Beständige Infiltrationen von Umgangsformen, die aus Frankreich kommen, sind in der Toskana seit den letzten Jahrzehnten des 17. Jahrhunderts wahrnehmbar. In Florenz machte der Marchese Francesco Riccardi, der bereits einen »französischen Kredenzmeister« in seinen Diensten hatte, den Großherzog im Juni 1690 darauf aufmerksam, der vorsichtigerweise mit der Einstellung zögerte, da er zuerst dessen Qualität erproben wollte. Francesco Redi, der Vermittler zwischen Hof und Adel und sehr fähiger Unterhändler sowie unvergleichlicher Kenner von Sirupen und Säften, unterrichtete den Marchese Riccardi davon, daß Cosimo III. sich »freuen« würde,

wenn sein neuer Kredenzmeister ihm ein kleines Prozellangefäß von jenen mit Zucker eingemachten Früchten zubereitete, die sie *compots* [Kompott] nennen und von denen man heute morgen sprach. Diese würde Seine Durchlaucht (S.A.S.) gerne kosten, unternimmt jedoch bis jetzt nichts, weil er sich vorbehält, alle anderen guten Sachen, die jener herzurichten weiß, zu kosten, wenn Ihro Hochverehrte Durchlaucht diesen Sommer jenes Ihr gewohntes und so prunkvolles Mahl zum Fest der Hl. Margarethe geben wird.[11]

Man übernimmt in Italien die »Bedienung auf französisch« (die allerdings bereits am mediceischen Hof Cosimos III., des unglücklichen Gemahls von Margherita Luisa d'Orléans, Eingang gefunden hatte); man stellt das *surtout* (Tafelaufsatz) in die Mitte der Tafel; unentbehrlich wird das *dessert*; das Gedeck (*le couvert*) wird nach dem persönlichen Geschmack hergerichtet.

Der Geschmack der Damen von »guten Sitten« erfordert genüßliche Vergnügungen und eine erlesene Ausstattung mit eleganten Einrichtungsgegenständen. Kristallgläser, allerfeinste Porzellangefäße, Schalen, Eisfruchtschalen, Kaffeekannen, Täßchen, Flakons, Silber- und Emailzeug, Schächtelchen und Untersetzer gehören zu den neuen Ritualen des Kaffees, des Tees, der Schokolade, der Sorbets, der Rosolio-Liköre, der Plätzchen und des gefärbten »Pastillenkonfekts«, der Pülverchen, der Biskuits und der Kekse, des Honiggebäcks, der Kompotte, der Rosen- und Veilchenkonserven, der süß-sauren Törtchen (mezze paste), der Klarets (clarette; [hier:] »eine Art durchsichtige Fruchtpaste, die man eher Trockengelee nennen könnte, obwohl sie auch als Naturgelee in Kristallküglein serviert wird, um sie in kleinen Gläsern ohne Fuß oder in mit feinem Papier ausgeschlagenen Büchsen anzubieten«)[12], der Glasuren und der Eissorten, der kandierten Früchte, der Marzipanstücke, der Schäume, der Meringen, der honigüberzogenen Kügelchen, der Waffeln, des glasierten Hefegebäcks, der Perlenkringel, der glasierten Kringel, der Trocken-, Flüssig- und Vollkonserven, der Konfekte (die *diavolini* oder: Schokoladenteufelchen), der »gerösteten Kerne«, der glasierten Mandeln, der kandierten Blüten, der Blumen und der künstlichen Früchte (»glasierte Cedrolimonenschnitzel«, »glasierte Jasmin-, Veilchen-, Hyazinthen- und Jonquillenblüten«), der Karamellen, der Honigmilch, der Dörrobstkrapfen, der Cremes, der köstlichsten Sirupe, wie etwa des Sirups auf Krüllfarn [Venushaar], oder des »gekörnten Jonquillen-Eises«.

Bei einer Tafel, die dazu neigt, das in Raffinement und Eleganz zu verwandeln, was sie an Reichhaltigkeit und Üppigkeit verliert, erlangt der Blick eine bevorzugte Stellung: die gedeckte Tafel muß einen Anblick von großem Format bieten. Es gibt eine Tendenz zur Verfeinerung des Tafelgeschirrs und zu einer graziöseren Miniaturisierung der Gerätschaften, die einhergeht mit der Mode der *petits soupers* (kleinen Soupers). Dies drückt sich aus im Kleinerwerden des Geschirrs und der Teller, die oft zu »Untersetzern« werden, im stark auf die einzelne Person ausgerichteten Gedeck, im Tafelaufsatz (dem *surtout*) mit unterschiedlichen Gegenständen und einer klaren Präferenz für den Tempel aus (bei 125 Grad gekochter und mit der Spachtel bearbeiteter) Zuckermasse, im effektvoll über einem breiten Sockel aus Zuckerwerk (*en pastillage*: »eine Mischung aus Tragantgummi, Glasurzucker, Stärke und Zitrone«) errichteten *dessert* und schließlich in den Gefäßen mit aus Mandelpaste modellierten Blumen. Es sind *décors éphémères* (kurzlebige Dekorationen), hinfällige dekorative Meisterwerke, die von genialen und erfinderischen Zuckerbäckermeistern geschaffen wurden, die gleichzeitig Maler, Zeichner, Modellierer, Architekten, Bildhauer und Blumenmaler sein mußten. Oft erforderten diese monumentalen Kompositionen, diese verschnörkelten Tableaus 400 Stunden Arbeit, einen Doppelzentner Zucker und fünfzehn Kilo Mandelpaste. Gefordert waren ebenso Künstlerhände, kapriziöse Erfinder von

»Bauwerken«, von englischen Parks und französischen Gärten, von Statuen, Vasen, Wasserstrahlen, die durch eine im Innern verborgene hydraulische Maschine gespeist wurden, sowie von Bildern der vier Jahreszeiten. Diese sollten sich abwechseln und sich über den Sockel bewegen wie die Sätze einer Symphonie, sollten von einer Winterlandschaft (zu Beginn der Mahlzeit) in eine Frühlingsszene und dann zum Sommer übergehen, wenn die Wärme zunahm, um sich dann allmählich aufzulösen, zu verflüssigen und im Nichts zu enden.

Es waren Konzerte in Zucker, die man hinter den Tönen eines Streichorchesters, zitternd und wie eine Wassermusik niederstürzend, entschwinden sah und hörte.

Dies ist der Triumph der Kunst des Anrichtens, »wo sowohl der Geschmack« wie auch das »Zartgefühl und der Geruchssinn an oberster Stelle stehen. Sie gestaltet den schönsten Blickfang«, schrieb Francesco Leonardi, der größte Theoretiker und Praktiker dieses raffinierten Appendix der Küche, »für eine festlich hergerichtete Tafel. Nach den Speisen der Küche dient dies dem Vergnügen, dem Zeitvertreib und der Erholung bei einer großartigen und prächtigen Tafel.«[13]

»Es sind andere Jahre«, bemerkte Leonardi 1807, »als diese Kunst in Italien die raschesten Fortschritte gemacht hat, und sie wird zu ihrer Vollendung mittels des Genies, der Talente und der glücklichen Phantasien der Künstler gelangen.«[14]

Ich spreche nicht von den Arbeiten am Herd und am Schmortopf, denn darin haben uns die Franzosen weit übertroffen. Und wir haben es nachgemacht und uns bemüht, es zu vervollkommnen. Aber dies ist nur eine einfache Erwiderung, denn vor zweieinhalb Jahrhunderten haben sie von uns die Grundzüge des guten Geschmacks und des Feingefühls für die Art und Weise, ihren Tafeln aufzuwarten, erhalten... Die Franzosen, die allerdings voller Genie, Talent, instinktiver Aktivität und einer lebhaften und glühenden Vorstellungskraft sind, haben uns nicht nur in der Kochkunst und zu einem guten Teil in der des Anrichtens (*office*), sondern außerdem in so vielen anderen Wissenschaften und glänzenden Künsten überflügelt, die immer den Ruhm der französischen Nation bilden und bilden werden.[15]

Die Anerkennung der höheren Qualität und der Hegemonie der Franzosen in Sachen des »guten Geschmacks« und des »Feingefühls« der Gaumenwissenschaft ist dennoch vom stolzen Bewußtsein begleitet, daß »diese Kunst in Italien die raschesten Fortschritte gemacht hat«.[16]

Man kann nur feststellen, daß die *Komposition der feinen Tafelliköre* an einen Punkt gelangt ist, den man schwerlich übertreffen kann; ebenso die *Zubereitung und die Variation der Eis-Sorbets*. Dies sind zwei Luxusgegenstände, Delikatessen und Feinkostartikel, die den Ruhm nach ganz Europa tragen. *Liqueurs d'Italie, glaces à l'italienne* (Liköre aus Italien, italienisches Eis) sagen die Völker der fremden Nationen. Die Toskana ist renommiert für die Liköre und Neapel für das Eis. Dennoch gibt es auch in Rom, Bologna und Turin Hersteller von Likören, die denen von Florenz und Livorno nicht nachstehen. Ähnlich ist es bezüglich der Eissorten. Denn in Rom und Mailand gibt es Künstler, von denen viele glauben, sie seien wegen des treffsicheren und gut kombinierten Geschmacks ihrer *Eissorbets* denen von Neapel überlegen, die ihrerseits bei ihnen durchfallen, weil bei diesen zu sehr der Zucker vorherrscht.[17]

Auf der Kredenz werden neben den Süßspeisen und den Sorbets die Tafelliköre aufgereiht, jener Triumph der italienischen Gewürze-Mischkunst (wo auch die moderne Likörherstellung ihren Ursprung hat). Sie werden in vier Hauptklassen unterteilt:

die durch *Destillation* gewonnenen Liköre, die durch *Aufguß und Destillation* gewonnenen Liköre und die mit geläuterten Fruchtsäften versetzten Liköre. Diese vier Klassen umfassen sowohl die *Rosolio-Liköre* als auch die *Rattafia-Liköre*. Alle diese Liköre können einfach oder aus verschiedenen Zutaten zusammengesetzt sein. Man kann die Rosolio-Liköre und die Rattafia-Liköre als gezuckerte und aromatisierte Liköre bezeichnen, die den Geschmacks- und den Geruchssinn befriedigen sollen...[18]

Die Zusammensetzung der feinen Tafelliköre hängt sehr stark vom Talent und guten Geschmack des Künstlers ab. Denn er kann eine große Zahl von Erfahrungen zu jedem Gegenstand machen, der sich seiner Imagination darbietet. Er kann verschiedene Liköre vereinen und daraus glückliche Kombinationen erzeugen. Diese können viel Licht bringen in die Physik der Gerüche und Geschmäcke und Genießer und Feinschmekker mit neuen, sie zufriedenstellenden Likören versorgen. Diese theoretischen Untersuchungen mit sehr ausführlichen Details dürften mich in Anspruch nehmen – schrieb Leonardi, der moderne Apicius, der in Petersburg »Spezialkoch und Mundschenk ihrer Majestät Katharina« war. – Ich werde mich also damit begnügen, den methodischen und experimentellen Plan darzulegen, den man auf dieses Gebiet des Luxus und der Tafelfreuden anwenden kann.[19]

Und so stellte der unermüdliche Reiseführer durch die Küche und die Kredenz, Autor der romanhaften Einleitung zu *Gianina ossia la cuciniera delle Alpi* (Hannele oder die Köchin der Alpen [1817]) den »Genießern und Feinschmeckern« das »Licht« der »Physik der Gerüche und Geschmäcke« bereit. Daneben fand er zwischen einer Dienststelle und der anderen Zeit, um elf Bände von Rezepten zu füllen. Überdies öffnete er seine funkelnde Kredenz den Liebhabern des Luxus und des Vergnügens – die Schlüsselworte des Hedonismus und der weltlichen Moralphilosophie des 18. Jahrhunderts – und gibt sechsundvierzig verschiedene Arten von Rosolio-Likören und zweiundzwanzig Arten von Rattafia-Likören, achtunddreißig Arten von Sirupen und vierundsiebzig andere Getränke zum besten. Letztere sind »teils gesäuert, teils milchig und teils aus einfachen Früchten und Blüten, [die] in der heißen Jahreszeit sehr großen Zuspruch finden... [und] unendlich viel Erfrischung und Feuchte« geben. Sie werden, wie etwa die »Limonade, der Cedrolimonensaft, der Orangensaft, das gekörnte Wassereis, der säuerliche Sirup, der Sauerhonig, das Essigwasser usw., mit viel frischem Wasser oder in Schnee, mit Ausnahme des Essigwassers, verlängert und sind bei fauligen, bösartigen und entzündlichen Fiebern sehr erleichternd«.[20]

8

DIE TRINKBARE SELIGE EWIGKEIT

Ein Hilfsmittel, »eiskalte Wonnen« zu erzeugen, war seit nicht wenigen Jahren die Eismaschine aus Silber oder vergoldet.* Sie war eine Urne für die »duftenden Schneemassen«, ein Schrein für »vereiste Säfte« und für »kühle Kostbarkeiten«.[1] In der Trokkenheit des Sommers, in der Hitze der Hundstage tauchte sie auf, mit Reif beschlagen, um die Augen mit dem Versprechen von »tausend verschiedenen Annehmlichkeiten« zu erquicken. Das Sorbet auf Schokolade verwandelte sich in ein »heiliges, hehres Elixier frischen Lebens«.[2] Die eisgekühlte Schokolade (*in garapegna*) wurde mit Vanille, Apfelsinenschale, Tropfen von destilliertem Jasmin angereichert, und so floß sie über die Lippen, um die Geister zu erquicken und um dem beinahe geronnenen

---

* Die Wirkungsweise der »Eismaschinen« im 17. und 18. Jahrhundert beruhte auf sogenannten Kältemischungen. Dabei wird Wasser oder Schnee mit Salz oder Salpeter vermischt; die entstehende Schmelzwärme wird durch Umrühren abgeführt und so das Ganze gekühlt. Diese Wirkungsweise war bereits Anfang des 16. Jahrhunderts dem Paduaner Arzt Zimara bekannt, und auch der Neapolitaner Della Porta verwendete Anfang des 17. Jahrhunderts Schnee-Salpeter-Mischungen. Die »Accademia del Cimento« in Florenz machte ebenfalls mit solchen Mischungen Versuche. Ansonsten verwendete man Natureis, das in Kellern unter Zufügung von Salz gelagert wurde. – Der Italiener Procopio Coltello stellte 1660 als erster kommerziell in seinem Pariser Café Procope (sein französischer Name war Procope Couteau) gefrorene Fruchtsäfte und Speiseeis her. Er veranschaulicht sozusagen in seiner Person die Verschiebung der Handels- und der kulturellen Achse vom Mittelmeer an die Nordsee im 17. Jahrhundert (vgl. dazu R. Plank, *Geschichte der Kälteerzeugung und Kälteanwendung*, in: ders. (Hg.), *Handbuch der Kältetechnik*, Bd. 1, Berlin/Göttingen/Heidelberg (Springer) 1954, S. 3-5, 98-102, 110-111). D.Ü.

und in den überhitzten Lungen erstarrten Blut Erleichterung zu verschaffen. Denn jene waren vom unerbittlichen Hauch des Monats August, jenes »Destillateurs lebenden Fleisches«, wie entflammt.

> Auf triumphaler Bahre,
> Ganz mit Kräutern und Blumen geschmückt,
> Oben in der Höhe erhoben ist
> Jener eiskalte Kocher:
> Jenes unermeßliche Silber,
> Das in seinem eisigen Busen
> Kühle birgt und einen ganz lebhaften
> Vereisten (sorbettato) Herbst.[3]

Zum Vergnügen beim kleinen galanten Imbiß und zur »großen Freude bei den Abendessen« ließ das »Wunder des Eises« aus dem »zarten Abgrund« heraufsteigen

> Sprudelwässer, Schneeberge, lebenspendende Graupeln,
> Mit Veilchen versetzt
> Und schneeweiß milchig.
> Jene stolze Schokolade,
> Jener Schrecken des rauhen Winters;
> Nun, dank seines harten Regiments
> Liebkost er den Sommer.[4]

Das »vereiste Manna des Westens« setzte an den »brennend heißen Tagen« kostbare Luftzüge frei und entzündete duftende Ekstasen, die genährt wurden durch seinen durchkomponierten, exotischen Wohlgeruch, durch »doppelt besprengten Geruch«: einmal mit Vanille (»von den indischen Kulturen / die duftendste Tochter«) und dann mit »duftender Schale« von »berühmter Apfelsine«, »wovon die Toskana reich zu werden sich bemüht«.[5]

> Wenn du deinen Lippen näherbringst
> Das mystische, sehr reichhaltige Getränk,
> Oh, welch ein Wohlgeruch, Nise*!

---
* Hirtenmädchen, Dichtergestalt der Accademia dell'Arcadia, d.Ü.

Erhabener, unaussprechbarer, bewunderungswürdiger Duft,
Und nicht nur Duft für den Riecher, sondern für die Seele.
Es ist Geruch, es ist Speise, Leben, Ruhm und Lebensader,
Ewige Lebensader, stets andauernd,
Frisch, mild, rein, heiter,
Einer trinkbaren seligen Ewigkeit.[6]

Diese »trinkbare selige Ewigkeit«, die den Grafen Magalotti verzückte, war das süße Elixier aus Kakao, das »diese gesegnete Neue Welt«[7] dem alten Europa geschenkt hatte, um den seit Jahrhunderten an scharfe Gewürze von der Levante, dem italienischen Orient, gewohnten Geschmack abzumildern und zu verfeinern. Es war eine willkommene Flüssigkeit, die der barbarische Westen den Adern der genußsüchtigen Europäer einimpfte.

Nicht so rasch schüttest du
Mit voller Hand die Brust hinunter
Jenen mit Perlen verzierten,
Jenen mit Edelsteinen besetzten,
Schönen amerikanischen Sirup.

Nicht so rasch schwappt in dir
Jenes Manna aus dem Westen herum,
Das dich reinigt, das dich ausfegt
Von jeder herben und tödlichen Sorge.
Und während es die Runde macht
Und durch die Venen und Arterien gleitet,
Vermischt und vermengt mit zinnoberroter Tunke,
Und nun, dadurch verlängert und gelöst, fließt,
Wer erinnert dich noch an Sonne oder Hundstage?[8]

Die neue mexikanische Schatzkammer schüttete aus ihrem unerschöpflichen Füllhorn paradiesische Pulver, traumhafte Säfte und fremdländische Pülverchen aus. Es waren tropische Wonnen. Aus den »westindischen Kulturen«, aus Pernambuco und aus Baya, aus Panama und von Santa Fé, aus Soconusco und aus Cartagena, aus Brasilien, aus Guatemala und aus Mexico kamen noch nie ausprobierte Wunder, die, mit denen aus dem Osten vereint, einen »zweifachen Schatz« bildeten. Aus Indien kamen das »göttliche Aloë-Holz«, das Sandelholz, der Zimt; vom Fernen Osten der Tee und das Katechu; vom Westen die Vanille, der »Peru-Gummi« (= kautschuk in einem peruanischen Indianerdialekt, d.Ü.), der Tolu-Balsam (enthält Zimtsäureester, ätherische Öle und Vanillin, d.Ü.), das Chinachina (das aromatische China). Vor allem aber war es das »kostbare Pech«, der »indianische Niederschlag, von dem der Gaumen / im Sommer und im Winter glücklich ist«, nämlich die schwarze Schokolade. »Jenes großartige Pulver siebt am Tejo im Fluß / die Vestalin der Hl. Chiara... [d.h. portugiesische Klarissen, d.Ü.].« Jenes »pechschwarze Pulver« wartete darauf, gebeizt zu werden. Es kamen »gekörnter Moschus in Fudern, / Schiffsladungen Bezoar [Ziegenstein] in Unzen, / schwarzer Balsam in Bütten, / graue Ambra in Tonnen«.

> Du fühlst durch die Adern
> Geradezu eine Windlade wehen,
> Als ob über die Lippe ein Zephir
> Euch mit vollen Backen anbläst
> Und beim Blasen euch alle Gewürze
> Von Westen bis Osten zuhaucht:
> Balsam, Bezoar, und gelöste und zerflossene
> Tropfen von reichstem Conchina [Chinachina]:
> Aus Soconusco, weshalb Guatemala reich ist.
> Und nicht nur von seinem Westen,
> Sondern als ob er angezogen hätte
> Mit mächtgem Atem
> All jene Düfte
> Der Morgenröte auf einen Schlag,
> Die Ströme der Moscheen und der Serails,
> Und sie versammelt hätte in zarter Lunge
> Wie in einem schönen goldnen Kolben
> Und euch destilliert hätte in neuer Weise
> Von den zwei Erdstrichen zwiefachen Schatz...[9]

Die »koboldhaften Parfümhersteller«[10] tanzten bei diesem großen Hexensabbat der sich vom Osten und Westen her überschneidenden Aromen, bei diesem großen Rausch des Spätbarock

(»Schätze von den Molukken, arabische Gerüche«, schrieb Magalotti, der alte Dandy aus Florenz in der *Donna immaginaria* [die Phantasiefrau]) ihre letzte irre Sarabande. »Gutes Brot, guter Wein, gute Früchte, gute Luft; dies, so sagte der Großherzog Ferdinand, sind die Schätze unserer gemäßigten Zonen. Das Silber, das Gold, die Perlen und die anderen Edelsteine, dies ist Sache der heißen Gebiete... Das Scherzhafte, das Anmutige, das Sanfte, das Heilsame, das Erholsame, das sind die Vorrechte der Länder unseres Europa. Das Edle, das Reiche, das Aromatische, das Prunkvolle, das Verschwommene, das Vitale, das Wunderbare, das ist Sache der Länder von Amerika.«[11]

Alles was einheimisch war, alles was in den Gärten, den Obstgärten und auf den Feldern von Italien angebaut wurde oder dort von selbst wuchs, schien seine Anziehungskraft verloren zu haben.

> Viel wert ist ein Schatz
> Viel wert ist Peru,
> Wenn es kommt aus Tolu,
> Wenn es kommt aus der Mongolei (Mogor).[12]

Auch die Rose war in den Schatten getreten. Im Niedergang ihrer Glanzzeit blühte sie nunmehr vergebens. Zu gewöhnlich, überholt und leicht vulgär schien ihr Duft zu sein. Ihr alter, sinnbildlicher Zauber schien verflogen zu sein:

> Weil sie in ihrem Land
> Jetzt niemand umschmeichelt,
> Und ein Fürst, ein Markgraf
> Sie verachtet,
> Und ihm stinkt jeder Wohlgeruch,
> Wenn er nichts von der Ferne weiß.[13]

Es scheint das Schicksal der vergänglichen Blumen zu sein, den Glanz raschen Aufstiegs und die Schwermut ebenso plötzlichen Niedergangs zu kennen. Frankreich, das gegen Mitte des 17. Jahrhunderts die Wunder des Krullfarns (Venushaars) entdeckt hatte,

hatte ihn im 18. Jahrhundert bereits zugunsten des exotischen Gewürzstrauchs vergessen, der aus Florida stammte und auf »le Pompadour« umgetauft wurde. Diesen Namen übernahm er von jener obskuren, ungenierten Plebejerin, die ihn als magischen Geruchstalisman benutzt hatte, um den König von Frankreich zu verführen. Die weniger glückliche Marie Antoinette führte in der feinen Gesellschaft von Versailles die völlig ephemere Mode der Kartoffelblüte ein. So war es auch mit der Nachthyazinthe.

Das gleiche Schicksal eines nur schwachen Erfolges hatte in Italien der Jasmin, der durch das Geißblatt (oder: Jelängerjelieber) abgelöst wurde. Der italienische Jasmin kam außer Gebrauch, da er vom katalanischen übertrumpft wurde, der vor allem in der seltenen Varietät des *Gimè* geschätzt wurde. Aber kein Jasmin aus Katalonien konnte mit dem indischen, dem *Jasminum sambac* (Nachtblume), konkurrieren, der auch als »Mogorium goaense« (Jasmin aus Goa) bekannt war. Denn von Goa kam er eines schönen Tages im Jahre 1688 über Portugal in den Palazzo Pitti zu Florenz. Er war ein freundliches Geschenk des lusitanischen (= portugiesischen) Souveräns, der den hypochondrischen Cosimo über den Verlust einiger Exemplare hinwegzutrösten wünschte, die ihm ein Theatiner-Mönch aus Indien zukommen zu lassen versucht hatte – jedoch ohne Erfolg, da das Schiff aufgelaufen war. Der Herr der Toskana verliebte sich so sehr in ihn, daß er ihn eifersüchtig im Landhaus von Castello bewachen ließ und jedwedem streng untersagte, davon Verpflanzungen, Versetzungen oder Senktöpfe zu machen. Die ausschließliche Liebe zu diesem Strauch auf seiten des Sire von Etrurien, der – nach Aussage der am Palazzo Pitti akkreditierten Botschafter – »die Ehegattin nicht begehrte«[14] und den »man nie lachen sah«[15], trug jenem den Beinamen »Jasmin des Großherzogs« ein. Von diesem sehr seltenen und über ein Jahrhundert unberührbaren Pflänzchen (erst Pietro Leopoldo gab am Ende des 18. Jahrhunderts Verpflanzungen davon frei), von dessen Blüte ein unvergleichlicher Duft ausging (»der Atem deines Busens / ist Gift / für den Ruhm jeder Blüte«)[16], konnte Magalotti der Königin Anna von England ein Exemplar schicken. Freilich in trockenem Zustand, um nicht die krankhafte Leidenschaft zu beleidigen, die Cosimo der »mehr als doppelt gefüllten Nachtblume [*Jasminum sambac*] mit dem Namen Herzblume« gegenüber hegte.

Dieser Fürst, der dem Laster abgeneigt und von »wunderbarer Enthaltsamkeit«[17] war, begeisterte sich für Kosmographie, Geographie (wie alle späten Medici), Astronomie, Botanik, Zitrusfrüchteanbau und Obstkunde. Er neigte lediglich dazu, »übermäßig zu essen«[18], war »düster«, weil er an »melancholischen Gefühlsbewegungen«[19] litt, und gab sich ständigen Frömmigkeitsübungen, »Buß- und Enthaltsamkeitsübungen«[20] hin. Das »kleine Übermaß beim Essen«[21] war eine unbedeutende Schwäche, ein notwendiger Ersatz für die fehlende eheliche Liebe. Und so verliebte er sich unsterblich in eine Blume. Er konnte seine Frau nicht ausstehen, die schöne, lebhafte und spritzige Margherita Luisa d'Orléans, Enkelin des Sonnenkönigs, die »ganz galant«[22] war und nicht darauf verzichten wollte, »auf französisch zu leben«[23], und sich »an Liedern, Tänzen und Jagden«[24] erfreute. Die »durchlauchtigste Braut« dachte in ihren nicht allzu häufigen Momenten der Verzweiflung eher daran, »sich in Frankreich in ein Kloster einzuschließen«, als »in Florenz mit dem Großherzog zu regieren.«[25] So fand sie sich damit ab, so gut sie konnte, »vor allem aber dadurch, kleine Mahlzeiten zu veranstalten.«[26] Obwohl im 17. Jahrhundert entstanden, wurde die Mode, im Gras zu frühstücken, eine der grundlegenden Handlungen des galanten Lebens im 18. Jahrhundert. Dazu gehörten auch die »kleinen Soupers« und die ländlichen Feste, deren Welt durch arkadische Hirtengedichte verschönert wurde.

Bei der Mahlzeit im Gras war kein Leckerbissen beliebter als der Eierkuchen. In der Toskana waren die willkommensten die (in Wahrheit wenig arkadischen) aus »Körnern«, das heißt aus Hoden vom Lamm oder von anderen, weniger angenehmen und zahmen Vierbeinern. In seiner *Merenda* (Der Imbiß) lud der reife Magalotti, nachdem er von der Accademia del Cimento zur Accademia della Crusca und schließlich zur Accademia dell'Arcadia übergewechselt war, das »Hirtenmädchen« Nise ein, »den Hunger zu stillen, indem er im Speck eine schöne Pfanne voll Hoden briet: »um deinen Hunger zu stillen, eine gebratene Herde / Von tausend Lämmern mit verkümmerten Samen, / Ganz jung getötet in ausgehöhltem Kupfer.«[27] Es scheint dennoch, daß der Graf übertrieb. Denn in einem Brief an Leone Strozzi vom Frühjahr 1694 beklagte er sich, daß »die Hoden und Eierkuchen bei den Imbissen in dieser Jahreszeit..., wenn sie auf dem Tisch erscheinen, keines Blickes gewürdigt werden«.[28] Wenn die »Durchlauchtigste Herrin« geruhte, sich zum Imbiß in ihren »Obstgarten« zu begeben, sollte man sich wohl davor hüten, ihr (wie es ihr Kammerdiener bei gewissen Herren machen wollte) ein »mit Katechu benetztes Brot« (das heißt geröstete Brotscheiben, die vorher in Wasser eingetaucht und mit dem Saft vom Blütenstengel der Katechu-Akazie gewürzt worden waren) anzubieten, sondern man sollte ihr einen Eierkuchen mit frischen Eiern (der klassische, sehr feine Eierkuchen Florentiner Art), »guten Schinken aus Casentino« und als feine Speise ein mit »gutem Muskatellerwein« benetztes Brot, »mit viel Zucker drauf und viel Eis drunter« vorsetzen.[29] Es wäre ein »weggeworfenes Geschenk« gewesen, Personen (auch von Stand und hohem Rang) Delikatessen anzubieten, die nur die großen Lüstlinge mit der perfekt erzogenen Nase hätten schätzen können. Es wäre eine vergeudete Kostbarkeit gewesen, »in einem Bucchero-Gefäß [aus wohlriechender Erde] aus La Maya mit Wasser aus Córdoba vier oder sechs Bruchstücke eines Bucchero-Gefäßes aus Guadalcazar [Spanien]« zum Kochen zu bringen, »die das ganze Jahr in einer Ambrahaut mit einem kleinen Tropfen Chinachina duften sollten«. Und von dem Moment an, in dem »für diese Leute das größte Geschenk nicht im Geruch besteht«, sondern darin, »ihnen die Ehre zu erweisen, ihnen zu zeigen, daß man glaube, sie würden sich an Düften ergötzen«[30], konnte jeder parfümierte Mischmasch dafür recht sein. »Für sie ist alles gut genug.« Anstatt seltene und kostbare Materialien zu vergeuden, war es ratsam, »für diese unsere heimischen Tartaren« etwas weniger Vortreffliches herzurichten und ihnen folgendes billige Rezept anzuvertrauen: »Nimm eine leere Orangenschale mit ein wenig zerstoßenem Benzoëharz, zwei zerdrückte Nelken und eine Stange Zimt, bedecke alles mit Rosenwasser gemäß der Kunst und bring es auf dem Kohlenbecken zu Sieden.«[31] Für ein Tête-à-tête im Gras konnte ein duftender Eierkuchen mit Orangenblüten der ideale Leckerbissen sein, eine »Neuheit« (strafizeca; wörtlich = Läusekraut, aus dem man einen Absud gegen Kopfweh machte, d.Ü.), eine Nascherei, leicht herzustellen, billig, einfach und doch für sich einnehmend. Keineswegs vulgär.

> Was werden wir tun? Oh, mir kommt
> Ein Duft von Eierkuchen in den Sinn,
> Wenn ich nicht irre, ein recht guter:
> Höre, Nise, sie werden gerade recht.
> Das Rezept ist recht einfach,
> Die Kosten sind ganz niedrig,
> Ei, Butter, Salz und Feuer.
> Was hier an Neuheit (strafizeca) ist,
> Beschränkt sich auf Weniges;
> Wenn mich nur die Liebe nicht erblindet,
> Erscheint sie mir appetitlich.
> Denn das Ei hast du recht gut
> Gerührt gemäß der Kunst,
> Orangenblüten zerkleinert,
> Die du beiseite gelegt hast;
> Gib's dann in das Töpfchen hinein...[32]

Aber bei einem wahrhaft galanten Imbiß durfte neben der »Ambra aus Canaria oder aus Tersera«, dem »ungarischen Tokaier«, dem Frontignac und dem »mit Pfirsichen aromatisierten Baccarac« die Eismaschine nicht fehlen. Auf dem Land »haben wir für die Frische, / Kopf an Kopf, / zur Freude und zum Fest / eine kleine, aber zarte Erfrischung. / Unter einer Zerreiche, so groß und riesig, / daß sie einen unter sich verbirgt, [mußte] auf einem mit grasgrünem Plüsch / überzogenen Felsblock« eine »geräumige vergoldete Eismaschine« thronen.

> In stolzer Majestät
> Wird sie mittendrin sitzen,
> und außenherum ganz beschlagen sein.[33]

Wenn die Dame sie öffnen würde, würde sie dort folgendes finden:

Vier Pfund recht dicke Erdbeeren
Nußgroß und vielleicht noch größer,
Gewaschen in Ambra-Wasser und im duftendsten
Rosolio-Likör, den es je gab.
Dann werden sie darin bei Tagesanbruch
Bis oben hin in Milch ertränkt und hineingegeben,
Um ein Getränk zu machen, für das der Sufi
Ein Peù zahlen würde, wenn er es haben könnte.[34]

Sei's zur »Unterhaltung bei der Jagd« oder als »Geschenk für die Tafeln«[35], neue Tierarten hatten in Italien Eingang gefunden, um die Vorräte der Fürsten zu vermehren. So schrieb Magalotti an seinen »atheistischen« Phantasiekorrespondenten 1683 folgendes:

Ich habe in meinen Tagen in der Toskana weiße Pfauen, weiße Fasane, Perlhühner, Felsenhühner [pernici di Corsica = alectoris barbara], Feldhühner (francolini) gesehen, und insbesondere solche, von denen es vor dreißig Jahren nur sehr wenige in einer einzigen Waldhege gab; heute gibt es mehr Gehege, von denen das größte aus Feldhühnern besteht. Ebenso ist es mit den weißen und schwarzen Damhirschen, den aschgrauen und den schwarzen Kaninchen...[36]

Zum Zeitvertreib der Damen und zur Befriedigung des weiblichen »Geschmäcklertums« (svogliatura) waren »scheckige Hunde aus Polen und so viele andere, neue sehr seltsame Kreuzungen von kleinen Gesellschaftshündchen eingeführt worden aufgrund der – wie ich in Wahrheit glaube – geschmäcklerischen Neugier unserer Damen.«[37] Der Ausdruck »Geschmäcklertum« (svogliatura, eigentlich: Lustlosigkeit, d.Ü.) war in der Generation nach Galilei in Umlauf gekommen, und bereits Evangelista Torricelli hatte von »Geschmäcklertum« (svogliatura) und vom »wählerischen, geschmäcklerischen (svogliata) Europa« gesprochen, noch bevor Magalotti wiederholt auf das »Geschmäcklertum und die Hypochondrie des Halses« – neben der Begehrlichkeit des Geistes – zurückkam. Es war jenes »geschmäcklerische moderne Küchenmeistertum«, das sich in den Jahren, in denen die Krise des europäischen Bewußtseins auch als Krise der Küche, des alten Appetits und des Geschmacks der Nachrenaissance spürbar wurde, immer mehr ausbreitete.

Von den amerikanischen Plantagen und besonders von den Karibik-Inseln flutete in großer Menge der »so außerordentlich von den Engländern auf den Inseln Jamaica, Barbados, Nevis, St. Christopher, den Antillen und Monserrat... vermehrte«[38] Zucker herüber. Die Hymnen des 18. Jahrhunderts auf den Zucker und der Höhepunkt in der Kunst, ihn zu verarbeiten, waren durch den beständigen Fluß von Rohrzucker und den neuen Weg des Zuckers möglich geworden. Denn dadurch wurden seine Kosten gesenkt und teilweise ein Ersatz für den einst verwendeten Honig und die Feigen geschaffen.

Auch waren »so viele fremde Blüten und Früchte« aus den Ländern der Neuen Welt gekommen und wurden nach und nach in Treibhäusern und Gärten angepflanzt, »von denen wir heute unser Italien voll sehen«[39], bemerkte Magalotti im Jahre 1683. Einen so starken Zufluß an neuen Baumarten fand die Kunst des Veredelns vor, die durch die »wunderbare Melancholie der Floristen und ritterlichen Landwirte«[40] gepflegt wurde. Dies war vor allem in der Toskana der Medici der Fall, wo nicht selten auch die Großherzoge und die Fürsten »Naturphilosophen«, leidenschaftliche Beobachter der Naturordnung und gierig auf die pflanzlichen Wunder waren. Die alte »Kunst des Veredelns«[41], eine »wahre Kunst-Arbeit«[42], konnte oft exzentrische botanische Überspanntheiten, »Pflanzen aus Launenhaftigkeit«, entstehen lassen. Sie waren der »Stolz und das Befremden der etruskischen Gärten«[43]. Und es war bei ihnen schwer zu klären, inwieweit sie »wahrhaftig und zu Recht ein Werk der Natur« waren oder eine hybride anomale Frucht, »die... durch die Unzucht mit der menschlichen Kunstfertigkeit empfangen wurde«[44]. Ungewißheit erregte etwa das unvorhergesehene Entstehen der Zitronenorange, die eines Tages im Jahr 1640 im Vorstadtgarten von La Torre degli Agli, Eigentum des wunderlichen florentinischen Kanonikers Lorenzo Panciatichi, emporsproß. Dieser war ein beispielhaftes Mitglied der Accademia della Crusca, Autor von dithyrambischen Versen und launenhaften »Schwätzereien« und Busenfreund von Magalotti; er beendete seine Tage im Sommer 1676 (Opfer eines Schwermutsanfalls), indem er sich in einen Brunnen warf. Es war nicht leicht, die genaue Vaterschaft dieser »Wunderlichkeit«, jenes »hermaphroditischen Apfels«[45], halb Zitrone und halb Orange, nachzuweisen. Carlo Roberti Dati, der das Ereignis auf seine denkwürdige Art und Weise in Verse und in Prosa setzte, fragte sich, ob dieses »reizvolle Ungeheuer«[46] »eine Laune der Kunst oder der Natur, oder besser gesagt, des Zufalls« sei.[47] Magalotti, Freund sowohl von Dati wie von Panciatichi, hegte dagegen keine Zweifel, daß es der Gärtner gewesen sei, der »entweder die Samen oder die Stöcke der Orange, der Zitrone und der Zitronatzitrone« zusammengebracht hatte, »so daß davon ein Trieb ausschlug, der geeignet war, alle drei dieser Früchte für sich und dann eine an allen dreien teilhabende Frucht hervorzubringen«.[48]

Der Geschmack am Seltenen, am Wunderlichen, am Ungeheuerlichen überschritt die geometrische Ordnung der Natur und drängte die Sammler, auf Leinwänden die ungewohnten Geburten der geheimnisvollen *vis genitiva* (Zeugungskraft) festzuhalten, die die von der Norm abweichenden Schöpfungen hervorbrachte. So wirkten seit der Zeit von Cosimo I. zahlreiche »Blumenmaler« und »Obstmaler« und malten von Generation zu Generation kontinuierlich die Reichtümer der toskanischen Fruchtbarkeitsgöttin Pomona wie auch die unkontrollierten Wunderlichkeiten, die die Augen der patrizischen Blumenzüchter und Landwirte in Erstaunen versetzten. Magalotti, der in den Jahren des Fürsten Leopold Leiter am »Naturkundlichen Museum« der Medici war und für eben diesen Fürsten mit feiner Aufmerksamkeit bis an die Grenze des Krankhaften den nächtlichen Atem, den Dufthauch und die »wunderliche Extravaganz« des *Pelargonium triste, sive indicum* (Trauer- oder indische Pelargonie) beobachtet und beschrieben hatte, hatte sein Haus in Florenz voll mit naturalistischen Zeichnungen und Gemälden (inklusive Fische und Muscheln). Eines Tages im Jahr 1704, als er bereits alt war, öffnete er zufällig gewisse Schränke und fand dort vergessene Gemälde. Und er schrieb an Leone Strozzi, der seinerseits Sammler von Bucchero-Gefäßen, Muscheln, Raritäten jeder Art und von Porzellan-Gefäßen (die Manufakturen der Medici hatten auch versucht, chinesische zu reproduzieren, jedoch mit enttäuschenden Ergebnissen) war, folgendes:

...beim Herumstöbern in meinen Kleiderschränken sind mir einige außergewöhnliche Porträts von Blumen und Früchten in die Augen gefallen: zum Beispiel eine Hyazinthe mit 136 Glöckchen, die der Kardinal Gio. Carlo in seinem Garten an der Via della Scala hatte, eine berühmte Nelke aus Flandern von der Größe einer Päonie [Pfingstrose] und noch frischer, eine mehr als doppelt so große Nachtblume [*Jasminum sambac*], die vor zwei Jahren im Garten von Castello mit über 300 Blättern entsprungen war, eine Aprikose, die dieses Jahr im Garten von Vagaloggia mit einem Gewicht von fünf Unzen und zehn Denaren [= $5^{5}/_{12}$ Unzen, d.Ü.] gewachsen war, und schließlich ein katalanischer Jasmin, der im vergangenen Monat mit 17 Blättern in den Orti Magalottiani (Magalottischen Obstgärten) entsprossen war. Sagt, ob unter diesen Raritäten etwas ist, was für euch gut wäre...[49]

9

DIE BOTANIK DES GAUMENS

Apfelsinen- und Zitronensäfte umlagern die Tafel der Aufklärer. Außerdem gab es natürlich den Kaffee, der zusammen mit der Schokolade zur sinnbildlichen Flüssigkeit der neuen Gesellschaft mit ihren beiden Gesichtern wird: nervös und träge, rege und verweichlicht, fleißig und genießerisch, bequem, wenn man spät aufwachte, oder wach in den frühen Morgenstunden. Sie waren umgeben von einer »Botanik des Gaumens«[1], die neben »allen den wohlschmeckendsten Kräutern und Früchten Asiens, Afrikas und Amerikas, den Spargeln, den Melonen und den erlesensten Lattichen Hollands« Beilage waren zu den »Gute-Hoffnungs-Trauben« und dem »berühmten Geschlecht der Ananasfrüchte«.[2] Zwischen dem 17. und dem 18. Jahrhundert importiert Holland aus den Ländern des Ostens und dem Karibischen Meer einen neuen Warenkorb, der dem alten Wirtschafts- und Ernährungssystem unbekannt war. Und wenn die Tulpe so etwas wie die symbolische Blume für die merkantile Geschäftigkeit in Batavia (Jakarta) (in Konkurrenz zur englischen Indien-Kompagnie) wird, dringen die neuen hybrid gezüchteten Gemüsesorten, die neuen Früchte, die neuen Trauben und die neuen Kräuter, mit denen man unbekannte Aufgüsse zubereiten konnte, in die aristokratische und bürgerliche Welt Europas und Italiens ein. So schrieb etwa Lorenzo Magalotti im Jahre 1705 an Leone Strozzi:

Heute habe ich eine Dame besucht, die vor wenigen Tagen aus Holland gekommen ist. Um nicht von einer Welt von ausgewähltesten Porzellanartikeln zu sprechen, die ich gesehen habe, erzähle ich euch nur von einer Seltenheit, mit der sie mich zu beschenken beehrte. Und ich glaube, es wird euch neu vorkommen, wie es mir vorgekommen ist. In wenigen Worten, sie hat mich den »Bu«-Tee kosten lassen. »Bu« [oder »Bout«] muß ein indisches Wort sein. Die wahre Bedeutung kennt man nicht. Man weiß jedoch, daß es zur Unterscheidung für eine besondere Art von Tee steht, die vor drei Jahren aus den gleichen Landesteilen wie der andere Tee zu kommen begonnen hatte. Sein Blatt geht ins Schwarze und ist eingewickelt wie das grüne; es ist feucht und glatt und beträchtlich größer als das grüne, und man bereitet und serviert ihn in der gleichen Weise. Der Unterschied ist der, daß der grüne, wenn man ihn in die Schale schüttet, eine Farbe zeigt, die ins Gelbe geht, während der andere die Farbe von Rosen annimmt und der Geruch und der Geschmack gleicherweise in Richtung Rose gehen, wie der grüne in Richtung Märzveilchen geht und er eher den Urin herausreizt als der grüne. Beim grünen geht heute die Mode dahin, nicht mehr den Zucker in die Schale zu geben, sondern bei diesem Austausch ein Stückchen Kandiszucker in den Mund zu stecken und darüber den heißen Tee zu schlürfen, ihn auf diesem Weg zergehen zu lassen und den Tee nach und nach zu süßen, so wie er bespült wird; aber beim »Bu«-Tee legt man ihn, da dieser bitterer ist, zum Zergehenlassen in die Teeschale...[3]

Die holländischen Zuckerbrote hatten keine Konkurrenten, auch nicht unter den venezianischen. Und von Holland kamen unbekannte Essenzen, die Magalotti, der »italienische Genießer« und Bewunderer der »geheimnisvollen Eissorten mit Blüten und Früchten, die man aus ihren vergoldeten Eismaschinen trinken konnte«[4], mit wissenschaftlicher Präzision und sehr feinfühliger Kenntnis analysierte. So vertraute er im Oktober 1705 Leone Strozzi in einem Brief folgendes an:

vorgestern abend tat mir Seine Durchlaucht, der Fürst der Toskana den Gefallen, mir zwei Liköre zu zeigen, die, wie ich weiß, noch nicht in diese Landesteile gekommen sind. Denn Seine Durchlaucht hat sie jetzt frisch von Holland bekommen, und sie sind mit den letzten Schiffen von Batavia [Jakarta] gekommen. Es sind zwei kleine Karaffen mit Essenzen, und man erkennt, daß sie alle beide zitrushaltig sind; die eine ist nur aus Fruchtäpfeln, die andere aus Blüten oder auch eher wahrscheinlich aus

Blättern, ja aus Zweigen oder *cime*, um es auf römisch zu sagen. In derjenigen aus Fruchtäpfeln spürt man den ganzen Stolz des Schwefels der grünen Schale des Rosenapfels [*Dillemie*; tropische, grüne, apfelgroße Frucht, d.Ü.], doch so stark, daß es euch beim ersten Duftschwaden dünkt, es stelle die gelbe Ambra vor, aber dann, wenn man sie in Ruhe studiert, entdeckt man unwiderruflich die Zitrusfrucht, und unter den Zitrusfrüchten, wie ich sagte, den Rosenapfel; ihre Farbe geht ins Weißliche. Die andere, die gelber und heller und auch süßer ist, hat genau den gleichen nämlichen Geruch, der auf den Fingerkuppen bleibt, wenn man dazwischen die Zweige vom Zitronat- oder Lumienbaum zerreibt.[5]

Diese außerordentlich Erfahrung, sich im Innern der Labyrinthe der Pflanzenwelt zu bewegen, dieses empfindsame Einfühlungsvermögen, durch Berührung und Riechen die vielfältigen Botschaften der klassischen und exotischen Botanik zu erkennen, entstanden durch den langen Umgang mit Obstgärten, Gärten, Treibhäusern und Studios im Freien, die von den feinsten Aristokraten frequentiert wurden. Daher rührte ebenso die geschickte Kunst, Züchtungen und Veredelungen mit launenhafter Erfindungsgabe zu planen und zu verwirklichen und neue Varietäten zu erzeugen.

Der Garten des Marchese Verri war in zwei Abteilungen aufgeteilt, die eine »ganz nach französischem Geschmack mit Gartenbeeten (*parterre*)«, die andere nach englischem Geschmack, wo abseits jeder programmatischen Geometrie die »fruchtbare Natur« unkontrolliert herrschte.[6] Dort sowie in den »sorgfältig erwärmten Gewächshäusern« pflanzte man nicht nur »exotische und fremdländische Früchte«[7] an, sondern man konnte auch »zu Ende des Herbstes ... Pfirsiche und andere ähnliche Geschenke von Frühjahr und Sommer« pflücken.[8] Zwei Generationen nach Magalotti waren der Exotismus und der Kosmopolitismus so aus den Ufern getreten, daß die überlegte Symmetrie des italienischen Gartens, symbolisches Ergebnis der Harmonie der Welt und paradiesischer Reflex des himmliches Klosters, in eine Randposition abgedrängt wurde. In diesen Treibhäusern und in diesen reformierten Gärten baute man auch Ananas an. Von dieser Frucht empfahl der kosmopolitische Koch Francesco Leonardi, der moderne italienische Apicius in Petersburg, ein Gelee, das »dazu dienen kann, um Eissorbets und gelierte Früchte für den Zwischengang (gelatine d'antremè für: *entremets*, d.Ü.) in Ermangelung von frischen Früchten zu machen«.⁹ »Von allen exotischen Pflanzen«, schrieb Giuseppe Baretti an seine Brüder 1760, während er sich in den portugiesischen Einöden zwischen Feldern mit »Rosmarin von feinstem Duft« herumtrieb, »kenne und liebe ich nur die Ananas, eine Frucht der Tropen, von der ich habe sagen hören, sie solle in vielen Teilen Italiens eingeführt werden.«¹⁰

Jene Frucht mit dem »lieblichen Duft«, dem »köstlichen Geschmack«, die deswegen, »weil sie davon verschiedene Richtungen in sich vereint«, etwas ganz besonderes war, wurde wegen ihrer »Erlesenheit« ein unerläßliches Attribut auf den »prunkvollsten Tafeln, auf denen sie den Schmuck und den Reiz bildet«.¹¹ Ihre »Erlesenheit« bewirkte, daß diese »angenehmste« Frucht, die von den Tropen importiert wurde, dann aber auch in »Wärmhäusern« oder Treibhäusern der Lombardei, der Toskana, Roms oder anderer Regionen angebaut wurde, widerstandslos Eingang in den Tempel des Geschmacks des 18. Jahrhunderts fand. Der Anbau der neuen Frucht war beinahe überall ein wenig verbreitet. »In Italien vor allem«, erinnerte sich Francesco Leonardi, »gibt es ausgezeichnete Pflanzungen in den Wärmhäusern. In Rom haben wir sie im Garten beim Quirinal, im Indischen Garten des Vatikan und in der reizenden Villa Pinciana; daher kann man sagen, daß diese sehr angenehme Frucht nicht mehr so selten ist.«¹² Von Paris bis Berlin verteilte »die gelbe Ananas«, Schöpfung »eines gefälschten Sommers«, freizügig »den usurpierten Schatz ihrer Frucht«.¹³ In den Gärten von Sans-Souci in Potsdam, »die von diesem König sozusagen mit Hilfe der Kunst Armidas* geschaffen wurden«¹⁴, reiften sie zur Freude Friedrichs und seiner außergewöhnlichen Gäste. So schrieb Francesco Algarotti 1751 in einem Brief:

---

* Zauberin in T. Tassos *Befreitem Jerusalem*, die die Ritter in feenhaften Gärten verführte. D.Ü.

Dieses Klima ist nicht so weit vom Lauf der Sonne entfernt, daß es nicht beinahe in jedem Fall mit besseren Klimaten wetteifert. Und wo die Natur nicht so gütig gewesen ist, ergänzt es die Kunst und die Wissenschaft. Man dürfte sich kaum dem Glauben hingeben, daß man von diesem Land das sagen könnte, was einer unserer Spaßvögel von Warschau gesagt hat:

> *Eine Limette aus Neapel wäre so angesehen,*
> *Daß sie der König, besäße er sie,*
> *Ins königliche Diadem einflöchte.*

Sie würde hier von den besten Pfirsichen, den guten Melonen und den Feigen essen, die manchmal den unseren mit dem verrenkten Hals und dem zerrissenen Kleid nicht nachstehen. Und hier ist die Ananas, jenes Manna, jene Königin unter den Früchten, beinahe eine gewohnte Sache.[15]

Bei den »Mahlzeiten des Königs« in eben jenen Tagen genoß unser Algarotti auch den »seltenen Geist von Monsieur de Voltaire«[16], einen Geist, der nach Aussage des Abtes Bettinelli »viel Kaffee zu sich nahm, nachdem er die Flaschen gekostet hatte«.[17]

Die »königlichen« Früchte werden in Querscheiben geschnitten und »mit spanischem Wein und Zucker oder mit Aquavit und viel Zucker oder mit Rosolio-Likör und Zucker gewürzt«.[18] Das fürstliche Manna »ißt man auch in Weißwein gekocht und dann mit Zucker kandiert wie Quitten... Aus den Ananasfrüchten«, dies erwähnt wiederum Leonardi, der moderne Apicius, »bereitet man zwei Kompotte, eine Konserve, süß-saure Törtchen, Klarets, ein Gelee und ein Eissorbet zu.«[19] Und in jedem Fall »gelierte Früchte für den Zwischengang, die man in Ermangelung von frischen Früchten serviert.«

Die neue Exotik richtet ihren Blick nach Osten, nach den Ländern der aufgehenden Sonne, vor allem aber nach dem rätselhaften China. In Parma inszenierte man 1769 eine »chinesische Messe« mit »Kleidern in chinesischer Manier.«[20] Chinesisches Porzellan dringt in die Häuser des Okzidents ein, Seidenstoffe, Getäfel (*boiseries*) und bemaltes Papier (*papiers peints*) kleiden die eleganten Salons aus. Jedoch nicht ohne Vorbehalte der besten Kenner wie Algarotti.

Die Mittelmäßigkeit der Chinesen entdeckt man – wie in vielen anderen Dingen – so auch deutlich in der Malerei. Wer von unterschiedlichen chinesischen Schulen oder Stilen spräche, hätte unrecht. Alle ihre Figurinen oder Pagoden sind von einem Schlag. Und man könnte sagen, daß dieses unermeßliche Reich immer nur ein Auge hatte, um die Dinge zu sehen, und nur eine Hand, um sie darzustellen.[21]

Man kann sich schwer vorstellen, daß der anspruchsvolle Tischgast von Friedrich II. die Gewohnheit gehabt hätte, als Hauskleid die »seidene Simarre [Hausrock], auf dem sich ein chinesisches Muster ausbreitete«, anzuziehen, in der der »junge Herr« bei Parini seine trägen Fleischmassen dahingleiten ließ.

Auch Persien mischte sich nach dem unglaublichen Erfolg der *Lettres persanes* des Barons von Montesquieu in Europa in die (auch kulinarischen) Träume gewisser italienischer Adliger ein. So ließ der Graf von Somalia in Mailand »Gedecke im persischen Stil zubereiten nach den Rezepten von Chardin [dem großen Erforscher Persiens, Paris 1643-1713], und sie gelangen gut«.[22]

Der Internationalismus der Speisen und der Kosmopolitismus des Geschmacks ist besonders lebhaft bei dem heiteren Kampf der Weine. Dieser wird ausgetragen zwischen den »lieblichen Likören von französischen Hügeln / oder spanischen oder toskanischen oder der ungarischen / Flasche, der Bacchus die Krone / aus grünem Efeu zugestanden und gesagt hätte: ›sitz nieder, Königin der Tafeln...‹«.[23] Aus diesem vielfarbigen Konflikt zwischen den duftenden Spirituosen, der auf dem Hintergrund eines bewegten und facettenhaften Panoramas der Weinkunde stattfindet, gehen eben die italienischen Weine übel zugerichtet hervor. Die »ungarische Flasche«, der Tokaier, triumphiert überall.

Bestens ist das Wasser, und man trinkt es sehr reichlich; nicht freilich, daß ich es nicht mit dem göttlichen Getränk Homers verschnitte, der hier [am Hof Friedrichs des Großen] mehr in Mode ist als Pindar... Das erste Glas für mich, sagte der Ritter Temple, das zweite für die Freunde, das dritte für den Frohsinn und das vierte für meine Feinde... Aber wenn ich das vierte oder fünfte Glas für meine Feinde trinke, tue ich ihnen den Gefallen, es in Gestalt von Tokaier zu trinken. O, welch ein Wein, mein

lieber Herr Francesco! [nämlich: F. Maria Zanotti, an den Algarotti diesen Brief 1750 von Potsdam aus richtet]. Man sollte eben nicht von denen reden, die das loben, was man auf den Dörfern trinkt. Und wenn unser Redi davon gekostet hätte, vor allem von denen mit der Qualität des fünfzehner oder sechsundzwanziger [Jahrgangs, d.h. 1715 oder 1726, d.Ü.], hätte er seine Meinung geändert und nicht, da bin ich sicher, gesagt:
Der Montepulciano [aus Mittelitalien, d.Ü.] *ist aller Weine König.*[24]

Auf die Tafeln Italiens kamen elegante Weine aus allen Himmelsrichtungen, von Deutschland, Österreich, Tirol, die Malvasier von den Kanaren, der Muskat von Madeira, die weißen vom Libanon, von Zypern und aus Smyrna, die roten von Samos, die roten und weißen von Scopoli (eine Insel im Schwarzen Meer), die weißen von Ungarn (der Sankt Georg, der »Schumelau«, der Razestoff) sowie die roten (der Erlau, der Vaxen); außerdem natürlich die französischen, die spanischen und die portugiesischen. Es mag Verwunderung erwecken, daß an den italienischen Tafeln die weißen und die roten vom Kap der Guten Hoffnung Erfolg hatten. Die Flaschen aus Südafrika lagen mit denen aus den Donauländern im Gefecht, denen die Gebildeten des alten Italien, des antiken, mythischen Önotrien (= Weinland, d.h. Italien, d.Ü) skeptisch bis entrüstet gegenüberstanden. Girolamo Baruffaldi läßt vom abseits gelegenen, ruhmreichen Ferrara aus seinen *Bacco in Giovecca* gegen den »fruchtigen, barbarischen Tokaier, / der die Lippen verfärbt und nie den Durst löscht«[25], wettern.

Aus Bassano del Grappa erinnerte G.B. Roberti mit einem Schuß Bitterkeit (wie es sein Stil als alter Herr war) an das alte Primat des Landes des Weins.

Es gehört zur gewohnten Ausschmückung der – etwas feierlicheren – Mittagsmahle, wenn man dabei Weine trinkt, die die Meere oder die Alpen überquert haben. Der Wein vom Kap der Guten Hoffnung und der Tokaier, die als die besten Weine auf dem Globus gelten, sind uns Privatleuten nicht unbekannt. Die kleinen italienischen Strohflaschen haben nicht genügend Würde. Dennoch ist es jenes Italien, dessen Weinernten den reichsten Wein abgeben, um nicht von den anderen zu reden.[26]

Die Weine aus Ungarn und Südafrika, alle jene, die »die Meere und die Alpen« überquert haben, die ausländischen und fremden Flaschen aus weit entfernten Gegenden steigerten mit ihrer exotischen Herkunft das Ansehen der kosmopolitischen Tafeln. Auch auf dem Gebiet der Spirituosen begann die italienische Tradition Terrain zu verlieren, wie sie auch bei der Wahl der festen Stoffe, also der Behältnisse, in Schwierigkeiten war. Die ausländische, die »dunkle Flasche«, die in der vergoldeten Welt von Robertis *La moda* Eingang gefunden hatte, hatte die italienische Strohflasche von den feinen Tafeln verdrängt. Der Graf und Abt aus Bassano, der sehr feinfühlig für die Schwankungen und neuen Geschmackstendenzen war, während er die Vorlieben und die im Gang befindlichen Veränderungen zur Kenntnis nahm, schätzte auch die Widerstände, die die Provinz und die nationale Tradition dem offensichtlich unwiderstehlichen Vormarsch von snobistischen Bräuchen der Ernährung und anderer Angewohnheiten entgegenbrachten, die von überall her, oft kunterbunt durcheinander, eingeführt wurden. So schrieb er am Sankt-Martinstag 1780 aus einem Winkel der Provinz Venetien an Gian Lodovico Bianconi:

Der lombardische Wein ist als Tischwein gesund und vollmundig; unser Landwein ist ähnlich gesund, aber würziger, um zu feiern, und noch edler, um dann spazieren zu gehen... Beinahe jede Herrenfamilie hat ihre Hauswein-Flaschen, die sie nicht ohne Ehrgeiz mit den Freunden leert. Die Reihe solcher Korbfläschchen wird zu einem Reichtum der abgelegensten, kleinen Kellereien und ist wie ein Hausrat, den man mit ihrem *Consule Mario*, der in Pergament um den Flaschenhals hängt, zu Erbe läßt. Ich trank die letzte der Fläschchen, die eine Edelfrau von einem ihrer Vorfahren, einem Liebhaber von Fäßchen, geerbt hatte; sicher zählte die Strohflasche mindestens soviele Jahre wie die Herrin, die die achtzig überschritt; dennoch hatte sie sich dauerhaft sehr süß gehalten. Die Süße ist eine schlechte Gewohnheit, ja meiner Ansicht nach ein wahres Laster unserer Weine; und doch gefällt mir der im übrigen willfährige Ernst des Montepulciano, ja selbst die Strenge des Chianti. Der Graf Francesco Algarotti schrieb an seine Exzellenz, den Herrn Prokurator Zen, um den gegenseitigen Handel von venezianischen Weinen mit dem Orient zu fördern. Einige behaupten voreilig, wenn man dies vorschlägt, sie würden nicht der Schiffahrt standhalten. Jedenfalls kann ich zwei ge-

genteilige Beispiele von zwei Fässern erwähnen, die nach Pera [Stadtteil von Konstantinopel, d.Ü.] gingen und mit begeisterter Zustimmung getrunken wurden. Es wäre wohl ein besonderes Unglück für unsere Weine, wenn das Verschiffen für andere Weine förderlich zu sein pflegt und sie kräftiger macht und veredelt. Wenn man den Carmignano und den Artemino [von den Albaner-Bergen, d.Ü.] in Petersburg trinkt, weshalb könnte man nicht unseren Grassaro oder unseren La Gatta (wie man ihn dort nennt [wörtlich: die Katze, d.Ü.]) in Konstantinopel trinken? Das Wesen unserer Weine ist nicht sehr verschieden von dem der griechischen. Ich erinnere mich, in Bologna einen Wein von den Weinlesen dieses Dorfes Angarano, aus dem ich schreibe, dreizehn Personen zu trinken gegeben zu haben, die ihn alle als überseeisch beurteilt haben. Der Steuereintreiber [la decimaquarta = vierzigster Teil des Bodenertrages, d.Ü.], der sich rühmte, etwas von der Gaumenwissenschaft zu verstehen, kostete ihn mehrere Male mit kleinen und bedächtigen Schlückchen und behauptete er könne nicht entscheiden, ob es einer von Samos oder Tenedos oder von Zypern sei, daß es aber unstrittig griechischer Wein sei. Darauf glaubte ich, es sei Zeit, den Knoten zu lösen und sagte, es sei Wein aus meinem Haus.[27]

Damals wie heute gab es immer welche, die sich als unfehlbare *connaisseurs* (Kenner) hervortraten. Damals wie heute war das Problem des Exports und des Erhalts der Fernmärkte aktuell. Nach dem Ende des puritanischen, verhaßten Cromwell bot sich dem Großherzog der Toskana die Möglichkeit, einen neuen Markt für seine Weine im England Karls II. zu eröffnen. Und eben der Graf Magalotti, bester Kenner der englischen Angelegenheiten, arbeitete für seinen Herrn an einer Reihe von *Riflessioni sulla navigazione dei nostri vini per l'Inghilterra* (Überlegungen zur Verschiffung unserer Weine nach England). Es handelte sich um Korbflaschen und Fässer aus jener Toskana, der »Meisterin in der Herstellung guter Weine«[28], durch deren Schenken, Kneipen und Pinten des einfachen Volkes die verschiedenen Sorten und der Reichtum ihrer Weinberge flossen:

> Bring mir, Menghino, ein Fäßchen
> Vom Pharao und eins vom Lamporecchio,
> Und bring mir auch vom Cassero einen Brunnen,

Der, bei Gott, vom einen Ohr zum anderen reicht;
Bring keinen Chianti, der mir den Hals zuschnürt,
Sondern bring vom Palaia einen großen Eimer;
Und Nice soll vom Groppoli und dann vom Vinacciano
Immer eine große Korbflasche zur Hand haben.

O, welch gute Sache! Doch ich will einen Schluck
Vom Roccabruna und einen vom Acciaio,
Wenn du welchen im Keller hast. He, davon gib dann ein Runde,
Feiner Wirt...[29]

Trotz aller exotischen Neuheiten aus dem Orient und der Neuen Welt hatte die traditionelle Frucht noch eine farbenprächtige Bühne auf den Tafeln, auch auf den reichsten und erlesensten. Dort thronte die Birne, die »einzige Frucht, die am längsten ein Schmuckstück für ein *deser* (Dessert) war und die wegen ihrer verschiedenen Arten und Varietäten unserem Geschmack, unserem Auge und unserem Riecher mehr gefällt«.[30] Die Birne, süße Flamme der Tafeln, zeigte ihre saftigen, warmen Farbtöne, mit denen sie die Kompositionen von Genrebildern, die Stilleben, die Leinwände der »Blumenmaler«, die Obstansammlungen, die übervollen Körbe eines Bartolomeo Bimbi und der »Früchtemaler« belebte. Jahrhundertelang war die Birne das leuchtende Kleinod auf den Anrichtetischen. An der Schwelle zum 19. Jahrhundert, zu Zeiten von König Philipp, hatte der Birnbaum noch »mehr Varietäten als jeder andere Baum«[31], und die Birnen waren »unendlich viel zahlreicher und gesuchter« als jede andere Frucht. »Dieser Baum«, ein Edelstein der Fruchtbarkeitsgöttin Pomona, »ist das ganze Jahr über dem Landwirt nützlich, denn [seine Früchte] gefallen dem allgemeinen Geschmack – ob süß oder herb, in der einen oder anderen Verbindung, gekocht oder roh – und sind auf die eine oder andere Weise gut.«[32] Heute wird sie vom Hedonismus der neuen Italiener zugunsten kostspieligerer und weniger beschaulicher Früchte übergangen, und so scheint dieser kleine Schrein feuchter befriedeter Genüsse unausweichlich seinem Niedergang entgegenzugehen.

Auch wenn die Behauptung Leonardis zu Beginn des 19. Jahrhunderts nicht glaubhaft sein kann (so riesig erscheint die Zahl), daß die »französischen Gärtner, die am Ende des 17. Jahrhunderts geschrieben haben, mehr als siebenhundert Sorten Tafelbirnen aufführen«[33], so beläuft sich die Zahl der im *Giardiniero francese* (Der französische Gärtner) von René Duhavron (Dahuron) und noch klarer im Anhang von Monsù Della Quintinyé erwähnten Varietäten auf »nur« zweiundsiebzig.[34] Die Zahl der in den Obstgärten des Fürsten Giuseppe del Bosco in Misilmeri in Sizilien vorhandenen Sorten belief sich nach der Schätzung von Cupani, die durch das Zeugnis von Nicosia bestätigt wird, auf achtundsiebzig. Dies sind sehr viel weniger, verglichen mit der Fülle an Obstbäumen in der Toskana um die Jahrhundertwende zwischen dem 17. und 18. Jahrhundert, wie sie von Pietro Antonio Micheli in der *Lista di tutte le frutte, che giorno per giorno dentro all'Anno sono poste alla mensa dell'Ar. e del Ser. mo Gran Duca die Toscana* (Liste aller Früchte, die Tag um Tag im Jahr auf die Tafel Seiner Königlichen Hoheit und Seiner Durchlaucht, dem Großherzog der Toskana, kommen)[35] beschrieben sind: zweihundertdreißig, die alle genau mit ihren Namen verzeichnet sind. Die Toskana der Medici schlug bei weitem das Frankreich des Sonnenkönigs. Und Iacopo Niccolò Guiducci legte Wert darauf, dies mit Genugtuung in einem Brief an Cosimo III. zu betonen: »ich finde, daß bezüglich der Birnen Eure Königliche Hoheit ohne Vergleich sehr gut dasteht, sowohl hinsichtlich der Menge der guten Sorten als auch ihrer Qualität.«[36] Unser kosmopolitische Koch Leonardi log also – wenn auch in gutem Glauben und wahrscheinlich geblendet vom Schein des Meteors Napoleon. Nun, als Koch jedenfalls konnte er auch die Einzelheiten der obstbaukundlichen Wahrheiten ignorieren.

In der berühmten »Schmelzhütte der Medici« destillierte man vermittels der »Vereinigung von Chemie und Botanik... neue Düfte«. Ein »wunderbarer Wettstreit« war im Gange, um »neue balsamische, medizinische und aromatische Substanzen zu extrahieren«, die – in beständiger, subtiler Forschung – dem »höchsten Grad an Perfektion des Geruchssinns« standhielten.[37] Wenn man dann zu den agronomischen Experimenten der letzten Medici übergeht, nimmt man unmittelbar wahr, wie in Italien und in Europa (vor allem aber in Holland) ein reiches Panorama von »neuen Blüten, Spößlingen, Veredelungen und Gemüsearten« entsteht und entdeckt wird.³⁸

Ebenso wie wir heute sehen, wie die Holländer einen Handelszweig mit der Kunst Floras [der Pflanzengöttin] geschaffen haben und Hunderte von sehr schönen und unbekannten Blumen erschaffen haben, so behaupten die Franzosen, daß sie in hundertfünfzig Jahren so viele und so viel reichere, farbigere und schönere neu hinzugewonnen haben sowie daß die Pflanzen, die Gemüsearten und die Kräuter bei ihnen derart vervollkommnet worden seien, daß man heute anstatt einer Art Chicorée und zwei kläglichen Arten von Lattichen, die man damals kannte, mehr als fünfzig von der einen und der anderen Art zählt, alle ausgezeichnet und angenehm im Geschmack.

Dasselbe hört man von den Früchten; denn jeder weiß, daß die Pfirsiche, die Äpfel, die Aprikosen und die Birnen verwildern würden, wenn man sie auf sich selbst gestellt ließe; ebenso weiß man, wie man sie zu tausend neuen Schönheiten und Geschmäcken wieder auffrischen und veredeln kann, wenn man versucht, sie mit mehr Kunstfertigkeit zu pfropfen und zu züchten. Und so vervollkommnet man auch die Tiere gleichsam durch neue Züchtungen, indem man die Rassen kreuzt, so wie wir es ständig bei den Pferden sehen, und wie man dies auch bei anderen Tierarten sehen kann. Denn ich sah – jedoch nur bei Privatleuten zu ihrer Freude – neue Hühner und sehr reizvolle und zugleich sehr nützliche neue Tauben, die sich in großer Vielfalt vermehrten. Und jeder könnte sie sich zu eigen und gemein machen und sich ebenfalls die schönen Paduaner Hähne und Hühner, die schönen Tauben aus anderen Gegenden zulegen, indem er sie umsichtig mit den unseren zusammenmischt.³⁹

Nachdem Italien in den allgemeinen Niedergang des »barbarischen und unkultivierten Europa« hineingerissen worden war, verfolgte das Land durch seine »Wiedergeburt« (risorgimento) einen erneuerten Kurs, indem »die Natur für unsere Bedürfnisse fruchtbar gemacht wurde«.

Es wartet nur auf unseren Fleiß, um seine unerschöpflichen Reichtümer zu heben und seine tausend geheimen Schatzkammern jeder Art von Tieren und Pflanzen zu hegen, denn in kurzer Zeit haben wir viel dazu gewonnen, was unsere Väter sowie die Alten nicht kannten.[40]

Neue Erbsen, neue Gemüse- und Kohlarten, neue Hühner und neue »sehr reizvolle und zugleich sehr nützliche« Tauben bereichern durch Abwechslung die Tafel des 18. Jahrhunderts.

Die »Vorzüge« und das »wahre Glück«[41] erschienen in der zweiten Hälfte des 18. Jahrhunderts das »goldene Zeitalter« wieder aufleben zu lassen, nachdem das »eiserne Zeitalter« vorüber war.[42] Und dies, obwohl zu den alten Krankheiten neue Gebrechen, »neue Blutwallungen oder Rheumatismen«, »neue Skorbut-Krankheiten«, »neue Koliken« und vor allem die »neuen krampfartigen Nervengebrechen, Hypochondrien und flammende Röten, die keinen Namen haben«[43], hinzukamen. Die Erneuerung des Lebens und der Gesellschaft, die neuen wiedergefundenen und bisher unbekannten Erfindungen der Technik und der Arbeit wurden durch die erneuerte Fähigkeiten angeführt, wissenschaftlich in eine Natur einzugreifen, die jetzt die magische und kabbalistische Atmosphäre der vorgalileischen Kultur hinter sich gelassen hatte. Dadurch wurde – zusammen mit den Sitten – nicht nur die Landschaft neu gestaltet, sondern auch der Stand und die Qualität des »öffentlichen Glücks« gesteigert. Viele Gebiete Italiens boten ein anderes Bild, ein wiedererblühtes Antlitz, sie wurden gestärkt durch eine neue Strömung reger, fieberhafter Erneuerung in allen Aspekten des bürgerliches Lebens.

Das flache Land steht überall unter Bebauung, die Flüsse sind in den Flußbetten, die Wälder ausgehauen, die Herrenburgen abgebrochen, die Häuser wie die Straßen bequemer und breiter, die Tafel mit Gewürzen, wohlschmeckenden Speisen, üppigen und vorzüglichen Weinen hergerichtet; die Sauberkeit der Körper und der Haut wird durch oft gewechselte Wäsche und zweckmäßigere Kleider unterstützt. Neben häufiger aufgesuchten Bädern, dem Frieden, der Eintracht, dem guten Geschmack, die überall herrschen, scheinen die neuen Leuchten, die bei den Künsten, den Wissenschaften, selbst den Manufakturen, vor allem aber bei den gesellschaftlichen und religiösen Pflichten eingezogen sind, das wahre und volle Glück mit der Gesundheit des Körpers und der Hochschätzung des menschlichen Geistes gebracht zu haben.[44]

Seit Beginn des »goldenen 16. Jahrunderts«[45] »begann die tiefe, / völlige Nacht zu entschwinden«[46].

> Mit den schönen Arbeiten der findigen Mode,
> Der Triebkraft des europäischen Handels,
> Mit den behauenen Marmorsteinen und atmenden Leinwänden
> Wetteifern die Werke der glücklichen Talente;
> Die kühnen Gelehrten dringen ein in die finsteren
> Labyrinthe der Natur...[47]

Der »Geschmack«, die »Anmut« und die Wiederentdeckung der »wahren natürlichen Schönheit«[48], des »zarten und lebendigen Gefühls« und der »Harmonie« hatten das »Vorurteil« und die »unbelehrsame Ignoranz« niedergekämpft.[49] Der Sehsinn hatte die harmonische Symmetrie und die besinnliche Anmut der »reizvollen Form« wiederentdeckt, die das »Auge lockt und den Geist erfüllt«.[50] Vor allem dann,

> Wenn du, um die ruhige sommerliche Luft
> In deinem duftenden, gepflegten Garten
> Zu genießen, herniederkommst, o liebliche Euphrosyne [Frohsinn],
> Und den lockeren Fuß über diese lieblichen Pfade bewegst
> Und mit dem schmeichelnden Auge auf dem englischen,
> Französischen oder bayrischen Gartenbeet verweilst.
> Fühlst du dann nicht mit einem Mal, wie das bestimmte
> Und regelmäßige Gesetz und Maß, das sie unterteilt,
> Ordnet und aufteilt, dir die Sinne durchdringt
> Und dir mit geheimer Lust die Seele ergötzt?[51]

Es war eine völlig intellektuelle Sinnlichkeit, die den Sinnen das »Maß« und die mathematisch aufgeteilte Raumordnung einimpfte und dadurch die von der erhabenen Geometrie des Gartenraums berauschte Seele mit »geheimer Freude« ergötzte. Durch diese äußerste neoklassische Stilisierung wurde die »anmutige Unordnung«[52] des Gartens der siebziger Jahre des 18. Jahrhunderts in Formen gegossen, die durch eine aufgebrauchte »Grazie« kalt und unbeweglich geworden waren. Jener war inspiriert von der Kunst des »sinnlichen Gärtners Aristipps [griechischer Philosoph des Hedonismus, d.Ü.]«[53], hatte abwechslungsreiche Wege, sich wandelnde Perspektiven und unerwartete Ausblicke. Hier sollte sich der Geist erholen können durch den unerwarteten Wechsel der Landschaft: »jetzt erquicken dich die süßesten Düfte der seltensten Blumen und Pflanzen, darauf ein unvermuteter Anblick antiker, von der Zeit zerstörter Architektur, hier ein Tempelchen, dort ein Park mit wilden Tieren, dann ein kleiner schiffbarer Kanal...«[54]

10

TÜCKISCHE KUNST

Das scharfe Auge des Jesuitenabtes Saverio Bettinelli täuschte sich nicht: das Wiedererwachen, ja die »Wiedergeburt« war echt und fühlbar. Die am weitesten ausgegrenzten sozialen Schichten und Gruppen, wie etwa die Bettler und Sträflinge, lebten alle in menschlicheren Verhältnissen. Die »Wäsche« (wie der Autor der *Lettere a Lesbia Cidonia* bemerkte) wurde öfter gewechselt, die Bäder wurden vielleicht etwas häufiger aufgesucht, die Mahlzeiten waren reichlicher. Allen ging es etwas besser. Allen, aber nicht den Feldarbeitern. »Die Bauern«, bemängelte G.B. Roberti, der für die humanitären Aspekte viel feinfühliger war als sein Kollege Bettinelli, »sind vielleicht die einzigen, die, ob gesund oder krank, in meinen Augen vernachlässigt erscheinen und dennoch eine ungeheure Zahl bilden.«[1] Wenn der Graf und Abt Roberti durch die Felder im Gebiet von Bologna ging, bemerkte er, daß die Bauern »gemeinhin arm sind und es verdienten, vom menschlichen Jahrhundert mit freundlicheren Augen betrachtet zu werden«.

> Nicht ganz eine Meile weg von hier [von Bologna] sieht man in sehr weiten Ebenen fetter Erdschollen die fleischlosen und bleichen Gesichter der Bauern, die in Strohhütten wohnen, welche mit Kot beschmiert und auf allen Seiten voller Risse und baufällig sind. Es sind Bauern, die ihre Nacktheit schlecht und recht mit einem schmutzigen Hemd aus groben Lappen bedecken. Sie beißen schwarzes Brot, während sie doch das Getreide für weißes Mehl mähen; sie trinken Wasser, während sie doch für den Herrn den schweren Wein in Flaschen füllen.

Ein Pontifex Maximus von nicht sehr hohem Alter müßte sich als Papst (Papa) wie auch als Herrscher mit zwei aufeinanderfolgenden Erlassen der Gier der unersättlichen, hochmütigen und gefährlichen Pächter entgegenstellen. Denn diese drohen damit, die hungrigen Schwärme der armen Dörfler von den Feldern zu vertreiben, wenn diese von den überreichen Ernten ausgesaugt sind. Dann nämlich gehen jene mit sehnsüchtigen Augen und gekrümmten Armen durch die Felder, um ein paar von der Sichel eines müden oder frohen Mähers übersehene oder übergangene Ähren zu suchen. Voller Sorge um die christliche Republik verließ der Pontifex Benedikt XIV. dem Brauch gemäß den Lärm und den Rauch der großen Stadt Rom, um im Grünen eines Dorfes einen kleinen Beweis für die öffentliche Fürsorge zu erhalten. Bei dieser Gelegenheit umdrängten ihn auf dem Weg von allen Seiten Scharen von bleichen, erschöpften Alten, von hoffnungslosen Kindern, von klagenden Frauen, versperrten kniend und mit erhobenen Händen den Wachsoldaten den Weg und übertönten mit ihren flehenden Stimmen den Lärm der eiligen Kutschen. Der Kern der Klagen und des Weinens jener unglücklichen Hungernden war folgender: Während die unter dem Gewicht der aufgehäuften Garben knirschenden Wagen den Scheunen der schwerreichen Besitzer entgegenknarrten, war es ihnen unter Schlägen und Schmähungen verboten, auch nur durch jene bereits abgemähten Felder in der Ebene zu gehen, um nachzusehen, ob etwa noch eine bescheidene Ähre zwischen den groben Stoppeln liege, die sie zu sich nehmen könnten, um daraus ein dünnes Bündel zur Linderung des Hungers – jetzt und in der Zukunft – zu schnüren. Der Schmerz und das Stöhnen dieser trostlosen Bauern verpestete jene so milde Luft, ja sogar so reizvolle Erde.[2]

Roberti, der Adlige aus Bassano del Grappa, war im Gegensatz zu Bettinelli, dem kosmopolitischen Jesuiten, der zu seiner Muße in allen Salons verkehrte, sehr viel skeptischer gegenüber der »auswärtigen Kultur« und der »Menschlichkeit« des berückenden »Fortschritts«.

Wir wohnen gut, wir kleiden uns gut, wir essen gut... Aber ich weiß nicht, ob wir uns zu Recht als menschlich rühmen, wenn wir uns die Haare mit Pomade einsalben, wenn wir uns mit weißem Mehl bestäuben, wenn wir uns mit Scheren für den Rücken passende Kleider zuschneiden lassen, wenn wir die großen und die kleinen Teller nach der Regel auf den Tisch stellen, daß die kleinen den edleren Platz zu Ehren der großen räumen. Man sollte durchaus ein wenig darüber diskutieren, ob man eine solche Humanität, sich in fremdländischer Weise zu kleiden, in fremdländischer Weise zu essen, in fremdländischer Weise zu wohnen, sich in fremdländischer Weise zu kämmen, wirklich als Menschlichkeit oder nicht vielmehr als Sklaventum bezeichnen sollte.[3]

Getreu der italienischen Tradition und Lebensweise konnte der Abt Roberti nicht seelenruhig »die Bequemlichkeiten und den Pomp« der französischen *civilisation* anerkennen, die ins alte Italien eingeführt wurden. »Heute preist man die Fertigkeiten beim Kochen und den Pomp der Tafel. Man sagt, nur die Franzosen verstünden zu essen. Dennoch hat der Herr Mercier vor kurzem geschrieben, daß das Volk von Paris vor jedem andern europäischen Volk am schlechtesten ernährt sei.«[4]

Der Pater Roberti war sicherlich kein Asket. Er liebte den Schinken aus Trockenfleisch (prosciutto), die Salami, die Mortadella, er mochte gern den Kaffee und die Schokolade, die guten Weine und die Erdbeeren, die süßen und parfümierten Desserts, die Vanille-Cremes. Aber er konnte weder die französische Arroganz noch die launischen und eitlen Moden leiden, die von jenseits der Alpen hereinplatzten und die von vielen Aristokraten wie neue Evangelien angenommen wurden. Er war auch weit davon entfernt anzuerkennen, was der Graf Joseph de Maistre einige Jahrzehnte später während der harten und drückenden Jahre der Restauration für schädlich, ja pervers gehalten hat: die kriminelle Vereinigung der kulinarischen Experimentierkunst mit der Freiheit der schlechten Literatur. Dieser machte (wobei er vom Lob des christlichen Fastens zur Verherrlichung einer allgemeinen Abstinenz überging) zu dem Gesprächspartner in einer seiner »Unterredungen« folgende Bemerkung:

Vom Übermaß in der Quantität geht ihr über zu Mißbräuchen in der Qualität: ihr prüft in allen Details diese tückische Kunst, einen Scheinappetit zu wecken, der uns vernichtet. Ihr träumt von unzähligen Launen der Zügellosigkeit, von diesen verführerischen *compositions*, die für euren Körper genau das sind, was die schlechten Bücher für euren Geist sind, der davon gleichzeitig überladen und verderbt ist...[5]

Nie hätte der Abt Roberti daran gedacht, die gute Küche für eine tückische Kunst zu halten, nie hätte er einen Fluch über die »verführerischen *compositions*« der Meisterköche ausgestoßen. Er verabscheute lediglich die Entmenschlichung, die jene Zeit und eine gewisse glänzende, sogenannte aufgeklärte Kultur heimsuchte: die Gleichgültigkeit und das Sich-Verschließen gegenüber den Unterschichten, das Schwächer-Werden des Geistes der Solidarität und der christlichen Nächstenliebe vor allem bei den wohlgesitteten und wohlgenährten Reichen und Intellektuellen, den Zynismus und die Unempfindlichkeit gewisser berühmter *maîtres à penser* (Meisterdenker), jener wahrhaften Ungeheuer eines blinden und verbrecherischen Egoismus. Die unglaubliche Anekdote, die Roberti über die Unmenschlichkeit eines der am meisten beweihräucherten intellektuellen Idole des ganzen Jahrhunderts, Bernard Le Bovier de Fontenelle, erzählt, bezeichnete, falls sie stimmt (die Quelle scheinen die *Annali politici* von Linguet zu sein), den äußersten Grad von moralischer Indifferenz, zu der die Tafelfreuden verleiteten. Es ist die perverse Variante einer Kultur, die sich nur in ihrer eigenen sprühenden Intelligenz gefiel.

Der Abt Dubos, Kanoniker von Beauvais, hatte ein vertrauliches Verhältnis zu Fontenelle, und sie nannten sich Freunde. Eines Tages speiste der Kanoniker Seite an Seite mit dem Autor der *Welten* [*Entretiens sur la pluralité des mondes*], und es wurde ihnen ein Bündel Spargelstangen angeboten. Der eine wollte sie mit einer Ölbeize, der andere mit einer Soße. Die beiden Sokratiker (denn die Gelehrsamkeit schließt das gute Essen nicht aus) kamen überein, sie je nach dem Geschmack eines jeden in der Mitte zu teilen. Bevor die beiden Tellerchen gereicht wurden, erlitt der Abt Dubos einen Schlaganfall. Alle Hausangestellten waren sehr erschüttert. Fontanelle, der Erfinder scharfsinniger Ideen, gab eine Kostprobe seines großen Eifers und lief bis zur obersten Treppenstufe und rief, so daß der Koch es verstehen konnte: »Alle Spargel mit der Soße, alle Spargel mit der Soße.« Nachdem der Leichnam verschwunden war, setzte sich Fontanelle zu Tisch, aß alle Spargel und bewies mit der Tat, daß auch ein Schlaganfall zu irgend etwas gut sei.[6]

Was die Küche betrifft, fand die wahre Revolution nicht gleichzeitig mit der unsterblichen von 1789 statt. Im Gegenteil kappte diese die Spitze der kulinarischen Pyramide, indem sie den König köpfte, und schuf die Voraussetzungen für den Beginn der demokratischen und repräsentativen Küche. Sie hob den bürgerlichen Koch, den Koch der Familien und die häuslichen Köchinnen aus der Taufe. Sie bezeichnete auch den Übergang zu einer Wiederbelebung des Verkaufs und des Handels für die große Masse, indem – gegen Bezahlung – die Geheimnisse der großen aristokratischen Küchen verbreitet und popularisiert wurden. Die wirkliche Revolution ist die reformistische, sensualistische, die von Condillac, die im Schatten des *style rocaille* (Rokoko) ihre Anfänge hatte. Sie fand ihre Theoretiker in den aufgeklärten Reformern, die neben den Priestern der alten gotisch-scholastisch-barocken Sprache idealerweise auch die alte Sprache der Kunst und die pompöse und schwerverdauliche Grammatik der überladenen, breitgefächerten und gekünstelten Barock-Küche in den »Tempel der Unwissenheit« einschlossen. Die intellektuelle Beweglichkeit und Gewandtheit der neuen Generationen erforderten – parallel dazu – Lebendigkeit und Leichtigkeit im Umgang mit dem Kochen. Wenn man zu reichlich, üppig und prunkhaft aß und dabei in den riesigen Lehnsesseln wie früher und nicht auf den grazilen und unbequemen Louis-quinze-Stühlen saß, gehörte das jetzt nicht mehr zum *bon ton* (guten Ton). Die galante Gesellschaft rümpft die Nase vor der Anhäufung der Speisen; man nährt sich mit gewollter Appetitlosigkeit und schlecht verhüllter Intoleranz gegenüber der Küche von feudal-patriarchalischem Typ. Der gleiche Wandel erfolgt in der neuen Mode, der Garderobe der Damen, die in den Salons die »andriennes« (Schleppkleider) tragen, die mit »eitlen Belanglosigkeiten wie kleinen Tierlein und Kräutlein« bedruckt sind. Der neue Stil verherrlicht den »nichtssagenden Entwurf«, ist verrückt nach »chinesischen Mixturen«, nach der »eleganten und zerbrechlichen Kleinigkeit«, nach den »komischen Nippes«, der »eitlen Zerbrechlichkeit«, der »nichtigen Launenhaftigkeit« und dem allgegenwärtigen Kunterbunt. Für die »eleganten Schmetterlinge«[7] werden auch in der Küche elegante Kleinigkeiten zubereitet. Sie stehen bereit für eine Gesellschaft, die mit dem Magen kämpft und die die Nacht zum Tage macht, für die Dame, die spät aufwacht (»sie ist am Mittag im Bett und erwartet die Schokolade / sitzend in lockerer Haltung«)[8] und im Mittelpunkt der sozialen Kommunikation steht, für eine feine Gesellschaft, die »beständig Konversationen« führt »und Besuche und Plaudereien austauscht«, für eine »vornehme Kaste«, die »sich abmüht, ihre so langen vierundzwanzig Stunden herumzubringen«. Und so wird auch die Tafel zu einem Ort des Gesprächs, zu einer weiteren Gelegenheit für sich hinziehende Konversationen. Die Speisen werden eher besprochen als gegessen; sie werden mit Distanz eingenommen, während die neuen warmen Getränke (Kaffee, Tee, Schokolade) die Zeiten für ein dauerndes Zeremoniell und eine obligatorische Etikette einteilen. »Manch ein Getränk«, bemerkte der Graf Roberti, »ist ein Empfang, den man nicht wünscht, wenn man ihn gibt, und der beleidigen kann, wenn man ihn vergißt.«[9]

Die Nacht ersetzt den Tag.

Die langatmige Abendunterhaltung ist den Herren eigen... Das Licht der Sonne gilt als unedel..., man erzählt und spielt und speist beim Licht von Wachskerzen, während man zwischen klaren Kristallen in einer verbrauchten und daher schlecht einzuatmenden Luft eingekerkert sitzt. O, wieviel Zeit ist wohl vergangen, in der viele keine Morgenröte gesehen haben! Und wenn sie sie dennoch – schläfrig und dumpf – bei der Rückkehr vom Theater gesehen haben, dann haben sie sie sicher nicht herbeigewünscht. Einige Damen schlafen niemals bei Nacht... Und deshalb werden diese Damen in Paris wohlwollend *Lampen* genannt.[10]

Für diese Damen und ihre Begleiter wird das Essen mit Appetit immer mühseliger.

Unsere zarten, vor Widerwillen schmachtenden Frauen durchstöbern mit lustlosem (svogliato) Auge die Tellerchen und willigen auf Bitten ein, einige davon zu kosten. Nach dem täglichen Faulenzen im Bett, nach dem täglichen trägen Sich-Zurechtmachen sind die Muskeln betäubt, die Körpersäfte sickern nicht durch und die Verdauung arbeitet nicht ganz richtig. Daher hat der Appetit, der die beste Würze der Speisen ist, keinen Anreiz und vergeht.[11]

Und tatsächlich mußte es immer schwieriger werden, ihr Verlangen mit »appetit-kitzelnden Speisen« zu wecken und die »lahmen Säfte« mit anregenden Angeboten aus ihrer Trägheit aufzurütteln. Für so sensible Geschöpfe, die sich dem Kult der Göttin Faulheit hingaben, waren leichte, einschmeichelnde Diäten, samtene und geschmeidige Gerichte vonnöten. Sie sollten weich und mild sein und mit kapriziöser Anmut auf grazilen Tischchen mit schlanken und geschwungenen Beinen angerichtet werden. In gewissen Fällen waren die Tische beängstigend leer geworden. So bemerkte G.B. Roberti mit einiger Besorgnis:

> Verschiedene modische Mahle sind recht bescheiden, und es ist mir vorgekommen, daß ich mit Goldbesteck aß, wenn es nichts zu essen gab... Wer das träge und regellose Leben der feinen Gesellschaft führt, ißt für gewöhnlich sehr wenig. Und mehr als einer muß sich wegen des Durcheinanders seines Gesundheitszustandes beim Mittagessen mit einem gesottenen Hähnchen und einer Kräutersuppe gegen den Skorbut begnügen, nachdem er am Morgen Eselinnenmilch getrunken hatte.[12]

Diese dahinschmachtenden, verdauungsgestörten, appetitlosen und im Umgang bis hin zum Ohnmachtsanfall kühlen Salondamen von Welt waren anders als die Frauen des vorhergehenden Jahrhunderts, die es mit heftiger Begierde liebten, sich mit stark aromatisierten Speisen anzufüllen. Jene fürchteten den warmen, tierischen Geschmack und den der triebhaften Ausschweifung und des Fleisches. Auch die Liebe wurde wie die Nahrung eher besprochen und betrachtet als genossen. Entsprechend den sozialen Regeln ist die Libertinage, die weithin ausgeübt wurde, ein Zeichen von Intellektualisierung der erotischen Spiele und von untätigem und zerstreutem Genießen des Körpers.

Die warme Weiblichkeit des Barock konnte weibliche Embleme von ganz anderem Timbre aufweisen. Katharina von Bragança, die Frau Karls II. von England, stach in der Galerie der warmen Frauen des 17. Jahrhunderts hervor. Der sehr feinsinnige »Spion aus Florenz«, Lorenzo Magalotti, der davon seinem Herrn, dem äußerst bigotten Cosimo III., berichtete, drang indiskret mit Auge und Nase bis in ihr geheimstes Innerstes, ihre verborgensten physiologischen Verhaltensweisen und sexuellen Neigungen vor. Die adlige Portugiesin mit »außergewöhnlich heißem und begehrlichem (adusto) Temperament..., mit so großer Erregtheit des Blutes... erlitt sehr häufig außergewöhnliche Monatsblutungen...« und war »von ihrer Natur her über die Maßen für die Vergnügungen empfänglich«. Ja, die »Lust überkommt sie so heftig, daß ihr nach dem gewöhnlichen Abfluß jener Körpersäfte, den die Gewalt des Genusses auch anderen Frauen abpreßt, aus den Geschlechtsteilen das Blut in so großer Menge kommt, daß es manchmal einige Tage lang nicht aufhört.«[13]

Dieses Übermaß an warmem Naß, an dickflüssigen Körpersäften und an aufreibenden Lüsten scheint – Magalotti zufolge – durch die »übermäßige Verwendung von zerpulverten Gewürzen in den Speisen, von der Ambra und vom Moschus in den Konfekten« begünstigt worden zu sein. Derartige Ausschweifungen werden im 18. Jahrhundert tendenziell seltener, als man sich in aller Eile von den Gerüchen, den Geschmäcken und den Düften der jüngsten Vergangenheit absetzte.

Die anmutigen Frauen des 15. und des 16. Jahrhunderts, ja auch die im vorigen Jahrhundert und vor allem die spanischen... dufteten immer. Moschus, Ambra und Weihrauch beleidigten sie nicht; und heute fallen sie ohnmächtig um und winden sich in Krämpfen, wenn sie nur Melissengeist befällt. Laßt euch von jenen gelehrten Naturärzten den Grund für den so seltsamen Unterschied der Neigungen erklären, den ich nicht kenne. Ein anderer würde etwa sagen, daß hier in anderer Art und Weise als in der Vergangenheit die Temperamente verwickelt sind. Manchmal kommt bei mir der Verdacht auf, daß derartiger Verachtung gegenüber den Düften ein kleiner Schuß Affektiertheit und geheuchelte Ohnmacht innewohnt.[14]

Der Abscheu vor der Ambra, der Ekel vor dem Moschus in den Konfekten und der Widerwille gegenüber den stark gewürzten und aromatisierten Gerichten bei den feingeistigen Damen des 18. Jahrhunderts ist geeignet, um mit mehr Sorgfalt in den Details das Porträt der galanten Dame nachzuzeichnen, die nicht nur zermürbenden Konversationen und nächtlichen Gesellschaftsspielen, sondern auch einem morbiden und überfeinerten Eros zuneigt. Dieser schwebt eher in einem Spinnennetz zeremoniellen Sich-Abwendens, als daß er in sinnliche Hingabe einmündet. Und so kann man annehmen, daß die von der Vernunft aufgeklärte und von den roheren und niedrigeren sinnlichen Begierden befreite Diät nicht besonders geeignet war, geschlechtliche Leidenschaften von so außergewöhnlicher Intensität wie diejenigen zu erregen, die sich in den Blutadern der Katharina von Bragança austobten. Die Damen des 18. Jahrunderts, die nach Ansicht des Abtes Galiani mehr mit dem Kopf als mit dem Herzen liebten, waren Frauen, »denen« – so bemerkte der Abt und Romancier Pietro Chiari aus Brescia – »selbst die Rosen stanken«.[15] Die Tafel mußte sich im Domino-Kostüm darbieten, eingehüllt in ein Spiel von Äußerlichkeiten und Verstellungen, und die Speisen mußten maskiert sein wie bei einer endlosen Intrigenkomödie. So schrieb der Abt Chiari in einem Brief an eine »Dame von Stand« im Jahre 1749 folgendes:

Das große Übel dieser Zeiten ist, daß die Natur selbst nicht mehr weiß, was sie an Kräutern, Früchten, Fischen, Tieren und Geflügel hervorbringen soll, das unserem Geschmack und unserem Vergnügen entspräche. Die bisher verwendeten Speisen sind unser nicht mehr würdig, wenn sie in unseren Küchen nicht gar die Gestalt und den Namen eingebüßt haben. Um sie zu verfälschen, verwendet man so viele Baumrinden und so viele Gewürze, wie Amerika nach seiner Entdeckung davon mitgeteilt hat. Man braucht tausend Zutaten für jedes Gericht, dessen Eigengeschmack mit keinem von ihnen etwas zu tun hat. Und jene, die es schlukken, können nicht sagen, was es sei. Die menschliche Gefräßigkeit sucht, ohne zu wissen, was sie tut, im Obst, den Wurzeln und den Kräutern neue Würzstoffe für die alten Lebensmittel. Und dann läßt man zu diesem Zweck ihren geisthaltigsten Saft und ihre wesentlichste Kraft mehrere Stunden auf dem Feuer verdampfen.

Die Köche stehen heutzutage in höherem Ansehen als die Bildhauer in Athen. Und doch müßte man ihnen, wenn man es recht bedenkt, denselben Rang beimessen wie den gröbsten Töpfern. Diese lassen mit der Scheibe und dem Feuer aus dem Ton, der immer Ton ist, mal die Gestalt eines Krugs, mal die einer Flasche entstehen. Aber jene verkleiden das Fleisch, das immer Fleisch ist, auf tausenderlei verschiedene Arten. Arme

Leute! Man muß ihnen in jeder Hinsicht verzeihen, denn wenn sie es nicht so machen würden, würden sie keinen Herrn finden und würden Hungers sterben. Man will auf einer Tafel, auch wenn sie nicht festlich ist, mindestens hundert Gerichte, die vom Aussehen und vom Geschmack her nicht nur sehr verschieden, sondern untereinander in Gegensatz stehen und nicht mehr im Übermaß gekostet werden und überaus sonderbar sind. Man verwirft im Handumdrehen die im Volk verwendeten Speisen, die billigeren Fleischsorten, das Obst, die Kräuter je nach Jahreszeit und die Fische von mittlerer Größe. Alles, was auf dieser Tafel erscheint, muß in ein Domino-Kostüm verkleidet sein, so daß nicht einmal der Teufel wahrnimmt, was es ist... Jetzt will man nur noch fremdländische und sehr seltene Dinge und schätzt Erdbeeren im Januar und Trauben im April und Artischocken im September. Zumindest, Madame, könnte man mit diesem Sortiment und mit diesen Verfälschungen und Vorkehrungen die menschliche Gier befriedigen; doch auch die Erlesenheit der modernen Gaumen könnte uns nicht den ganzen Tag den Magen in Bewegung halten.

Schon der Geruch der Zwiebel und des Knoblauchs bewirkt, daß mehr als eine schwach und ohnmächtig wird. Um sie wiederzubeleben, genügen nicht einmal die Balsame und die Essenzen, die man für zwei Bestattungen in Ägypten verbrauchte. Der Gräfin N.N. beschweren die Wachteln den Magen; die Pasteten vermehren das Blut; die Milch erregt die Galle; die Lattiche machen den Bauch schlüpfrig; die Gewürze lassen den Hals brennen; die Austern regen den Appetit an; und bereits zwei Schlückchen Wein lassen ihnen starke Dämpfe zu Kopfe steigen. Ich habe mehrmals an eurer sehr üppigen Tafel die Frau des Advokaten N.N. beobachtet, die – hungrig wie die Wölfin, jene Amme von Romulus und Remus, – kein Gericht findet, das nach ihrem Geschmack wäre. Jeden Bissen, den man ihr auf dem Teller anbietet, erkundet sie mit dem Gäbelchen genauestens, wendet und dreht ihn hin und her, legt ihn gerade hin und auf den Kopf und untersucht ihn von oben, von unten, von den Seiten, von innen und von außen, beinahe als wüßte sie nicht, von welcher Seite sie ihn zu essen beginnen sollte. Sie runzelt die Nase, schließt die Augen, verdreht den Mund, wenn sie ihn kostet; und wenn der eine fade ist, muß der andere zu stark gesalzen sein; wenn der eine übermäßig süß ist, ist der andere übermäßig bitter; mal ist er zu heiß, mal zu kalt; mal zu hart, mal zu geschmolzen. Sie will weder Fettes noch Mageres, weder Zitrone noch Zucker, kein Öl und keinen Essig, kein Brot und keinen Kuchen, weder Wasser noch Wein, nichts Gebratenes und nichts Gesottenes; sie will kein Übel und kein Pech, das sie verschlingen möge mit all ihren Fresser-Grimassen und ihrer ausgehungerten Prunksucht.[16]

Die affektierte, gespielte Appetitlosigkeit der perücketragenden Damen des aufgeklärten Zeitalters scheint um so bemerkenswerter, wenn man sie vergleicht mit der Freßsucht der wohlriechenden Damen des 17. Jahrhunderts. Geschmäcklertum, Zimperlichkeit, dahinschmachtende Abkehr von den Speisen, gesuchte Geziertheit, zur Schau getragenes Verlangen nach körperlicher Leichtheit und intellektueller Lebhaftigkeit werden zu einer so verbreiteten Mode, daß sie auch die Tischgäste ansteckt. In dem Brief *De' cibi appruovati, e disappruovati dall'uso* (Die von der Mode gebilligten und die nicht gebilligten Speisen) bemerkte der Abt Chiari:

...der Baron N.N. macht alles mit derselben Behutsamkeit, mit der es Narziß machen würde...; er wechselt zu mehr Gerichten, als er Bissen hinunterbringt... Er liebt die Außergewöhnlichkeit und die Geziertheit in allen seinen Gesten, ißt Brot mit der Gabel und Torte mit dem Löffel... Um die delikateste Partie eines Huhns zu suchen, macht er einen Friedhof aus entfleischten Knochen; und er versetzt mit dem Löffel eine Soßenschüssel in einen Wirbelsturm, um auf ihrem Grund einen Röhrenpilz zu fischen. Wenn er in der Nähe einer Dame sitzt, läßt er ihr, um sie angestrengt zum Essen zu bewegen, den Appetit vergehen; nicht zufrieden damit, ihr die Bissen auf dem Teller zu zerlegen, möchte er, daß seine sehr zarten Finger ihr als Gabel dienen und sie wie eine Elster füttern.[17]

In einer so gestalteten Welt, in der der Traum von der Leichtigkeit zum sozialen Imperativ und beherrschenden Gedanken wird, verdoppeln sich die »Vielfältigkeit der Vorlieben« und die Wechselhaftigkeit der Gefühle in der Vielfalt der Lüste. Dabei verweist die Augenlust, das Primat des Sehens, den Reiz der kräftigen Tafelgenüsse auf den zweiten Platz. Und wenn sich neben dem *Tempel des Geschmacks* der *Tempel der Untreue* (»er scheint der Verrat der Tugend zu sein«, dichtete Carlo Innocenzo Frugoni) auftut, scheinen die neuen Priesterinnen dieser mondänen Riten die Speisen und die doch appetitlichen und einladenden Essen eher mit den Augen zu liebkosen als sie mit dem Gaumen zu kosten.

Die Gerichte müssen einen schönen Anblick, eine sanfte, bunte, angenehme, nuanciert lustvolle Landschaft bieten wie eine arkadisch-idyllische Schäferszene, ein ländlisches Fest, eine galante Gartengesellschaft. Es wird nötig, »die Gerichte zu malen und zu gestalten«[18], den Augen »viele Tunken, Farben und Gestalten« darzubieten und gleichzeitig dabei viele »trügerische und fremde Namen«[19] anzuführen. Das Mittagessen soll leicht und wie ein kleines Lied in der Musik komponiert sein, soll einschmeichelnd wie eine anakreontische Dichtung, graziös wie eine *petite poésie* (kleines Gedicht) sein, wie ein Edelstein funkeln oder ziseliert wie eine Kamee, eine Gemme, sein. Die Freuden der Imagination werden präfiguriert und vorgekostet in den nuancierten Freuden der Tafel, die weniger sättigen und befriedigen, als vielmehr suggestiv wirken und empfänglich machen soll für die *rêverie* (Träumerei), die Reise der Gefühle und das *embarquement pour Citère* (Einschiffung nach Kythera). Die *bigarrures de l'esprit* (das bunte Allerlei des Geistes) lieben es, zart von vielfarbigen Pastelltönen, von buntgefleckten und buntgescheckten Erquickungen des Gaumens, von Kleinigkeiten und gezuckerten *petits rien* (kleinen Nichtsen) und erlesenen dragierten *bibelots* (Kleinigkeiten) wachgerufen zu werden, während säuselnde *chansonettes* (Kanzonetten) die Ohren umschmeicheln.

Der Geschmack der Zeit neigte eher dazu, zu sehen und zu hören als zu schmecken und sich einzuverleiben. Das Auge betonte seine Distanz zum Geschmack, indem es sich in dessen behutsame und feinfühlige Antenne verwandelte. Man betrachtete lieber die Blumen als daß man ihre Ausdünstungen roch. Der Frühling wurde in künstliche und erlesene Gärten aus Porzellan, Seide, Leinwand, Papier, Federn – und auf dem Tisch – in »Zucker und Konfekt« einbalsamiert.

Madame de Pompadour lud an einem Wintertag Ludwig XV. in ihre kleine Villa *Bellevue* ein, um ihn mit neuen Schauspielen anzuspitzen, und ihn aus der Langeweile der Eintönigkeit aufzuwecken. Der König saß in einem ganz ausgeschmückten Zimmer, als sich durch die Magie verborgener Maschinen das insgeheim bewegliche Zimmer drehte und ein sehr anmutiger Garten aus ganz feinen und bemalten Porzellangefäßen heraufbefördert wurde, die ihn verschönerten.[20]

Der Graf und Abt Roberti schrieb an eine »sehr feine und edle Dame«, die ihm einen Zimmergarten aus Seide und Leinwand als Geschenk geschickt hatte, und gestand ihr:

ohne eine Reise zu machen und in meinem großen Sessel liegend (den undankbare Menschen schändlicherweise *Lehnstuhl* oder *Faulbett* nennen, als ob er immer die Faulbettliegerei begünstigen würde), betrachte ich mit Muße im Winter 1794 einen Garten auf meinem Schreibtisch... In der Tat waren jene französischen Blumen aus Porzellan. Aber das bedeutet, daß sie ihres Lebens einige Grade weniger gewiß waren, denn sie können leichter zerbrechen. Die Blumen aus leichter Leinwand und geschmeidiger Seide dagegen, die ihr, meine überaus freigebige Dame, mir als freundliches Geschenk geschickt habt, schätze ich mehr als alle anderen, welcher Art auch immer.[21]

Was die »Freude an den Gerüchen« angeht, entfernt sich das 18. Jahrhundert von der »großen sinnlichen Metaphysik«[22] des Barockzeitalters. Dieses war von der »spanischen Metaphysik« der »Duftsalben und der Duftkissen« inspiriert, die nach Italien herübergekommen waren und sich dort zu schwindelerregenden Raffinements aufschwangen und Ekstasen der Wollust bei den »mystischen Feinschmeckern« hervorriefen. Dies ging so weit, daß die »Duft-Akademiker der Toskana... jeden Wohlgeruch verachteten, der nicht ausländisch, schicklich und erlesen war. Und sie rochen an einer Rose lediglich zur Demütigung.«[23]

Die indianische Brühe

Die fortschreitende Abwendung des 18. Jahrhunderts vom vorangegangenen Jahrhundert kann man am Übergang vom komplizierten Geschmack der barocken Schokolade voll starker Aromen zu der schlichteren und unkomplizierteren Schokolade der Aufklärung beobachten, die durch schlichtes Mischen von Zukker und Kakao mit einem leichten Gemisch von Vanille und Zimt zubereitet wird.

In der zweiten Hälfte des 17. Jahrhunderts beobachtete Francesco Redi folgendes:

> Ihre Verwendung ist in Europa ganz allgemein geworden, vor allem an den Höfen der Fürsten und in den Häusern der Adligen. Denn man glaubt, sie sei ein Stärkungsmittel für den Magen und habe tausend andere Wirkkräfte, die der Gesundheit nützten. Der spanische Hof war der erste, der diesen Brauch aufnahm. Und wahrhaftig wird in Spanien die Schokolade in aller Vollkommenheit zubereitet. Aber zur spanischen Vervollkommnung gesellte sich in unserer Zeit am Hofe der Toskana eine ich weiß nicht welche erlesene Vornehmheit aufgrund der Neuheit der europäischen Zutaten. So erfand man eine Art, indem man frische Cedrolimonen- und Limettenschalen und den sehr edlen Duft vom Jasmin beifügte, der, mit Zimt, Ambra und Moschus vermischt, denjenigen, die sich an der Schokolade ergötzen, ein verblüffendes Gefühl vermittelt.[1]

Soviel »erlesene Vornehmheit« mußte freilich in den Palazzi der Medici verborgen bleiben. Das Rezept dafür war ein Staatsgeheimnis, das der äußerst eifersüchtige Cosimo nicht in fremde Hände fallen lassen wollte (so wie er es auch beim »Herz-Jasmin« getan hatte). Die Anweisung, die er seinem Oberarzt und Leiter der Apotheke gab, war strikt. Die Verfahrensweisen und die Dosierungen für die Herstellung der Jasmin-Schokolade durften aus der großherzoglichen »Schmelzhütte« nicht herauskommen. Als 1680 Diacinto Cestoni, ein tüchtiger Forscher am Mikroskop in der Equipe Redis und ein scharfsinniger Apotheker, ihn nach dem Rezept fragte, antwortete ihm Francesco Redi, der gewöhnlich zu allen freundlich war und eine besondere Zuneigung zu dem Naturkundler aus Livorno, einem unermüdlichen Erforscher der Chamäleons, hatte, in einem Brief, aus dem klar sein Mißmut über die ungelegene Bitte durchscheint.

Es tut mir leid, daß Euer Hochwohlgeboren mich um etwas gebeten hat, worüber ich ausdrückliche Anweisung habe, nicht zu sprechen, das heißt, wie man die Schokolade mit dem Jasmin-Geruch zubereitet. Was ich Euch aber sagen kann, ist, daß man sie nicht mit Jasmin-Wasser macht, denn der Kakao verbindet sich bei der Verarbeitung nicht mit Wasser. Und obwohl man ein klein wenig Duft-Wasser beigeben kann, ist dies zu wenig, um der ganzen Schokoladen-Masse den Jasmin-Duft zu geben. Und wenn es viel von diesem Wasser ist, verbindet es sich nicht mit der Schokolade. Ich weiß, daß Euer Hochwohlgeboren diskret ist und sehr wohl weiß, wie weit sie im Reden gehen kann.[2]

Die Verschwiegenheit Redis mag nur dann unerklärlich erscheinen, wenn man sich nicht vor Augen hält, daß der Leibarzt des Hauses Medici, der für die großherzogliche Apotheke verantwortlich und Vertrauens- und ergebener Hofmann war, nicht die Geheimnisse verbreiten durfte, die dem hypochondrischen und wortkargen Fürsten Freude bereiteten. Nach seinem Tod kam das Rezept schließlich heraus, und über Cestoni kam die »Schokolade mit Jasmin-Duft« auf den großen Naturforscher Antonio Vallisnieri. Dort liest sich das Rezept dazu folgendermaßen:

Nimm 10 Pfund gebräunten, gesäuberten und grob zermahlenen Kakao. Genügend frische Jasminblüten, um sie mit besagtem Kakao zu vermischen, indem man Schicht um Schicht in einer Büchse oder einem anderen Gerät übereinander häuft. Man lasse es 24 Stunden stehen, nehme ihn dann heraus und füge ebensoviel Kakao hinzu, indem man wie beim ersten Mal Schicht um Schicht aufeinander häuft, und so gebe man alle 24 Stunden zehn oder zwölf Mal frische Jasminblüten hinzu. Nimm dann 8 Pfund guten weißen trockenen Zucker, 3 Unzen fertige Vanille, VI Unzen fertigen Zimt, 2 Skrupel [= 2,5 g] graue Ambra und mache die Schokolade gemäß der Kunst. Man beachte bei der Herstellung, daß der Stein nur wenig warm sei, aber daß der Hersteller sie bearbeite und nicht vier oder fünf Pfund auf die Masse passiere. Denn wenn der Stein zu sehr erhitzen würde, würde die Schokolade ihren Duft einbüßen.[3]

Das geheimnisvolle Rezept, das eifersüchtig im Tresor der Schmelzhütte des Palazzo Pitti verborgen gehalten wurde und das von gierigen Apothekern und den leidenschaftlichen Liebhabern der »indianischen Brühe« erträumt und ersehnt worden war, würde heute niemanden interessieren. Das Zeitalter der Geruchs-Künstler und das des Cyrano von Bergerac war natürlich auch dasjenige der langen Nasen. Es handelte sich sozusagen um geistige Kanäle, die direkt mit der sehr wertvollen Kammer der Intelligenz, der feuchten Gehirnmasse, kommunizierten. Und diese mündeten ein in das heroisch-komische Epos, in die Meditation über die Physiognomik, in die burlesken Scherzgedichte, in die Erbauungspredigten, in die Abhandlungen der Nasenplastik und in die grotesken und verzerrenden Balladen der Volkspoesie. Es konnte geschehen, daß in Florenz ein geistlicher Redner »in Gegenwart der Großherzogin eine Predigt über die Nasen« hielt und davon »soviele Rassen und so lächerliche« fand, »daß sich, glaube ich, nicht einmal im Land der Nasamonen* so viele finden lassen«.[4] In der zweiten Hälfte des 17. Jahrhunderts übte der Duft und der Geschmack der Schokolade eine unwiderstehliche Anziehungskraft auf die Nasen und die Gaumen von Fürsten und Kardinälen, von Ärzten und Jesuiten aus. Francesco Redi, der gelehrte Oberapotheker, wird zum findigen Spediteur, der die Strategie der Düfte und die Diplomatie der Ambra von Cosimo, dem man schen Sammler von Jasminen und Jasmin-Schokoladen, überwacht. 1689 verläßt den florentinischen Palazzo ein wertvolles Paket an den Pater Paolo Antonio Appiani von der Gesellschaft

---

* Altes nordafrikanisches Volk; hier verballhornt gebraucht. D.Ü.

Jesu, das jene »Schokolade« enthält, »die Ihr wünscht, wie Ihr mir auf Eurem Zettel sagt. Es sind sechs Tafeln verschiedener Sorten, von denen die mit Ambra, die spanische und die mit Jasmin die besten sein dürften.«[5] Im Jahr zuvor hatte er einem anderen Jesuiten, dem Pater Tommaso Strozzi, eine Kiste voller seltener, unerhörter Delikatessen geschickt und einen Begleitbrief, der von Düften nur so strotzte, geschrieben:

Kostet ein wenig das Pulver vom Tonkabaum. Oh, ich glaube sicher, daß Euer Ehrwürden noch nie davon gekostet hat, denn es ist eine neue Mode, und zwar eine Mode, die nur etwas für Persönlichkeiten von hohem Rang ist. Es ist ein reines Pulver, welches von der Mutter Natur ohne auch nur *einen* künstlichen Duftstoff hervorgebracht wurde. Davon schicke ich Euch eine kleine Probe, denn dieses geht nicht alle Christen etwas an. Ich füge einige weitere größere Proben Hyazinth, Vanille, Jonchillen, Maiglöckchen, Ambra, griechischen und reinen brasilianischen Moschus bei... Die Jasmin-Schokolade, die ich Euch in zwölf Tafeln schicke, könnt ihr Euren Freunden in Neapel als Kostprobe bringen.[6]

Lorenzo Magalotti, geheimer Berater, graue Eminenz in Fragen von Gewürzen und Spezereien und Schutzgott von Konfekten, Likören, Parfümen, Pomaden und Duftkissen, hatte von Spanien ein reichhaltiges Notizbuch für aromatische Konfekte mitgebracht. Er war der geheime Küchenchef, der in Redis Hände Rezepte für die Zitrus-Schokolade, die Jasmin-Schokolade, die Schokolade mit Frangipani, die Pastillen und Blüten-Schokoladen gelangen ließ.

So delikate und wertvolle Kostproben konnten nicht ohne Wirkung bleiben. Nachdem der Pater Strozzi zum Kult des neuen Manna bekehrt worden war, schickte er sich (auch mit Bitten des großherzoglichen Leibarztes, durch dessen Hände alle die Wunderdinge gingen, die aus den überseeischen Ländern auf den Molen von Livorno ankamen) sofort an, eine »sehr galante Poesie« zu komponieren. Es war ein langes, destilliertes Rezept in erlesenen lateinischen Versen, in dem der gelehrte Priester, »ein großer Theologe und hervorragender Prediger der Gesellschaft Jesu«, nicht die Techniken, um der ewigen Verdammnis zu entgehen, sondern die »Art und Weise« lehrte, »wie man die Schokolade zu Paste verarbeitet und sie dann in eine Art Getränk verwandelt, wann immer man es zu sich nehmen will«.[7] Die Schokolade und die glückselige Ewigkeit waren nicht unvereinbar.

Die kollektive Schwärmerei für die »Schokolade«, deren Herolde, Besinger, Pioniere und Importeure die Jesuiten waren, scheint die anderen katholischen Kreise und die anderen religiösen Orden nur am Rande ergriffen zu haben. Die Dominikaner, traditionelle Rivalen der Gesellschaft Jesu, und viele andere Orden bezogen Stellung gegen den »Gebrauch oder vielmehr Mißbrauch einiger aromatischer Pflanzen in dem Getränk aus Mexiko mit Namen Schokolade«.[8] Der Pater Giuseppe Girolamo Semenzi, Somasker-Regularkleriker und Theologie-Professor an der Universität Pavia, hatte einige Jahre, bevor der Pater Strozzi sich in die feinsten Geheimnisse der Schokoladenzubereitung versenkte, argwöhnisch die »indianische Brühe« gekostet und vor den in jenem heimtückischen Getränk verborgenen Gefahren gewarnt, das Kraft hatte, das Blut übermäßig zu erhitzen.

> Ein west-indisches Schiff bringt den Lippen
> Der Europäer Zucker aus Brasilien, Nüsse von Bantu.
> Und wohlriechende Waren verschiffen
> Die Molukken und Ceylon von fremdem Strand.
>
> Schäumende Götterspeisen für lechzenden und nichtigen Durst
> Stellen dann Spanien und Holland daraus her.
> Und das unmenschliche Asien balsamiert damit und bekränzt
> Für's kultivierte Italien die Tongefäße.
>
> Mal heißt es die Vanille, mal der Kakao,
> Und ihre erhabene Pracht voller Düfte hindert nicht,
> Daß sie in Memphis und Rom getrunken werden.
>
> Oft freilich entflammt das ausgetrocknete Blut
> Wegen warmem und zu viel genossenem Aroma.
> Daher macht der Genuß ein Gift aus dem Heilmittel.[9]

Ein mißbilligender Ton gegenüber der Welle von Exotik, die in die diskretesten Heiligtümer des »nicht barbarischen Europa« einzudringen begann, scheint das Sonett des Ordensmannes der Somasker zu durchziehen. Der Kakao, mit dem man »schäumende Götterspeisen« und warme Schokoladen zubereitete, um »lechzenden und nichtigen Durst« zu stillen, wird mit derselben unverhüllten Geringschätzung betrachtet, die den chinesischen Porzellanwaren vorbehalten war, mit denen das »unmenschliche Asien« das »kultivierte Italien« überschüttete.

Nicht alle Kreise der katholischen Welt akzeptierten mit der gleichen heißen Begeisterung die Einführung der Schokolade in die sozialen Rituale – nicht so sehr wegen des spanisch-klerikalen Charakters (wie voreilig geschrieben wurde)[10] dieses katholisch-jesuitischen Getränks als aus medizinischen und ökonomischen Gründen.[11] Der Kaffee dagegen, der – einer oberflächlichen Geschichtsschreibung zufolge – als Getränk bezeichnet wird, das der protestantischen Ethik zusagte und Symbol für die bürgerliche Betriebsamkeit und den nordischen merkantilistischen Aktivismus sei, fand in vielen katholischen Kreisen im südeuropäischen Raum Zustimmung und Hochschätzung.

In einem anderen Sonett seiner *Mondo creato*, das diesem neuen Getränk gewidmet war, läßt derselbe Somasker-Theologe die »Mittel der heilbringenden Pflanzen« Revue passieren und stellt hier den »Kaffee oder Cafè als »Getränk [vor], das man aus der Frucht eines Strauches aus dem Glücklichen Arabien [= Jemen] macht, von wo sie nach Italien gebracht wird.

> Es kocht eine Frucht, von östlichen Sträuchern gebrochen,
> In gehöhltem Kupfer und in gewelltem Silber.
> Mit einer Mischung von schaumigem Zucker
> Wird milder das warme, abgeschreckte Naß.
>   Es entsteigt Dampf, eine geschätzte Wolke,
> Für kranke Nacken ein duftendes Gegengift
> Schenkt lebenspendenden Saft, ein schmackhaftes Bad,
> Geläutertes Rinnsal für die betrübte Brust.
>   Ich trinke den indischen Schluck in lieblicher Tasse,
> Und vereint mit dem Kaffee auf lebenspendender Kola-Frucht

Ist es die heilende Kraft und die zufriedenstellende Heiterkeit.
Deshalb tröstet sich die Menschheit zu Recht;
Wenn der Welt innere Teile mit Wunden bedeckt sind,
Hat noch die Kehle Labsale aus Arabien.[12]

Trotz der Vorbehalte von Ärzten und Ökonomen erlebte die Schokolade (die unter anderem – der maßgeblichen Ansicht vieler berühmter Theologen zufolge – das Verdienst hatte, nicht die Fastenzeit zu unterbrechen) einen Triumphzug, dem der ebenso unaufhaltsame des Kaffees zur Seite stand. In wenigen Jahrzehnten war der Sieg soweit konsolidiert, daß sich schließlich sogar der Weingott Bacchus, der an den Küsten Amerikas gestrandet war, zum neuen Getränk bekehrte:

Dann machte sich zurecht
Mit ruhigem Antlitz
Die feuervolle Gottheit:
Dieses Getränk, o meine Mänaden,
Sagte sie sehr heiter,
Dieses Getränk, o meine Satyrn,
Ist lebenspendend und trefflich
Und heißt Schokolade
In amerikanischer Sprache.[13]

Die Katastrophe der wankenden Gottheit war vernichtend. Nur einige Jahrzehnte zuvor hatte sie hoch und heilig geschworen, daß niemals eines der neuen Getränke ihre Lippen zu benetzen imstande sei:

Niemals wird es geschehen, daß ich mich
Der Schokolade oder des Tees bediene.
Derlei Arzeneien werden niemals
Etwas für mich sein.
Eher würde ich Gift trinken
Als ein Glas, das voll wäre
Mit bitterem und schuldigem Kaffee...

Sie hatte sich nicht nur darein geschickt, das »himmlische Getränk«[14] »aus indischen Stauden / ein süßer und makelloser Saft«[15]

(den Metastasio der Phyllis empfahl und ihr das Rezept beibrachte) zu trinken, sondern hatte auch die äußerste Schande erleiden müssen, »einen so ekligen, / so schwarzen und trüben Trunk« zu schlürfen, jenes widerliche, von den Furien erfundene Höllengetränk, das Sklaven und Wasserträger verdienten.

Das Reich des Weingottes Bacchus war im 18. Jahrhundert durch eine schwermütige Abfolge von Rückschlägen gekennzeichnet. Der Kaffee überschwemmte Europa, die heiße Schokolade löste allgemein Süchte aus, England wurde in der zweiten Hälfte des Jahrhunders »the Land of Tea« (H. Honour), und schließlich gelang es dem Obstwein, in Italien Fuß zu fassen. Nachdem dieser von Magalotti, der das Kurzepos von John Philips, *The Cider*, übersetzt hatte[16], besungen worden war, schien er in die Gunst Cosimos III. zu kommen – unter riesigem Mißfallen und unziemlichen Ausfällen eines toskanischen Bacchus, der wütend war wegen der »schändlichen Obstlese« von »schönen taubenetzten Äpfeln«[17] in den Gärten des Palazzo Pitti unter den zufriedenen Blicken des vorletzten Großherzogs.

Tassen, Täßchen und Schokoladekannen kamen hinzu, um Teil des häuslichen Panoramas von Palazzi, Villen, Bischofssitzen, Klöstern und wohlhabenden Häusern zu werden:

> Erstes Getränk,
> Das den Siegerkranz trägt
> Und alle aussticht,
> Ist die Schokolade,
> Die unter hohem Schaum
> Brodelt und dampft.[18]

Man sah neue Mißbräuche und gab sich bisher unbekannten Ausschweifungen hin. Gewisse maßlose Feinschmecker gaben sich bis an die Grenze zur Giftabhängigkeit übertriebenen Trinkgelagen mit mexikanischem Nektar hin. »Reichen sollte eine einzige Tasse, die man drei oder vier Stunden vor dem Mittagessen einnimmt. Und sicher treffen einige Leckermäuler für ihre Gesundheit schlechte Vorsorge, die genau wie die Laufburschen von

Rom an allen Straßenecken der Stadt herumstreifen und drei oder vier Tassen am Morgen trinken, wenn man sie ihnen macht.«[19]

Wenn es sich nicht um Mißbräuche handelte, waren es sicher Irrtümer im Umgang, Unsicherheiten im Gebrauch, Überspanntheiten von Neulingen und abenteuerliche Vertrauensseligkeit, die die Verwendung des Kakao in der erste Hälfte des 18. Jahrhunderts charakterisierten, als das Zermoniell noch nicht feststand und die Techniken der Zubereitung noch in einem wirren Experimentierstadium hin- und herschwankten.

> Einige sind so töricht,
> Daß sie den Schaum, der sich
> Über den Rand der Tasse erhebt,
> Mit dem Atem wegblasen.
> Und manch einer bringt einen Trinkspruch aus,
> Wie es an der Tafel üblich war,
> Wenn man Wein trinkt,
> Und leert mehrere Becher.
> Die Spagiriker denken daran,
> Angenehme Schnäpse zu machen
> Und mit Schokolade aufzugießen,
> Und kreieren eine neue Tinte.
> Mir bereitet großes Mißfallen
> Eine sehr schlechte Erfindung,
> Mit der man das Getränk verdirbt,
> Indem man schwarze Pasten zumischt.
> Und wenn das auch haushälterisch ist,
> Scheint es mir nicht richtig zu sein.
> Auch bin ich nicht recht überzeugt
> Von denen, die bisweilen mit Schokolade
> Ihren Tabak parfümieren
> Und sich damit die Nase beschmieren.
> Doch ohne Ekel komme ich nicht vorbei
> An einigen Sekten von Leckermäulern,
> Die das klare Wasser stehen lassen
> Und ihn mit fetter Brühe trinken.
> Und mich ekeln, meiner treu, jene,
> Die ihn mit Kaffee mischen
> Oder mit Wasser von Kräutertee.

Es gibt welche, die geben Eigelb hinein.
Doch ein riesiger Mischmasch
Und ein trügerischeres Gemisch
Als dieses begegnet mir nicht...
Auch die Köche mit ihren Launen
Geben ihn in die Pasteten hinein
Und stecken ihn in viele kleine
Pastillenschächtelchen
Hinein.
Doch nichts anderes bewirken sie,
Als ein gutes Getränk
In fade Speise zu verwandeln.
Mancher Koch, dem in der Küche
Der Käse ausging,
Verteilte über einer edlen kleinen
Polenta zwei gut geriebene
Kugeln Schokolade.
Und diese Neuheit war so willkommen,
Daß die Meisterköche (Apici) das Rezept dazu wollten.
Zum Mittagessen bei einem Gastmahl
Kostete ich sie in einem Sößchen.
Um es aber klar zu sagen,
Regte sie nicht den Appetit an.
In den Nougat wird sie bereits gegeben,
In den Torten nimmt sie die erste Stelle ein.
Ja, ich warte darauf, eines Tages
Wird der Koch die Wachteln damit rösten,
Doch die Hostien davon ausnehmen
Oder sie zumindest nur daneben legen.[20]

Zu so vielen »Unsitten«[21] rechnet Francesco Arisi, der diesem »köstlichen Getränk, für das die Kelche in den majestätischsten Zimmern der ehrwürdigsten Fürsten und der Prälaten hergerichtet wurden«, ein langes Loblied gewidmet hatte und damit dem Bischof von Cremona, Alessandro Litta, seine Aufwartung gemacht hatte, den tadelnswerten Brauch hinzu, sie eiskalt und nicht siedend heiß zu sich zu nehmen. Er tadelte

...jene sehr geschmäcklerischen Leute,
Die im Juni und im Juli

> Und an den Hundstagen
> Die Schokolade verschlingen,
> Eiskalt, sehr eisig,
> Und in Stückchen von Eis
> Mit Wohlgefallen hinunterschlucken...[22]

Tatsächlich neigte das 18. Jahrhundert, was den Wechsel von kalt und warm, eiskalt und siedend heiß angeht, zu einem nachgiebigen und toleranten Eklektizismus. Wenn der Sieg über das in die eiskalten Flüssigkeiten verliebte 17. Jahrhundert deutlich war, wenn der Vormarsch und endgültige Triumph der warmen Getränke wie der des Kaffees, des Tees, der Schokolade unwiderstehlich war, war die erneute Zuneigung zu den Sorbets, dem Eis, den Sirupen, den eiskalten Wässern und Getränken ebenso allgemein: etwa zum »Mandelwasser«, zum »Milchwasser«, zum »Limonenwasser«, zum Zitronenwasser, zum Jasminwasser und zum Limettenwasser.

Das Barock-Zeitalter war vom süß-sauren Inkubus des »Klistiers«, der großen und schrecklichen Purgierungen (der Argan bei Molière verkörpert den berüchtigsten Prototyp für diese niedrigen analen Zwänge) beherrscht; ebenso wurden in dieser Epoche die großen Diskussionen über die soziale und therapeutische Verwendung des Tabaks geführt. Gegen jenes wunderbare Kraut, das vor kurzem in Europa angelangt war, zog auch Jakob von England mit einer scharfen Streitschrift, dem *Counter-blaste to tobacco*, zu Felde und zog über »this vile custom of tobacco taking« (diesen eitlen Brauch des Tabak-Rauchens und Tabak-Schnupfens) her. Es war auch die Epoche, die die Kälte-Techniken verwendete, um die Bereiche des Vergnügens zu erweitern und zu bereichern. Ein »Kultur«-Matador wie der Kardinal Moncada mit seinen wollüstigen Duft-Klistieren stellte keinen Sonderfall dar. Wenn der »Luxus«, den warmen Rauch des Tabaks mit einem Röhrchen durch den After einzuleiten, in Anbetracht des Vorigen sehr triftige Gründe *pro sanitate tuenda* (hinsichtlich der Gesundheitsvorsorge) hatte, ist er doch nicht frei vom Verdacht, durch verwickelte und komplizierte Techniken zugleich Gesundheit und Wollust bei sich einzuschmuggeln.

Noch bemerkenswerter ist..., daß heute in allen fremden Gegenden und auch bei uns viele Menschen sicher und ohne Gefahr den Rauch des Tabaks durch den Mund einnehmen und damit dergestalt den Gaumen und alle angrenzenden Körperteile tränken. Diesen können sie meisterhaft durch die Augen, die Ohren und die Nasenlöcher wieder ausstoßen. Darin ist der luxuriöse Aufwand soweit fortgeschritten, daß man eine einfallsreiche und sehr bequeme Methode entdeckt hat, jenen Rauch durch einige im Schnee verborgene Kanälchen zu leiten, aus denen er dann so gekühlt austritt, daß ihn der kälteste Nordwind beneiden müßte. Viele, die nicht damit zufrieden sind, ihn durch den Mund einzunehmen, füllen sich dagegen mit neuer Kunst und neuem Werkzeug in Form eines Klistiers mit jenem – jedoch warmem – Rauch die Därme und finden es bei vielen, sehr hartnäckigen Krankheiten und besonders bei kolikartigem Schmerz förderlich.[23]

Die Ambivalenz in der Verwendung des Tabaks (kalt durch den Mund und warm durch den After) spiegelt sich wider in der Praxis des Trinkens und der gedoppelten Ernährungsweise, die die neuen überseeischen Erzeugnisse in die Welt der Reichen einführen. Die Kalt-Getränke freilich waren in der zweiten Hälfte des 17. Jahrhunderts eines der deutlichsten Zeichen für die Befreiung von einem veralteten medizinischen Kanon gewesen, der die Verwendung von schneegekühlten Getränken bei Fieberzuständen verbot. Es war vielleicht der eindeutigste Schlag gegen das (im übrigen noch sehr stabile) galenische Lehrgebäude, »schließlich an schwerem Tag die Leber erlegt [zu haben], die in ihren Tagen so viel Blut vergoß«.[24] Die modernen Anatomen, bemerkte Magalotti geistreich,

haben allen Irrtümern der Alten den Krieg erklärt. Und nach einer langen Wechselfolge von Entdeckungen und von Siegen... haben sie sie [die Leber] als gemeines und beinahe unnützes Eingeweide des Postens enthoben und haben sie schließlich lebendig begraben und ihr Begräbnis in Schimpf und Schande, nicht etwa ehrenhalber begangen.[25]

Die Entthronung der Leber und die Erklärung des Untergangs ihres »Reichs«, die 1653 in einem denkwürdigen Epigramm vom berühmten dänischen Anatom Thomas Bartholin proklamiert wurde, hatten zu einer ungewöhnlichen Tendenzwende in der Therapie einiger Krankheiten geführt. Von berühmten Ärzten wie Redi wurden jetzt »Fressereien von Weichselkirschen, die im Tau gepflückt« und am Morgen nüchtern verzehrt werden sollten, Frühjahrs-Entschlackungen mit Erdbeer-Gebäck, »Breie aus gemeinen Feigen« und »bei Drei-Tage-Wechselfieber... eine Tasse Weichselkirschen oder rot gesprenkelte Pflaumen in Schnee« empfohlen.[26]

Seit der ersten Hälfte des 17. Jahrhunderts nämlich hatte der Wechsel eines alten wissenschaftlichen Paradigmas (die Entdeckung der zentralen Stellung des Herzens und die Herabstufung der Leber zu einem »gemeinen Eingeweide« und gleichzeitig damit die Überwindung der »irrigen und so schädlichen Meinung, man müsse den Magen kühl halten«)[27] zur revolutionären Neuerung in der Therapie von Fieberanfällen geführt. Diese Praxis war in der alten Medizin streng verboten, die nunmehr in die vom Wind der modernen Wissenschaft nicht berührten Länder verbannt war und in Spanien, einem im Vergleich zu Italien, Frankreich und England kulturell sehr rückständigen Land, überlebte. So berichtete Magalotti 1680 in einem seiner Briefe gegen den Atheismus folgendes und zeichnete dabei ein einzigartiges kleines Bild vom spanischen Leben, wo die reichen Kranken sich »Augenträken« hingaben:

In Madrid war vor ungefähr vierzig Jahren ein Mann, der in den Sommermonaten eine seltsame, doch immerhin galante Rührigkeit an sich hatte. Er ging in die Häuser der Fieberkranken in den Stunden, da diese glühten. Und weil um diese Zeit das Erleiden des Durstes die gleiche Wirkung für das Fieber hat, wie ihm jetzt das Trinken guttut, gab er ihnen auf folgende Weise durch die Augen zu trinken, was sie nicht durch den Mund trinken konnten. Er trat vor ihr Bett und hielt mit beiden Händen einen großen Kühlkübel aus Kristall hoch, der ganz mit Eis beschlagen war und vom Eis des Wassers, wovon er voll war, triefte. Dann brachte er einen Trinkspruch auf das Wohl des Kranken aus, näherte sich seinen Lippen und schloß die Augen und trank alles auf einen Zug mit derselben erzwungenen Sanftheit, mit der andere einen Krug von wenigen Unzen hinuntergießen. Dies sagte mir mein Bruder, der sich bereit fand, jeweils eine Dublone für diese Augenträke zu bezahlen. Und man wird es nie aussprechen können, was er in einer Mischung aus Naschhaftigkeit, Erquickung, Staunen, Vergnügen und Dahinschmelzen fühlte.[27]

Francesco Redi (er war der Magenkranke, der sich mit einem »Brei aus gemeinen Feigen« kurierte), Arzt mit klugen Ratschlägen und aufgeklärter Skepsis (»Nach so vielen Jahrhunderten«, sagte er lachend, »da es Ärzte und Dichter gibt, falle es ihm nicht weniger schwer, ein neues Rezept in der Medizin zu finden als einen neuen Gedanken in der Liebe zu haben.«)[29], wurde zum überzeugtesten Verfechter der Verbindung von Eis und Wein.

> Wenn es nur Eis ist – und zwar reines,
> Eis, das in der frostigen Jahreszeit
> Der kälteste Nordwind durch den Himmel bläst.
> Kleine Keller und Eiskühler
> Seien zu jeder Stunde bereit
> Mit sauberen Sprühflaschen,
> Eingeschlossen und eingezwängt im Reif
> Des kristallenen Schnees.
> Der Schnee ist das fünfte Element,
> Mit dem man das wahre Getränk versetzt.
> Wahnwitzig ist wohl, wer beim Trinken
> Ohne Schnee Freude zu finden hofft.
> Komme doch aus Vallombrosa
> Schnee in Hülle und Fülle,
> Komme doch aus jeder Hütte
> Schnee in großer Menge...[30]

Der toskanische Bacchus, der »sehr ausdauernd war, / in der größten Eiseskälte leben zu wollen«, hatte eine Kältetechnik übernommen, die sich natürliche Grotten oder künstliche Tanks (die »Sammelbecken«, wo man den von den höchsten Gebirgsketten des Apennin, hertransportierten Schnee einstampfte) und ein ingeniöses Glasgefäß, den Eiskühler, zunutze macht. Diesen »füllt man mit Wein, den man kühl stellen kann, weil jener Kübel in der Mitte einen Hohlraum hat, in den man Eis- oder Schneestücke legt. Und er hat einen langen und dicken Hals, der auf der einen Seite wie bei einer Gießkanne emporragt. Heute [zur Zeit von F. Redi] findet er keine große Verwendung mehr. Und am Hof nennt man jene Gefäße aus Silber oder einem anderen Metall Eiskübel, die eine oder mehrere Glaskaraffen fassen können und zum Kühlen von Wein oder andern Eiswassern dienen.«[31]

Der Niedergang des gläsernen Eiskühlers, der durch den metallenen Eiskübel ersetzt wurde, ist begleitet von der Entwicklung und der Veränderung des Tafelstils. Dieser geht von der pompösen, einseitigen Repräsentation des Banketts in der Renaissance und im Barock über zu seiner Aufsplitterung in eine Reihe intimer Zeremoniells im 18. Jahrhundert, bei denen sich die warmen und kalten Getränke je nach den Stunden am Tage abwechseln. Die warmen Getränke scheint man während der Zeit am hellen Tag zu bevorzugen und man liebt dazu die privaten Stunden in kleinen Räumen (das Schlafzimmer, das Boudoir). Tee, Kaffee, Schokolade nimmt man in einer intimen und privaten Sphäre ein, beim Frühstück am Morgen (*petit déjeuner*), das vom *lever* oder dem Aufstehen begleitet wird, oder beim nicht-offiziellen Essen, bei formlosen und vertraulichen Treffen (*petit souper*). Die kalten Getränke schließen sich – außer bei den sommerlichen Imbissen – vornehmlich an das Gala-Diner und die feierlichen Empfänge an. Schokolade-, Tee-, Kaffeekannen und Sorbetgefäße teilen sich die Stunden des Tages und unterteilen die vier Jahreszeiten. Die Abwechslung von warmen und kalten Getränken kennzeichnet die Abkehr von den altmodischen Essen, die von den schnee- und eisgekühlten Getränken beherrscht waren. Das gesellschaftliche Theater schwankt zwischen einer »teils siedend heißen, / teils eiskalten / Fiktion«. Man ist Gefangener eines »einschmeichelnden« und eines »heuchlerischen«, »schurkischen Hofes«, von dem es »eine kalte und eine warme«[32] Version gibt.

12

Namen, um Hunde verrückt zu machen

Mit dem allmählichen Übergang vom 17. ins 18. Jahrhundert, als die Tage schneller dahinfließen und die Nächte hell beleuchtet sind, als die Gegenwart durch die Widerlegung der Vergangenheit sich reformiert, scheint das alte, erprobte Zusammenwirken von Mund und Nase langsam abzubröckeln. Gewisse Einzelpersönlichkeiten des »kleinen« Barock (d.h. Spätbarock, das sich der Kleinkunst zuwendet, d.Ü.), des 17. Jahrhunderts am Übergang zur arkadischen Schäferdichtung, treten von der Bühne ab. Ein »ganz gelehrter Edelmann« wie der Ritter Giovan Battista D'Ambra, florentinischer Fin-de-siècle-Dandy, Ästhet und Freund Magalottis, bei dem »selbst der Mund und die Nase meisterhaft«[1] waren (so stellte ihn der exzentrische Anatom Lorenzo Bellini vor, der die Werkzeuge des oralen Vergnügens in seinem *Gustus organum novissime deprehensum* [Neuestes Handbuch des Geschmacks] 1665, untersuchte), wird eine immer seltenere Persönlichkeit. Dieser Ritter war von einem aufreibenden und exklusiven Geruchswahn besessen, von einer Mystik der Aromen, die sich nach höheren Stufen der Erkenntnis zu sehnen scheint, die nur über eine Erweiterung der zwischen den Erleuchtungen und den Duft-Intuitionen dahinschwebenden Seele zu erreichen sind. Er war Priester eines geheimen Kultes, der wenigen Initiierten vorbehalten war und an die Ketzerei des monopolistischen Privilegs esoterischer Erkenntnis grenzte, die jenseits der Schwelle der logischen Systeme intuitiv erfaßt wird. Der Ritter D'Ambra »erfindet tausend auserwählte Gerüche, / macht Fächer und Kisselchen, / macht süße Parfümfläschchen / und sehr kostbare Parfümflakons, / macht Duftkissen, / macht Geldbeutel, / die sicherlich perfekt sind; / ... bis von den Bergrücken Perus / und aus den Wälder von Tolu / läßt er kommen, / so hör ich sagen, / tausend Würzen und vielleicht noch mehr...[2]. Er war ein manischer Sammler eines wirren botanisch-pharmakologischen Krims-Krams im Geschmack des 17. Jahrhunderts und hätte sich im Kabinett der neuen Philosophen nicht wohlgefühlt. Die Geruchsmystik ist vielleicht in einem Klima snobistischer Reform der neuen Wissenschaft als »schwache«, morbide und verschwommene Antwort auf eine massive und ausschließliche Goemetrisierung des Kosmos und der menschlichen Kenntnisse entstanden, die der unerschütterlichen Logik der Zahlen und der kalten, geruchslosen Geometrie der Formen überlassen wurden. Sie kann daher nicht eindringen in die Salons des 18. Jahrhunderts, die sich dem Kult der exakten Wissenschaften hingeben; auch kann sie nicht in einem kulturellen Milieu überleben, in dem die Indiskretion der Düfte und die Geruchsspionage zu stark die Privatsphäre verletzen. Denn diese wird nach außen abgeschirmt durch einen Schleier würdevoller und mathematisch abgewogener Sensibilität, die sanft polychrome, zart abgetönte und in graziösem und miniaturisiertem Maßstab verfeinerte Formen liebt. Es liegt hier eine andere Sphäre des Übergangs vom Superlativ zum Diminutiv, vom Übertriebenen zum Vernünftigen vor.

Dieser Edelherr, letztes Exemplar einer Fauna des 17. Jahrhunderts, die im Aussterben begriffen ist, destilliert, dem Brennkolben ergeben, Düfte und selektiert Würzen in perfektem wechselseitigem Zusammenspiel von Mund und Nase. Die wohlabgetönte und vielfarbige Küche, bei der alles aufs Sehen und die feine Aufgliederung, das Nebeneinander, aber nicht das Durcheinander ankommt, diese Küche des Auges des 18. Jahrhunderts liegt nicht in seiner Zuständigkeit.

> So ist ihm, immer spaßend und guter Dinge,
> Der Wohlgeruch und seine Nase das Wichtigste.

Denn so gelehrsam ist er, bis ihm das Niesen
Zum Urteilsspruch gerät,
Den man beim Tribunal der Duft-Kenner
Am Verhandlungstag anführt im Beisein
Der allergrößten Feinschmecker,
Deren Erzvater Magalotti ist.

Denn ohne die Blüte des Feinschmeckertums
Kann dieser echte Riecher nicht gedeihen,
Weil Mund und Nase im Guten wie im Bösen
Immer von einer Sippschaft waren.
Und es scheint, daß zwischen ihnen abgemacht ist,
Daß der Geruch und der Geschmack nur etwas gelten,
Wenn auch für die Nase gut ist, was mundet,
Und auch das gut ist, was man den Mund riechen läßt.

Also geht bei ihm die Parfümierkunst
Hand in Hand mit feiner und vollkommener Geschmackskunst.
Und ein Kurier oder Eilbote bringt die Rezepte
Von einem eigens für ihn geschaffenen Schlaraffenland,
Und man spart keine Mühen und Kosten;
Denn auf die Probe folgt das Rezept...[3]

Und dennoch antizipiert Giovan Battista D'Ambra, der Großmeister der Akademie der Parfümeure der Toskana, »die immer die Rezepte der Infantin Isabel und von Don Florenzo de Ulloa zur Hand hatten und Herrschaften waren, die jeden nicht fremdländischen, würdigen und erlesenen Geruch verachteten«[4], die Leidenschaft des 18. Jahrhunderts für die Chinoiserien, für die Exotik des Orient und der Tropen, antizipiert den Geschmack am Porzellan, den Nippsachen, den Möbeln, den aus dem fernen Katai (China) und dem noch weiter entfernten Cipango (Japan) importierten Salonnippes.

Die eklektische Sammlertätigkeit, die Wissenschaft der Kuriositäten hatte den Ritter D'Ambra dazu gebracht, in seiner Wunderkammer im spät-barocken Stil, die noch nicht in ein naturgeschichtliches *cabinet* transformiert war,[5] alle Wunderdinge anzuhäufen, die das westliche und das östliche Indien aufweisen konnten. Es litt aber noch unter der ins Gigantische verstiegenen

Sammlerwut des 17. Jahrhunderts. Sie stand in völliger Übereinstimmung mit der hypertrophen Architektur des Palazzo und Magazins, wo die gewandte florentinische »Manier« in schreiendem Widerspruch zu der exotischen »Barbarei« stand und gleichzeitig mit ihr koexistierte.

>   Und mit diesen seinen majestätischen Formen
>   Triumphiert er nicht nur unter dem toskanischen Himmel,
>   Sondern hat auch die beiden Indien schöpferisch gemacht,
>   Die vom chinesischen bis zum peruanischen Himmel reichen,
>   Und aus ihren künstlichen und natürlichen Gaben
>   Hat er eigenhändig ein Kabinett gemacht,
>   Das der Gemmen und des Golds wegen einzigartig auf der Welt ist.
>   Und nur der Großmogul hat noch ein etwas größeres.
>
>   Und seinem Kabinett entspricht seine übrige Wohnung,
>   Welche ein herrschaftlicher Palast ist,
>   Bei dem der barbarische und der toskanische Stil
>   Sich in der Architektur durchdringen
>   Und Japan und Brasilien verborgen sind.
>   Es sind aber ein Japan und Brasilien auf römische Art,
>   Bei dem es wegen des großen Prunks und der hohen Bildung
>   Scheint, daß in jedem Zimmer ein Papst wartet.[6]

In seinen Beständen botanischer Wunderpflanzen hatte der anspruchsvolle Liebhaber von pflanzlichen Kostbarkeiten und Altertümern »die seltensten Pflanzen, die beide Indien aufzuweisen hatten«, gesammelt.

>   Und tausend gegerbte Felle und tausend Blumen
>   Schließen sich dem an, alle mit außergewöhnlichem
>   Und neuartigem Duft und neuen Farben
>   Und so viele Erdböden, in denen die Pflanzen sind,
>   Die alle vom Ausland herkamen,
>   Und vom Süden und Norden, vom Westen und vom Osten.
>   Und hier gibt's selbst Tonking-Erde,
>   Die das Rötliche goldig werden läßt.[7]

Da gab es Blumen, gegerbte Felle, Kräuter, Erden, Bäume mit barbarischen Namen, so daß »es schon genügt, die Bäume zu benennen, / die die Szepter zu indischen Kronen machen, / falls du Verzauberte heilen willst / ohne weitere Exorziersalbe«.[8]

> Iraperanga, sercandam, mambù,
> Totake, rametul, coatl, chaoba,
> Tunal, tamalapatra, araticù,
> Cacakuaquahuitl, hacchio, bacoba,
> Calampart, anda, munduyquacù
> (Denk, ob der Teufel wohl diesem Zeug standhält)
> Baobat, ietaiba, quaichtlepopotl,
> Bonduch, arecca, acajarba, achiotl.[9]

Kakao, Tabak, Paprika, Chinachina, Koka..., Namen, die teils aus westafrikanischen, ostindischen, malayisch-indonesischen Sprachen oder südamerikanischen Indianersprachen übernommen worden sind. Europas botanische und pharmazeutische Schatzkammer begann schwindelerregend anzuwachsen. Als König unter allen Duft-Kennern ragte der »schreckliche Graf«, der »schwierige Magalotti / Erzvater der Satrapen und der Leckermäuler« empor.

> Er redet emphatisch,
> Er denkt ekstatisch,
> Er weiß mehr als ein großer Sprachlehrer,
> Er geht größer als zwölf Nimrods einher.
> Das ist er, der Magalotti.[10]

In der »kapriziösen Ansprache« in der florentinischen *Accademia della Crusca* »zum Mahl (stravizzo) am 13. September des Jahres 1699« zelebrierte Lorenzo Bellini, der »kapriziöse Redner« des Abends, jener grillenhafte Anatom und Autor der *Bucchereide* (Loblied auf die duftenden Bucchero-Erden), sich selbst mit sanfter Despotie, indem er sich unter den Schutz und Schirm von Magalotti, den »Helden der Nase« und großen Matador in Fragen der Düfte, der in der Akademie »der Erhabene« genannt wurde, stellte.

Er ist für Euch jenes schöne Stück akademischen Hausrats, jener Tyrann ganz aus Geist und Geist aus Scheiben von Orakel-Fruchtfleisch und von Geheimnis-Eingeweiden, durchmischt und angeschwollen von strebsam aufkeimenden Samen der Ideen-Welten und des Ideen-Marks. Er ist Euer Erhabener, dessen Güte Ihr deshalb zu Dank verpflichtet seid, und nicht mir, wenn Ihr heute abend jemanden habt, der Euch belustigt. Und er hat etwas kapiert von Gog und Magog durch die vielen Korrespondenzen, die er selbst mit den Grönlandwalen und Spunden aus Nankang in Südchina führt. Und er will außerdem, daß ich Euch von seiner Seite sage, Ihr möget den kapriziösen Redner, den Ihr auf diesem Katheder seht, recht feiner Hochachtung für würdig halten...[12]

Aber unter der Perücke des Akademikers lugte eine Nase hervor, deren »Nasenpapillen, gleichsam die Stickereien und der Schleifenzierrat des Hemdes dieses Sinnesorgans«, einen »ständigen Reiz der Sinnenwelt« hervorriefen. Dieses setzte durch »geistige Inhalation« ein außerordentlich begriffsfähiges Gehirn in Bewegung, das in der Lage war, sich von den Duftessenzen zur himmlichen Metaphysik zu erheben. Hinter »jenen schönen Wangen, die mit Bier besprengt, mit Butter gedüngt und überladen sind« (wie ihm Francesco Redi scherzenderweise schrieb und ihm »tausend recht aromatische Küsse« zusandte)[13], verbarg sich ein »Geist, der ganz auf die vorzügliche Vervollkommnung in seinen Unternehmungen bedacht war...[14]

...auch in den bescheidenen und kleinen Dingen war er erhaben und groß. Seht ihn an, wie er in die Düfte versunken ist, wie er mit Blüten und Bucchero-Gefäßen umgeht und Duftnoten zubereitet und auf andere Weise, so würde einer wahnwitzigerweise urteilen, die Zeit verliert... Er erniedrigte sich nicht vor bescheidenen Dingen, sondern erhöhte sie. Ebenso verlieh unser Erhabener den kleinen Dingen Glanz, erhöhte die niedrigen Dinge, adelte die gemeinen Dinge und führte alle Dinge mit seinem sehr geläuterten Geschmack, den er hatte, erlesener Vervollkommnung zu. Und diese selbst, die dem unwissenden Volk als Morbidität und übermäßiges Zartgefühl erschien, war nur der Wunsch nach Perfektion...[14]

Als unnachgiebiger Mysterienpriester dieser »genießerischen Liturgie« der Gerüche brachte er es soweit, daß sogar seine Diener, selbst die rohesten, die nicht einmal Thymian von Majoran unterscheiden konnten, nach und nach »bei den erlesensten Beizen das i-Tüpfelchen« herausfanden. Sie lernten, durch Schnuppern, ich sage nicht die drei Grundessenzen der Parfümerie, Ambra, Moschus und Zibet, zuzubereiten, herauszufinden und zu erraten, denn dazu bedarf es wenig, sondern Blüten und Zitrusgewächse, Wurzeln und Kräuter, Paradiesholz vom Aloëbaum und Zedernholz, Chacarandaholz und Kalambaholz, Aloëholz und Ginseng, Gummis und Harze, Tragant und Balsam, Animeharze und Chinachina, Fetton-Erden und Bucchero-Erden und viele andere

Namen, um Hunde verrückt zu machen
Und um einen Friedhof in Schrecken zu versetzen.[15]

Quintessenz der Säfte

In den »großen Sälen« der Palazzi mit den »goldenen Dächern«[1] »zeigt und verteilt« die Tafel des 18. Jahrhunderts »mit dem von reinem Silber schimmernden Busen / und den fremdländischen Tongefäßen ihre wohldurchdachten und erlesenen Aromen«[2]. Es sind feine und pastellartige Aromen, die reflektiert und überlegt sind entsprechend dem Stil einer abgewogenen und durchkomponierten Küche, die für geistreiche und gewitzte Tischgäste, für feinfühlige, »herausgeputzte Stutzer«[3] und gewandte Damen ausgedacht wurde. Diese bewegten sich – entsprechend den Rhythmen und Kadenzen der neuen Gestik – zwischen sehr feinen Silbersachen und Einrichtungsgegenständen, zwischen luftigen und sehr zierlichen Porzellangefäßen, die mit ihrer Zerbrechlichkeit den gleichen *esprit de finesse* wie die Hände derer, die sie hielten, auszudrücken schienen. Es waren feine Porzellangefäße aus »sächsischer Tonerde«, »wodurch Europa die chinesische Kunst besiegt hat«[4], Tassen, Teekannen, Kaffeekannen, »Untersetzer und Tellerchen«, Email- und Miniaturarbeiten, Sorbetschalen und Schokoladenkannen, Kostbarkeiten der Ausstattung und des Dekors, die integrierender Bestandteil bei der Darbietung des Essens wurden. Sie waren die visuelle Antizipation und der Garant für die kostbaren geschmacklichen Delikatessen, Zeichen, die auf die »Suche nach dem Glück« verwiesen.

In den leuchtenden Sälen, wo das von tausend Kerzen reflektierte Licht aus »klaren Kristallen« auf die in zarten mattgelben oder pistaziengrünen Farbtönen gehaltenen Wänden zurückstrahlte,

> ...stehen mitten unter Kavalieren versammelt,
> in anmutiger Blüte recht jugendlicher Jahre
> die vornehmen Frauen, reizvoll eingehüllt
> in den reichen Schmuck fröhlicher Kleider.
> Und mal in artigem Spiel umworben und umringt,
> posieren sie auf weichen und trägen Pfühlen;
> mal vermischen sie sich zu nächtlichen, flinken Tänzen
> im strahlenden Schein der glänzenden Kristalle.[5]

Die Mahlzeit als solche wird tendenziell leicht unwirklich, sie wird zu einem etwas formellen Anhängsel sozialer Rituale, die andernorts und zu anderen Zeiten auf Kongressen stattfinden. Das Verlangen wird von anderen Verlockungen umschmeichelt und andere Vergnügungen umschmachten die Begierde. Und es sind andere verführerische Dinge, die von den gefälligen Innenräumen im orientalisierenden Stil ausstrahlen, wo die Dame »nach ihrem Belieben aus chinesischer Schale den Saft indischen Obstes kosten kann«.[6] Wieder andere Versuchungen entsenden von den Tischchen wollüstige, unwiderstehliche Botschaften:

> Unterdessen beglückt die einen die mexikanische
> Schokolade, die bereits vieläugig dampft und duftet.
> Andere beglückt die zarte und eisige Götterspeise
> des Sorbets, von Erdbeeren gefärbt.
> Wieder andere die feurigen Säfte von Weinreben
> aus den Königreichen des Westens oder des Ostens.
> Und wer mir zuhört, möge ägyptischen Kaffee haben
> und milden chinesischen Kräutertee.[7]

Die Delikatessen der Kredenz und die Raffinessen des Desserts warten auf die galante feine Gesellschaft.

Die Teller sind kleiner geworden, weil man die »alte Manier«[8], den antiquierten Barock-Stil aufgegeben hatte, als »man mit einer gewissen überschüssigen Freizügigkeit aß, was den dasitzenden Tischgast befriedigte. Dieser sättigte sich frei von Angst, den guten Bissen, wenn nicht mit der Gabel wegzunehmen, so vielleicht aus dem Verlangen des Tischgenossen zu tilgen«.[9] Denn die modernen Menschen wollen »sehr köstliche Tunken«[10], »Gemische«

und »Quintessenzen von Säften«[11]. Die neuen »Sybariten«[12], die »reichen Wollüstlinge haben manchmal den Geschmack verloren und beinahe verschlissen, anstatt ihn zu gebrauchen und wollen die Kraft der Soßen und wollen auch die Konsommee von jeder Art Schlachtvieh, um selbst der Mühe des Kauens zu entgehen.«[13] Und so klagte in den Worten Robertis ein alter Feudalherr, der die verlorene Zeit der barocken Grandezza nostalgisch wieder aufleben ließ:

> Bei den sogenannten prachtvollen Essen ist die Zahl der Tellerchen und Schüsselchen unendlich, das Fassungsvermögen aber so kläglich, daß einer kaum ein Stückchen erwischen oder ein Schlückchen in sich aufnehmen kann... In gewissen Häusern deckt man nach dem Erscheinen der Gäste die gewöhnlich karge Tafel ab und macht sich dann an das Loblied der gesunden Einfachheit. Und wenn dennoch ein gewisser Anschein von Tafel gewahrt bleibt, so ist es der Kuchen, den man *Wochenkuchen* nennt, weil er eine ganze Woche hält und den Madame de Maintenon in einem berühmten Brief an die d'Aubigné *pyramide éternelle* (ewige Pyramide) nennt.[14]

Man braucht die Klagen des adligen, der feudalen Tafel nachtrauernden Herrn nicht allzu wörtlich nehmen, der glauben machen wollte, daß sich die »gesunde Einfachheit« stets nahe der Schwelle zum Hunger befunden habe. Im 18. Jahrhundert aß, wer konnte und wollte, auch in prunkvollem Überfluß.

Man braucht dabei sicher nicht an die »Gerichte der Herrscher und der Götter« zu denken.[15] Ludwig XIV. – so behauptete es »der Herr Mercier«, demzufolge man in Frankreich »erst seit fünfzig Jahren zu essen« verstehe[16] – kostete niemals während seiner unendlich langen Regierungszeit die *garbure* (Brot-Kohl-Speck-Suppe aus der Gascogne), obwohl er keine Beschränkungen wirtschaftlicher Art oder an Tellerchen kannte. Dennoch saß Friedrich der Große, der aufgeklärte Fürst *par excellence*, der in Versen die Pastete *à la sardanapale* (d.h. nach Art des [angeblichen] Lüstlings Assurbanipal im alten Assyrien, d.Ü.) gerühmt hatte, die ihm sein Hofmeister empfohlen hatte, gerne drei Stunden zu Tisch und bestellte zuerst »die (in der Zahl allerdings beschränkten) Speisen von Köchen unterschiedlicher Nation«[17] und gab ihnen selbst »Ratschläge« und regte »Experimente«[18] an. Er war Preuße, aber bis ins Innerste Kosmopolit, in der Küche gleichfalls Stratege von sehr hohem Rang und ein bewundernswerter Internationalist ohne einen Schimmer von kulinarischem Chauvinismus.

Im 18. Jahrhundert wurden noch weit verbreitet gewisse »sehr vornehme Gelage«[19] veranstaltet, aber die Reichen suchten vor allem »das Raffinement, das Neue und die Verschiedenartigkeit«[20].

Die historischen Quellen berichten genug und übergenug von sagenhaften, gierigen Parasiten, von *cicisbei del dente* (Hausfreunde des Zahns), wie sie Carlo Innocenzo Frugoni nannte, der die reichen Tafeln von Bologna und Parma wohl kannte. In Mailand ließ der Fürst Tolomeo Trivulzio, der verdienstvolle Gründer der gleichnamigen Wohltätigkeitsanstalt Pio Albergo Trivulzio, als wahrhafter »lombardischer Assurbanipal« (wovon Pietro Verri in einem Brief von 1770 spricht)

den Hühnern über mehrere Monate hinweg eine Erziehung angedeihen, indem er sie zuerst purgierte und dann mit duftenden Kräutern und zubereitetem Gemüse füttern ließ. Er ließ ein Rind zwei und mehr Jahre lang immer nur mit reiner Milch füttern, um ein göttlich saftiges Fleisch zu haben. Er briet die Eier im Fett von Gartengrasmücken! Dies ist unser Newton. Und er ist nicht der einzige Mailänder von diesem Schlag,
Denn die alte Tugend
Ist in italischen Herzen noch nicht erloschen.[21]

In »Sachen des Essens« konnten Rom und Neapel mit all ihren Altertumsforschern, Gräzisten und neoklassizistischen Ästheten, mit all den verträumten Anbetern des schönen Ideals nicht wahrhaft – so das Urteil von Pietro Verri – die »Wonnen des Gaumenflors« kennen, weil »dies«, so sagte er, »eine absolut gallische Fertigkeit ist, und zwar von ganz Gallien«. Die Rückkehr zur Antike erzeugte – zumindest hinsichtlich der Tafel – Illusionen und Enttäuschungen.

Ich weiß nicht, ob es wahr ist, daß der Fürst von San Severo in Neapel eines Tages ein Festmahl in antiker Manier geben wollte, das mit Petronius, Horaz usw. in der Hand zubereitet wurde und von dem die Altertumsforscher hungrig weggingen.[22]

Glücklicherweise hatte Raimondo di Sangro, der Alchimistenfürst, der vorgab, das Rezept gefunden zu haben, um künstliches Blut zu erhalten, Geschmack genug, sich auf die Experimente der Klassiker zu beschränken, ohne sich von außergewöhnlichen kulinarischen Kunststückchen gewisser Kaiser des spätrömischen Reiches wie Heliogabal verleiten zu lassen, wie sie von der gastronomischen Archäologie des 18. Jahrhunderts gerade ans Licht gefördert wurden. Dieser

> ließ eines Tages, da er in allem ungewöhnlich ausschweifend war, das ganze Mahl aus Grünzeug zubereiten, an einem anderen aus Obst, mal nur aus süßen oder honiggesüßten Speisen, mal nur Milchspeisen. Denn er hatte so erfahrene und in der Kunst, Süß- und Milchspeisen zuzubereiten, so geschulte Kredenzmeister, daß sie alle Speisen, die die Köche aus Fleisch und aus Fisch und von so vielen verschiedenen Tierarten machten, wunderbar in Milch und Honig nachmachten – und ebenso auf tausend Weisen alle Früchte.[23]

Es waren damals die Jahre, in denen die Tafelzeremonien der Alten nach der Renaissance wiederum Gegenstand von gelehrten Neuerkundungen waren – in völligem zeitlichen Einklang mit den archäologischen Entdeckungen von Herkulaneum und Rom und mit der verbreiteten Passion für die »Altertümer«, das Römer- und das Griechentum.

Die *Lezioni toscane* (Toskanische Vorlesungen) des Mitglieds der *Accademia della Crusca* Giuseppe Averani über die *Conviti pubblici de' Romani, e della loro magnificenza* (Die öffentlichen Gastmähler der Römer und ihre Pracht), die teilweise von dem Arzt Giuseppe Lanzoni aus Ferrara, einem Freund Francesco Redis, in seiner »gelehrten Unterhaltung« *Dell'uso delle ghirlande e degli unguenti ne' conviti degli antichi* (Ferrara 1698; Die Verwendung der Girlanden und der Salben bei den Gastmählern der Alten) und in vielen seiner anderen Texte vorweggenommen wurden, wurden in Florenz neu gedruckt und gelesen. Unterdessen arbeiteten im Rom Klemenz' XIII. Winckelmann und Mengs als Partner an der Wiederentdeckung und an einer neuen Sichtweise auf das klassische Altertum. Und das in einem Rom, wo während der Karnevalszeit »als Prinzessinnen verkleidete Kastraten« mit »schmachtenden Blicken und liebreizenden Gesten« die römischen Äbte verrückt werden ließen, die »wegen diesen Antinoossen«[24] (d.h. Schönlinge nach den zahlreichen Antinoos-Statuen in der Antike, d.Ü.) von unschicklichen Leidenschaften verzehrt wurden.

Währenddessen war Alessandro Verri zwischen der einen Leidenschaft und der anderen, zwischen einem Spaziergang und einem galanten Abendessen darauf bedacht, angestrengt das Griechische zu erlernen – unter weit größeren Annehmlichkeiten als denen des jünglinghaften Preußen, der, »von Morgen bis Abend sehr beschäftigt«, in seinem guten Italienisch schreiben konnten: *Manduco panem meum in sudore faciei meae particolarmente il Sabbato quando mi tocca a far cucina* (»ich esse mein Brot im Schweiß meines Angesichts – vor allem am Samstag, wenn ich an der Reihe bin zu kochen.«)[25] Wenn Winckelmann freilich von Giacomo Casanova zum Essen eingeladen wurde, konnte er tröstliche Ruhe von seinen täglichen antiquarischen Bemühungen und seinem Fieber nach den alten Griechen finden – vor allem nach einigen Flaschen Orvieto, seinem bevorzugten Wein. Er war ohne Zweifel ein feinerer und liebenswürdigerer Gast als sein Gefährte, der schöne Anton Raphael Mengs, der sich zu Hause tagtäglich (uneingedenk der »Prinzipien« der schönen Künste) betrank, um mit seinen wüsten Exzessen seine schöne Frau Margherita, geborene Guazzi, zu demütigen, die er für eine gewisse Zeit kameradschaftlich mit Winckelmann geteilt hatte. Dennoch endete der feinfühlige »doctor umbraticus« (Musen-Doktor) mit durchschnittener Kehle durch die Hand eines schönen Straßenganymeden in einem Wirtshaus von Triest. Mengs, erzählt Giacomo Casanova, »erhob sich zu Hause störrisch und roh vom Tisch – immer betrunken: aber außer Haus trank er nur Wasser.« Die Altertumskunde war nach den großartigen Arbeiten von Montfaucon und dem Grafen von Caylus ein großer Fieberrausch geworden, der das gebildete Europa verschlang. Dies ging so weit, daß der Abt Étienne Bonnot de Condillac, der unter anderem ein »guter Tischgast« war, sich in Rom eines Tages im

Jahre 1775, »angesichts dessen, daß niemand ihn zum Essen einlud und alle ihm Statuen zeigten, nicht zurückhalten konnte und ausrief: *quel beau pays si on mangeoit des statues!* (was für ein schönes Land, wenn man nur Statuen äße!)«.[26]

Eine ganz andere Bewirtung wurde Pietro Leopoldo I., dem Großherzog der Toskana, zuteil, als er 1769 in Rom ankam. Obwohl er die »Altertümer überaus« liebte, schickte ihm das Konklave anstelle einer seltenen Skulptur »einhundertdreißig Dienstboten, die mit Zeugs beladen waren – der größte Teil eßbar: Schinken, Ratafia-Likör, Schnaps, Mortadella, Kaffee, Schokolade, Marmeladen, zwei lebende Kälber, ein Stück vom Hl. Kreuz, in Gold gefaßt usw., so daß es wie der Zug des [mythischen] Königs der Mohren, Hiarbas, aussah. Die Träger waren außerordentlich zerlumpt und fielen aus den Fetzen.«[27]

In Rom bestand trotz der verzehrenden Leidenschaft für die Altertümer die Tradition des Gastmahls der großen Geschlechter und des Prälaten-Liebesmahls sehr dauerhaft weiter. Der Kardinal Domenico Passionei, »der Pascha von Fossombrone«, Oberbibliothekar der Vaticana und ein feiner Bücherliebhaber, der außerdem ein erbitterter Gegner der Jesuiten, Freund von Giacomo Casanova und Gönner von Johann Joachim Winckelmann war, hatte »auf den Hügeln Roms« ein vorstädtisches vergoldetes Rückzugsdomizil namens »Camaldoli«.

Dort legte er dann den roten Hut ab und nahm einen blonden Strohhut und nannte seine Mit-Sommerfrischler »Bruder X und Bruder Y« und ihre Zimmer nannte er Zellen. Indessen aber gingen diese »Mönche« weder in den Chor, um Choräle zu singen, noch ins Refektorium, um Kräuter und Eierkuchen zu essen. Jedoch waren das Brasilholz und die Pagoden aus China, die Flaschen vom Kap der Guten Hoffnung und die Pasteten von Rebhühnern aus dem Perigord die Ideen, bei denen dieser genießerische Mönchsstand wieder zum Leben erwachte.[28]

Lorenzo Ganganelli *alias* Papst Klemenz XIV., ehemaliger Kapuziner und Liquidator der Jesuiten, der den wollüstigen Passionei öffentlich »einen Sack« nannte, wollte dagegen – trotz seiner strengen Essensdisziplin – auf den Wandfresken in Castelgandolfo, die sein »häusliches Leben« darstellten, in einem »weißen Reiterkleid« gemalt werden, und zwar gallopierend »zu Pferd, gefolgt von einigen Leuten seines einfachen Gesindes wie Köchen, Unterköchen, Küchenjungen und Kehrern, die im Porträt erkennbar sein sollten. Denn dies waren in der Tat die Personen, die er um sich hielt.« Auf einer anderen Wand bewunderte »eben diese Seine Heiligkeit beim Spaziergang und aus nicht großer Entfernung einen gewissen Hofküchenjungen mit dem Spitznamen *setteminestra* (»Sieben-Süppler«), der berühmt war wegen der Gunst des Fürsten, von dem er diese überaus wohlwollende Bezeichnung erhalten hatte«.[29] Es ist ein seltsamer Zug evangelischer Reiter, den der Stellvertreter Christi malen ließ – ein Porträt, das ihn umgab mit seinem Hof von Niedrigen, Küchenjungen, Kehrern, Köchen oder das während vertraulicher Spaziergänge mit dem einfachen (oder klugen) Küchenjungen eingefangen wurde. Es handelt sich um eine verblüffende Umkehrung der Hierarchie, eine glänzende Allegorie auf die Entthronung und die fleischgewordene Demut. Leider bewahrte ihn diese große Vertraulichkeit mit seiner ergebenen Küchenbrigade nicht vor dem Gift, das ihm (so sagte man) im Auftrag der Jesuiten verabreicht wurde (Dem Autopsie-Bericht zufolge starb er jedoch an einem Magenkarzinom. D.Ü.).

In den großen fürstlichen Palazzi, wie dem der Ruspoli, hatten gewisse Abendgesellschaften eine erstklassige Atmosphäre in neoklassischem Stil. Im Jahre 1775 ging man bei einem Empfang zu Ehren der Erzherzogin von Österreich nach dem Wettlauf der Berber

in eine Galerie, wo eine Tafel für mindestens hundert Personen stand, die ganz mit Eis gedeckt war und mit einem Dessert aus Auffüllungen, Tempeln, Gärten, Porzellan-Statuen, alles voller Prunk und Pracht. Dann ging man hinab ins Erdgeschoß und trat in einen gut dekorierten Ballsaal, der einem ganz neu hergerichteten und gut beleuchteten Garten glich. Auf der Seite des Ballsaals war eine Laube aufgestellt, die mit Statuen geschmückt war. Durch diese Laube ging man über einige Stufen in den

Garten hinab. Auf der Stirnseite war der Parnaß mit Apollo und den neun Musen sowie Pegasus, der gerade den Nagel einschlägt, unter dem der Brunnen Hippokrene hervorquoll. Auf den beiden anderen Seiten standen über Eichen, die wie ein Säulengang aufgestellt waren, zwei Orchester. Alle Zitrus-Gefäße waren mit Lichtern beleuchtet, die in großen leeren Zitronen verborgen waren, so daß das Helle durch die dünne Schale hervorschimmerte. Unter den Orchestern standen die anderen beiden Brunnen mit Statuen. Die Unterteilungen des Parterre waren aus verschiedenfarbigem, mit hellem Glaspulver vermischtem Sand. Außen herum wurde dann die Bühne weiter oben von einer grünen Bogenlaube begrenzt, die mit Statuen geschmückt war. Alles war künstlich, inklusive die Statuen, die aus Pappmaché waren, und die Brunnen, die eigens für diese Gelegenheit gebaut worden waren.[30]

In Mailand waren im Hause Imbonati bei einer Soiree, die 1774 vom Fürsten Chigi mit römischer Grandezza gegeben wurde, die Wände mit »Ornamenten« tapeziert, »die alle aus dem antiken Herkulaneum herkamen«. Der »Prunk und die Erlesenheit waren nicht geringer bei all den Spiegeln, Leinwänden, unechten Gewölben, mit grünem Tuch bedeckten Pflastern und einem Buffet in theatralischer Szenerie«.

Jede Dame hatte einen prächtigen Blumenstrauß, sodann Orangen und erlesene Abkühler, die immer in Bewegung waren... Gegen Mitternacht erschien das Buffet. Ohne ein Geflüster pflanzte man zwei große Tafeln in den ersten Saal und an die zwanzig kleine Tische drum herum. Der Raum wurde kleiner; dennoch war die Vorausplanung unglaublich, denn auf jeder Seite waren Leute verteilt, die servierten und aufforderten. Die Fürsten und verschiedene Damen setzten sich, und so tat's jeder, wer konnte und wollte, an die anderen Tische. Die Fülle an Meeresfischen, Meeresfrüchten, Trüffeln, Fasanen, Rebhühnern usw., Weinen ist außerordentlich; mir wurden die Angebote lästig. Ich habe nicht weit entfernt taktlose Leute gesehen, die sich mit Austern, Tokaier und wieder von vorn sättigten. Nachdem das Mahl zu Ende war, verschwand rasch alles, und man baute einen neuen Tisch von gleicher Erlesenheit auf und den zweiten tauschte man gegen den dritten aus, so daß man am Ende des Festes bei Tagesanbruch mit den Speiseresten den Musikanten ein reichhaltiges Mal gab, also mit den Überresten der öffentlichen Gier. Man vermutet, daß Chigi an die sechstausend Golddukaten ausgegeben hat.[31]

Die Beleuchtung – so hatte Pietro Verri vermerkt – war »großartig«. Nachdem man am Ende der Nacht (es war der 16. Februar) die Lichter löschte, war das bunte und endlose lange Fest schließlich zu Ende.

14

DIE GROSSZÜGIGE TAFEL

Die Provinz in Italien wurde von den Erlesenheiten des neuen intellektuellen Stils und der eleganten Pracht der adligen Salons nur am Rande gestreift. Unbekannt war das geregelte Maß, das von den Reformern nördlich des Po gepredigt wurde. Das gewöhnliche Mittagessen blieb im wesentlichen in der zweiten Hälfte wie schon in den ersten Jahren des 18. Jahrhunderts unverändert. Im Herzogtum Parma und Piacenza zum Beispiel war ein Mittagessen in einem der Gasthäuser gegen Ende des Jahrhunderts nicht sehr viel anders als das, das im ersten Jahrzehnt des 18. Jahrhunderts zum festen Preis dem Dominikaner-Pater G.B. Labat serviert wurde. Diesem wurde, nachdem er vom Pferd abgestiegen war, in einem Wirtshaus von Borgo San Donnino folgendes aufgetragen:

eine Suppe mit kleinen Erbsen, ein Ragout, ein Gericht aus Hammelhoden oder gebratenes Kalbfleisch und eine große gebratene Taube. Der Wirt kam, um mich zu sehen und ließ mir einen Schinken bringen. Er fordert mich auf, zu essen und zu trinken. Dann hatte ich noch Artischocken in Pfeffertunke, Erfrischungen und ausgezeichneten Käse mit schneegekühlten Weiß- und Rotwein.[1]

Eine leichte Minestra oder eine Suppe, ein Schmorbraten, Gebratenes und Geröstetes (außerdem schneegekühlten Wein in der Tradition des 17. Jahrhunderts) bestimmen weiterhin – mindestens bis zum 19. Jahrhundert – im wesentlichen die Speisenfolge eines Mittagessens in Norditalien.

Aber die aufklärerische Reform der Eßsitten stieß auch in vielen Städten bei den gehobensten Schichten auf zähe Widerstände und hartnäckige Ablehnung. Das »ausgiebige Essen« überlebte glücklich alle Reformen und alle Moden. Zumindest bei den Männern. In Bologna ignorierte der klementinische Akademiker und Theoretiker des malerisch Schönen Giampietro Zanotti, den der Abt Roberti oft »am häuslichen Herd seiner geräumigen und strahlenden Küche schlafend«[2] vorfand, seelenruhig die kulinarische Reform und konnte dennoch die Schwelle der Neunzig erreichen und überschreiten, ohne auf irgendwelche Freuden der großzügigen und genußreichen Tafel zu verzichten. Und G.B. Roberti brachte ihn folgendermaßen in Erinnerung:

er hatte einen breiten und kräftigen Körperbau... Er war ein ausgiebiger Esser guter, aber schwerer Speise, die in einer dicken Scheibe ausgesuchten saftigen Rindfleisches bestand. Ich erinnere mich, daß ich ihm, als ich an einer Tafel in seiner Nähe saß, eine Gartengrasmücke oder Gartenammer sehr höflich, wie ich mir zugute hielt, anbot. Aber er lehnte ab und antwortete mir, daß ihm von der Wachtel an abwärts nichts schmecke. Jedoch von der Wachtel an aufwärts würde er mir alles bis zum Adler vorsetzen.

In die Skala des Geflügels und in die Reihe der für ihn eßbaren Lebewesen setzte er die jungen Hühner, die von den Kindern im Hause gestreichelt werden, die im Hof des Müllers gut gefütterten Enten und die schweren und aufgeblasenen Truthähne, das wäre ein ausgereifter Karneval. Er sagte mir eines Tages freundlich scherzend, Seine Allerehrwürdigste Exzellenz, der Herr Vitaliano Borromeo, Vizelegat von Bologna und jetzt vortrefflichster Kardinal der Hl. Kirche, wolle nicht mehr Giampietro Zanotti bei sich zum Essen haben, weil er die Tollkühnheit besessen habe, an seiner Tafel einen Masthahn zu rühmen, aber unempfänglich für eine gewisse orangefarbene Tunke (die wir Sterblichen in Italien gelbes Sößlein nennen) gewesen sei – eine allerdings berühmte und erlesene Tunke, die man in Paris vorschlägt, wenn man die Prüfung als Koch macht.[3]

Die Unempfänglichkeit dieses bedeutenden Bolognesers (1674 in Paris geboren, der außerdem eine Pariserin als Mutter hatte) gegenüber den französischen Soßen ist bezeichnend für die tiefverwurzelten Widerstände und die uralten Einwände, die die Tradition den neuen Moden von jenseits der Alpen entgegenstellte. Aber die von Pater Roberti erwähnte Episode ist auch insbesondere hilfreich, um die Distanz zwischen der Tafel des Vizelegats von Bologna und der gewiß bescheideneren am Bischofssitz von Imola auszuloten. Hier schien man einige Jahrzehnte später, zur Zeit des Benediktiner-Bischofs Barnaba Chiaramonti (bevor er in sehr schwierigen Jahren auf den päpstlichen Stuhl berufen wurde, um den Ring des Großen Fischers zu tragen) besonders unempfänglich für jene importierten Soßen (mit Ausnahme der Béchamel-Soße) zu sein, die die kosmopolitischen und frankophilen italienischen Köche als die »wesentliche Grundlage für die gute Küche« betrachteten. »Eine würzige und delikate Soße ist die Seele einer jeden ausgezeichneten Speise«[4], urteilte Francesco Leonardi. Um so ausgezeichneter mußten sie sein, wenn sie mit Champagner angereichert wurden: »Wenn man diesen an Stelle des gewöhnlichen Weines verwendet, haben nicht nur die Soßen, sondern auch die anderen Speisen einen erleseneren und delikateren Geschmack und ein besseres Aroma.«[5] Dies scheint beim Koch des Bischofs von Imola, Alberto Alvisi, nicht gerade der Fall gewesen zu sein, der in der Küche nur den »edlen Süßwein«[6] und die Sangiovese-Rebe mit dem Veilchen-Bukett verwendete. Die Küche des Bischofs der Diözese am Santerno war provinziell und tief in der Tradition der Emilia Romagna verwurzelt und mit dem mündlich überlieferten Wissen der alten patriarchalischen Häuser in den Gebieten des alten Exarchats verbunden. Vielleicht ist es nur Zufall, aber im Notizbuch, das uns der Koch Alvisi hinterließ, ist keine Spur von der Schokolade zu finden. Weder in flüssiger, noch in fester Form erscheint sie auf der Kredenz von Barnaba Chiaramonti. Vielleicht wollte der Bischof – getreu der benediktinischen Tradition – nichts von dieser auf so vielfältige Weise mit dem Orden des Hl. Ignatius von Loyola verbundenen süßen Verführung wissen. Dessen emsige Nachfolger verbreiteten sie jedoch überall, indem sie den Handel und die Verteilung monopolisierten und sie (so raunten ihre Feinde, derer nicht wenige waren) im Sinne einer politischen Strategie zur größeren Ehre des Allmächtigen und seiner Gesellschaft einsetzten. Es gab kein jesuitisches Haus, das nicht zart nach Kakao roch. Aber auch die profane Welt nahm sie mit Begeisterung auf. Pietro Verri mochte sie sehr – und sehr süß, denn – daran erinnerte ihn scherzhaft der Bruder Alessandro, als er von der römischen »guten« Schokolade, »wenngleich ohne Vanille«, sprach – »ich erinnere mich, daß sie Dir so schmeckt zu höchster Verderbnis«.[7] Und aus Mailand versorgte ihn der aufklärerische Bruder reichlich: »ich habe endlich den Wein, die Schokolade und die Druckabzüge erhalten«, dankte ihm Alessandro aus Rom im Jahr 1772, »die Schokolade ist vorzüglichst. Der Kakao ist ganz aufregend und die Vanille perfekt. Man macht sie in Rom nicht so gut.«[8] In Bologna zeigte sich Pier Iacopo Martello, der in *Lo starnuto di Ercole* (Das Niesen des Herkules) die französische Manie kritisierte, »die Ordnung und die Verteilung der Speisen, angefangen bei den duftenden Suppen bis hin zu den Pyramiden-Desserts, aufrechtzuerhalten«[9], in *Il vero parigino italiano* (Der wahre Pariser aus Italien) ganz hingerissen von der »indianischen Brühe, die mir sehr gefällt und mir mehr als alles andere neuartige Gedanken im Kopf erzeugt«.[10]

Auch der Pater Roberti rief, wenn er Augenblicke der Inspiration brauchte, weder Apoll noch die Musen an, sondern schlürfte »eine Tasse Schokolade und noch öfter einen Kaffee«. Er war, wie der Graf Benvenuto Robbio aus San Raffaele im italienischen Voralpenland von ihm sagte, »ein ruhiger und zufriedener Jesuit«, »von der Natur aus dicker, schlichter Masse geformt«[11] und, wie er sich selbst allzu bescheiden bezeichnete, »ein dicker, schlichter Gelehrter«, der die »dünnen, feinen Gelehrten« mit Ironie betrachtete, die »heute nach dem Ruhm trachten, im System ihrer Nerven leicht beweglich zu sein, denn dies ist – ihrem Urteil zufolge – ein Kennzeichen von lebhaftem und wendigem Verstand«. Aber immerhin litt er nicht an »Migräne, Hypochondrie, flammender Röte und Konvulsionen«, »was insbesondere den Schöngeistern eigen ist«.[12]

Als er einmal in Bologna (er blieb dort beinahe ein Viertel-Jahrhundert bis an den Tag, als die Jesuiten unter militärischem Einsatz aus dem Kolleg von Santa Lucia vertrieben wurden) »in seinem Stübchen« »den Herrn Doktor Francesco Zanotti« empfing, bot er jenem Poeten, jenem Philosophen, jenem göttlichen Autor eine große Schüssel voll Schokolade an, und auf einem Tischchen standen schon auf einem ganz sauberen Tablett gewisse, dem spanischen Brot ähnliche Brötchen bereit, die jedoch besser als dieses sind, in Venedig von Jungfrauenhänden hergestellt werden und gelb wie das dortige Münz-Gold, breit, dick, weich, elastisch und sehr delikat sind. Selbst die *Accademia della Crusca* könnte mir nicht behilflich sein, es besser zu umschreiben. Wir hier nennen sie *savoyische Brötchen*. Und wenn sie auch diesen Namen niemals hätten, weil sie eben savoyischen Ursprungs sind, würde ich dem hochverehrten Herrn Grafen [dem Ritter Benvenuto Robbio, dem Grafen von San Raffaele, dem Empfänger des Briefes] danken, daß Euer Savoyen uns solch köstliche Süßigkeiten schickt.

Nachdem der alte und nüchterne Mann mit den Lippen die Tasse vom obersten üppigen Schaum bloßgelegt hatte, tauchte er jenes zarte und für die Zähne, die er nicht mehr hatte, willkommene Gebäck hinein. Aber dieses war zart und ertrank im Nu, so daß die eingeweichten und zarten Stücke nicht selten Schiffbruch erlitten und dann wieder aufgefischt oder vielmehr eilig eingesaugt werden mußten, da sie bereits zu Brei geworden waren. Daraufhin wandte sich mein guter Zanotti mit den nicht unschicklich schmutzigen Lippen und den freundlich heiteren Augen an mich und sagte mitleidig: »Pater Roberti, ihr seht mein Mißgeschick. Dieses nette, aber unverschämte savoyische Brötchen sollte die Suppe abgeben, aber es hat für sich allein die ganze Tasse Schokolade aufgesogen, die für mich bestimmt war.« Die Kanne war dennoch noch kochend und dampfend. Daher schlichtete ich schnell den Hader zwischen einem Biskuit und einem Doktor, indem ich einen neuen Trunk nachschenkte. Er begann dann zu trinken, nachdem er mit Essen zu Ende war. Und in diesem Moment setzten unsere kleinen Zwiegespräche ein. Ich war auf dem Sprung und immer bereit, um ihn, wenn sich das Naß dem Boden zuneigte, zu stärken und ihm erneut die Tasse mit einer frischen Zugabe bis zum oberen Rand zu füllen – nach einer kurzen und liebenswürdigen Widerrede seinerseits. Diese letztere Labung wird – gemäß einer unserer Redensarten – die *Zugabe* (contentino) genannt. Aber ich erlaubte – aufgrund einer unangetasteten Gewohnheit von mir – keinem, daß er deswegen unzufrieden (scontento) aus meinem Zimmer weggehe. Der vortreffliche Alte verbreitete, nachdem er sich mit reichlicher Labung erquickt, angeregt und gestärkt hatte, munter und vergnügt Witz und Geist.[13]

Es ist ein köstliches Gemälde der liebenswürdigen Lebensweise im Bologna früherer Zeiten, die Skizze eines Interieurs mit den leichten Farben des bewegten und nostalgischen Gedächtnisses des schuldlos Exilierten (er schrieb aus Bassano im Jahre 1786, nachdem er das sehr kultivierte und gelehrte ehemalige Felsina und heutige Bologna hatte verlassen müssen).

Die Schokolade des Paters Roberti mußte von guter Qualität gewesen sein. Als Liebhaber der »dunklen Schokolade« (C. Bondi) war ihm auch der Kakao aus Soconusco nicht unbekannt, der »hellste Kakao von allen«[14], der für die Höfe bestimmt war. »Einmal«, erinnerte er sich, »hatte ich auch freundlicherweise von einem *cordon bleu* (geschickten Koch), dem Herrn Grafen Jacopo Sanvitali, dem Majordomus der Herzogin von Parma, der Erstgeborenen des Königs von Frankreich, eine Probe von sechs Pfund Schokolade von diesem auserlesenen Kakao. In Rom ließ mir Seine Hochwürdigste Königliche Hoheit, der Herr Kardinal von York dreißig Pfund [eine libbra = 300 g] Schokolade aufs Zimmer bringen, die er – ein mäßiger Esser von Kräutern zum Mittagessen – am Morgen trank.«[15] Es ist freilich unwahrscheinlich, daß der hochwürdigste Purpurträger, jener Vegetarier-Fürst der Kirche, jeden Morgen dreißig Pfund Schokolade trank, wie es wohl einige Interpreten verstanden haben.

Dieser mexikanische »Nektar« fehlte viele Jahre lang nicht beim »frühmorgendlichen Frühstück« des Grafen Roberti, der sich, so sagt er selbst, »königlich« verköstigte.

Dennoch hatte die »indianische Nuß«, »zu edlem Nutz und glücklich erwählt« und in ein »erfreuliches Getränk«[16] verwandelt, am Anfang Zweifel und Beunruhigungen bei den Einwohnern des alten Europa hervorgerufen. So schrieb der Jesuiten-Abt Juan Ignazio Molina, Amerikaner und Mitglied des *Istituto delle Scienze* von Bologna:

Manche hielten es für eine verdichtete und mit der Ausdünstung gewisser wohlriechender Ingredienzien parfümierte tierische Sülze. Andere glaubten, es sei eine Paste aus exotischen Pilzen oder Seetang. Es gab freilich auch einige scharfsinnigere Leute, die es für eine Extrakt von Kräutern oder Fruchtschalen von aromatischen Bäumen der beiden Indien hielten...

Nicht weniger unterschiedlich waren die Ansichten der ersten Europäer, die an den Küsten Nordamerikas ankamen, über ein derartiges exotisches Getränk, das sie entweder hochschätzten oder ablehnten. Die einen priesen es überschwenglich, nachdem sie es gekostet und ausprobiert hatten, und hielten es für ein köstliches Stärkungsmittel, das besonders geeignet ist zur Unterstützung schwacher Konstitutionen. Die anderen verdammten es als barbarische Erfindung und nicht wert, den Gaumen eines Europäers zu berühren, obwohl sie gebildet waren, und ließen sich nicht dazu herab, es zu kosten, was wohl zu verwundern ist. In diesem eigenartigen Urteil unterschieden sich nun zwei Gelehrte von Ruf in dieser Epoche, d.h. der Mailänder Girolami Benzoni, der die Spanier bei ihren ersten Expeditionen begleitete, und der Naturforscher Giuseppe Acosta, der kurz danach Mexico besuchte. Der erste zögerte nicht, die Schokolade, als die Rede darauf in seiner Geschichte der Neuen Welt kam, die 1572 gedruckt wurde, eher ein Getränk für Schweine als für Menschen zu nennen. Acosta versichert sodann in seiner *Istoria morale e naturale dell'Indie* (Moral- und Naturgeschichte der beiden Indien), daß die in Mexiko niedergelassenen Spanier die Schokolade wahnsinnig gern mögen. Jedoch müsse man an jenes schwarze Getränk gewöhnt sein, um nicht Ekel beim bloßen Anblick des Schaums zu bekommen, der oben wie die Hefe einer vergorenen Flüssigkeit schwimmt. Am Ende kommt er zu dem Schluß, daß dies nichts weiter als ein wirklicher Aberglaube der Mexikaner ist, denn zu jener Zeit wurden die Sitten und Gebräuche der Amerikaner aus besonderen Gründen allgemein für abergläubisch gehalten.

Der freilich immer tätige und erfinderische Geist des Handels fand bald heraus, wie man alle Vorurteile diesbezüglich zerstreuen könne. Man führte erfolgreich den Kakao und die Verwendung der Schokolade in Europa ein. Die ansehnlichsten Klassen und selbst die Herrscher tauschten mit Vergnügen das neue Getränk gegen ihre gewöhnlichen Imbisse ein...[17]

Meinen Beobachtungen zufolge übertrifft die Schokolade, die man in Italien herstellte, sowohl im Geschmack wie auch in der Zuträglichkeit für die Gesundheit alle anderen Arten, die man sonstwo macht. Sie ist nahrhaft, stärkt den Magen, ist leicht verdaulich, stellt in kurzer Zeit die erschöpften Kräfte wieder her, stärkt das Nervensystem und ist geeignet, im gebrechlichen Greisenalter Beistand zu leisten.[18]

Abgesehen von der Schokolade, verköstigten sich auch die Doktoren in Bologna (Francesco Maria Zanotti, der Bruder von Giampietro, leitete das berühmte *Insituto delle Scienze*) »königlich«. Sie litten nicht, durch die »ausgiebige Tafel« dagegen geimpft, an »Migräne, Blässe, Magenverstimmungen, vermischt vor allem mit etwas Krämpfen«, jenen typischen Symptomen der »ehrenwerten Krankheiten, die – Tissot zufolge – den sitzenden und nachdenkenden Gelehrten eigen« sind.[19] Der Abt Roberti, ein stolzer Anhänger der italienischen Tradition auch in Ernährungsfragen, betonte gerne, daß »das Volk von Paris das am schlechtesten ernährte Volk in ganz Europa sei«. Und er steigerte die Sache noch, indem er hinzufügte:

Gewisse Franzosen sind in ihrer Arroganz eine solche Belästigung, daß sie, als sie in Italien ankamen, beim ersten Kosten irgendeines unserer Gerichte, das andersartig gekocht war, als man es jenseits der Alpen gewohnt ist, frank und frei behaupteten, es sei ein abscheuliches Gericht. Und das, obwohl es armselige Leute sind (zum Beispiel als Tanzmeister oder Sprachlehrer).[20]

Gegenüber den »großen Palästen ohne Heiterkeit / die umsonst stolz auf ein vergoldetes Dach sind«, gegenüber den Wonnen ihrer überfeinerten und ausgesuchten Tafeln äußerte auch Clemente Bondi in *L'asinata* (Der Eselsritt) Widerwillen:

> Was bedeutet es mir, daß ein gallischer Koch
> Mit erfahrener Hand meine Speisen färbt
> Und meinen Lebensmitteln mit fremdem Geist
> Lehre, neue süße Aromen vorzutäuschen?
> Was bedeutet es schon, daß die Tische ungesunder Prunk
> Aus sächsischem Ton oder aus geprägtem Silber beehre
> Und daß von fremden Meeren und Hügeln
> Fremde Traube erlesene Weine hersende?[21]

Weit weg von den Palazzi, im »glücklichen Landhaus« hätte ein »nicht sehr aufwendiges« Mal ohne »Luxus«, das man »in bescheidener Herberge« verzehrt hätte, den eingebüßten Appetit wiederherstellen können, vor allem, wenn beim »Hirtenmahl« die Polenta in Begleitung von Lerchen, Waldschnepfen und Gartengrasmücken nicht gefehlt hätte:

> Sie lag lange Zeit als verhaßter Köder darnieder,
> War nur auf den Dörfern, schmucklos und gemein,

> War verbannt von den adligen Tafeln,
> Lediglich Nahrung für rohes niedriges Volk.
> Aber dann wurde sie in der Stadt, besser gewürzt,
> Beim bürgerlichen Volk eingeführt
> Und brachte es dahin, die heiklen Begierden
> Von Kavalieren und Damen anzuregen.[22]

Zwar war sie ein grobes Lebensmittel, doch erschien sie Leuten mit zarter Konstitution und angegriffenem Magen als echte Medizin. »Seit einigen Tagen«, schrieb Algarotti an den Abt Bettinelli im Jahr 1753, »erhole ich mich langsam aufgrund der vollen Kraft der Polenta, die ich nüchtern einnehme und die mir zur Schokolade geworden ist.«[23]

Gegen die »französische Naschhaftigkeit«[24] konnte die italienische Polenta wie ein kraftvoller Impfstoff wirken. Und so bot man denn in Rom im Haus des Kardinals Corsini die Mittagessen auf italienische Art an:

> Rebhühner, Feldhühner, Frankoline,
> Drosseln, die aus Wachs gemacht schienen,
> Junge Hühner und zarte Tauben
> Gab es bergeweise. So hab ich's gesehen
> Am Karnevalsabend im Hause Corsini.
> Dann gab's Pasteten von jeder Art.
> Nicht zu reden von den Weinen: es gab alle,
> Süße, süffige, vollmundige, trockene.[25]

Als Zentren des Traditionalismus, die kaum vom Neuen berührt wurden, riefen die heiligen Küchen des Vatikans an den Vorabenden der hohen Feste, obwohl man sich an die Tradition des Mageren hielt, die Verwunderung von anspruchsvollen Beobachtern wie dem Präsidenten De Brosses hervor, der sich zwischen 1739 und 1740 einige Monate im Rom Klemenz' XII. aufhielt. Sein Auge als perfekter Antiquar ruhte lange auf dem Nachtmahl in Violett (es war Heiligabend 1739 und die Kirche zeigte sich in den Farben des Advent), das der Papst im Königssaal des Quirinal nach einem Konzert und einem Oratorium gab. Es wurde folgendes serviert:

ein prächtiges Fasten-Abendessen, das – selbst nach dem Urteil des Abts von Périgny – ein gutes Souper hätte genannt werden können. Man hatte auf einem langen, ziemlich schmalen Tisch ein Reihe von gefällig in Eis geformten Tafelaufsätzen, Blumen und künstliche Früchte aufgestellt. Diesen schlossen sich zwei andere Reihen großer, wirklicher oder imitierter Portionen Salat, Gemüse, Konfitüren, Kompotte usw. an. Das Ganze war praktisch nur zur Repräsentation da und um einen permanenten Speisegang darzustellen. Das war ein prächtiges Fasten-Abendessen. Und hier das gute Souper: Ein großer Speisenmeister – wegen der Adventszeit in violetter Soutane – stand am Kopf der Tafel und versah hier die Aufgabe, die Gerichte zu servieren, die untergebene Oberkellner – ebenso wie er in Violett – auf den Tisch stellten, Teller um Teller, jeweils immer nur einen. Während man eines aß, schnitt und servierte er ein anderes in Portionen, das man dann reichte. Diese Art, eine große Mahlzeit zu servieren, ist bequem und mühelos. Beinahe alle Gerichte, die den Gemüsesuppen (potages) folgten, bestanden aus sehr schönen Meeresfrüchten... Ich war als Beobachter zusammen mit einer großen Menge Zuschauer da.[26]

Während der gelehrte Präsident verwundert (auch die Praktikabilität des Auftischens konnte einem Franzosen auffallen, der eine andere Ordnung bei den Gängen gewohnt war) zuschaute, vollzog sich vor seinen Augen die verblüffende Szene in Violett, die vom Speisenmeister in Soutane, dem Abt des vatikanischen heiligen Liebesmahls, beherrscht wurde. In der Zwischenzeit wartete der Kardinalvikar, »ein guter Mönch, ein frommer Karmeliter, wahrhaft die Gestalt eines Sulpizianers«, darauf, in »aller Bescheidenheit einen Stör zu verschlingen und wie ein Templer zu trinken«[27].

Es geschah damals, daß sich ein Miglied des Kardinalskollegiums, der Kardinal De Tencin, an den Vikar (den Karmeliter Guadagni) wandte, nachdem er verstohlen dessen bleiches Gesicht betrachtet hatte, und ihm mit honigsüßer Ironie »in einem gerührten und scheinheiligen Ton« zuflüsterte: »Eurer Eminenz geht's wenig gut, und mir scheint, daß Ihr nicht eßt.«

Der adlige Burgunder und Savoyer Charles de Brosses, der in Sallust und die Altertümer von Herkulaneum verliebt war und der allgemein von seinen Freunden für einen Mensch »von unerhörter und äußerst starker Leckerhaftigkeit«[28] gehalten wurde, war ein guter Freund des Kardinals Lambertini und des sehr gelehrten Passionei, des Oberbibliothekars der Vatikana, eines anspruchsvollen Sammlers von Handschriften und Büchern, der nicht nur für die ungewöhnliche Freiheit seines Geistes und seiner Sprache, sondern auch für die Hingabe an die gute Tafel (»ein täglicher Zeitvertreib, der eines der vornehmlichsten gesellschaftlichen Bande darstellt«)[29] bekannt war. Dieser Charles de Brosses war ein scharfer Beobachter sowohl der »Altertümer« als auch der italienischen Eßsitten. In Rom war er so tief beeindruckt von einem Pudding, den er beim Wirt des *Monte d'Doro* gekostet hatte, daß er ihm das Rezept entlockte, das Gasthaus verließ und zu einem anderen Wirt lief, um es sich zubereiten zu lassen. Dieser machte es ihm »auf eine unglaubliche Art und Weise«.

Das ist etwas, mein Freund, das die Sahnetorten von Bedreddin-Hassan übertrifft, die in *Tausend-und-eine-Nacht* eine so nachdrückliche wie theatralische Anerkennung hervorriefen.[30]

Diesen Traumpudding, der in ihm Phantasien nach der Sahne aus *Tausend-und-eine-Nacht* weckte, wollte er als guter Altertumsforscher und Inschriftenkenner in ein Rezept aufnehmen, dessen orientalische Düfte neue Perspektiven für die Phantasie des gelehrten Präsidenten eröffnet hätten.

Nehmt Rindermark die Menge und noch mehr in Milch eingeweichte Brotkrumen, Frangipani, Zimt und Korinthen, tut alles zusammen in eine Masse wie Brot, kocht es im Topf in einer ausgezeichneten Fleischbrühe und wickelt es in eine feine Serviette. Laßt es dann ein zweites Mal kochen in einer Tortenschüssel, so daß eine Kruste entsteht. Eßt davon soviel, wie Euer Magen stark ist, das heißt ebenso, wie es der Schlemmer Sainte-Palaye [französischer Lexikograph] macht und sagt, daß Martialot [= Massialot] ein Laffe ist, daß er diese Zwischenmahlzeiten nicht an die Spitze seines *Cuisinier français* [vielmehr: Der königliche und der bürgerliche Koch, 1691] gesetzt hat. Ich finde nur, daß die Korinthen hier zuviel sind.[31]

Mit Ausnahme des Wildbrets, das er mittelmäßig fand, schätzte er in Rom vor allem die »gebräuchlichen Dinge«, die er als sehr gut beurteilte: »das Brot, die Früchte, das Schlachtfleisch und vor allem das Rind, worüber man nicht genug Gutes sagen kann und das Ihr ebenfalls, wie ich es Euch sagen werde, besser als das in Paris beurteilen werdet, denn jenes ist von kleinen Provinzdörfern«.[32] Vom italienischen Obst blieb der französische Gelehrte eher enttäuscht.

Zu Recht sagt man, daß das Obst in Frankreich vielfältiger und meist besser als in Italien ist, außer den Trauben, den Feigen und den Melonen, drei ausgezeichnete Naturalien, von denen sie bessere als wir haben. Die Trauben von Bologna können mit nichts verglichen werden. Man findet in Paris Feigen und Melonen von einem gleichguten Geschmack wie hier. Aber hier sind die Früchte gemeinhin zugänglich und allgemein gut. Ich habe im letzten Herbst in Italien weder Pflaumen noch Pfirsiche gegessen, die den unseren irgendwie gleichkämen.[33]

Aber der Stör vom Tiber, den er im Haus des Kardinals Acquaviva d'Aragona gegessen hatte, des vielleicht reichsten Prälaten in Rom, der »das Vergnügen, die Frauen und die gute Tafel« liebte, erschien ihm eines Apicius würdig. Als exzellenter Kenner alter Pergamente und frischer, zuckender Meeresnahrung fand ihn der sehr feinsinnige Präsident »von einem exquisiten Geschmack im Vergleich zum Gros der Fische aus dem Mittelmeer, die bei weitem nicht mit denen aus dem Ozean mithalten können«.[34]

Dieser perfekte Kenner der »Wissenschaft von der Kunst zu leben« bemerkte in Italien keinesfalls das Fehlen »sozialer Bequemlichkeiten«, die – Pietro Verri zufolge – ausschließlich eine Angelegenheit der Franzosen waren und die den Italienern, vor allem denen »vom südlichen Teil«[35] der langen Halbinsel mit ihren vielen Zentren unbekannt waren. Ja, im Gegensatz zu dem adligen Aufklärer aus Mailand fand der liebenswürdige Herr aus Burgund während seines nicht kurzen Aufenthalts in Rom in der Zeit des Pontifikats von Klemenz XII. und den ersten Monaten jenes bezaubernden Benedikt XIV. (während des Konklave hatte er den Kardinälen »in seinem lustig schäkernden Tonfall« zugeflüstert: »Wenn ihr einen rechten Trottel braucht, nehmt mich«[36]) bei seinem Vergleich »des unterschiedlichen Stils im Prunk der beiden Nationen« die italienische Großzügigkeit »unendlich viel reicher, edler, angenehmer, nützlicher, herrlicher, und man empfindet besser ihre Art von Grandezza«.[37] Besonders als er die Sucht der Franzosen, »eine große Figur abzugeben« und »ein gutes Haus zu haben«, in seinen Vergleich einbezog, die sich vor allem auf den Prunk des Gastmahls und auf die verbohrte Art, »eine große Tafel zu halten«, beschränkte, (die große, prunkende und aufwendige Küche war der nötige Ausweis, um in der feinen Gesellschaft in Frankreich akkreditiert zu werden), kam er zu dem Schluß, daß die ganz italienische Leidenschaft für die Pracht der Architektur von Landhäusern und Palazzi viel weiser ist als der pompöse Aufwand der französischen Gastmähler, weil es weitaus intelligenter ist, »sich mit den Augen gütlich zu tun als mit den Gaumen«.

»Der gallische Geist«, die »Schlemmereien« der Leute westlich der Alpen führte fatalerweise zur Vergeudung der Ressourcen und zum fragwürdigen Primat der »Luxus-Gewerbe«[38], während die Liebe zum Aufwand beim Bauen »die unumgänglich notwendigen Berufe« begünstigte und den Nachfahren das Andenken und den Ruhm des eigenen Geschlechts bewahrte. In Frankreich hat – im Gegensatz zu dem Maß und dem »bescheidenen Leben« der Italiener –

ein reicher Mann, der etwas vorstellt, Köche die Menge, Vorspeisen und Zwischengänge die Menge und auf elegante Weise aufbereitete Früchte (deren Verwendung nebenbei von Italien zu uns kommt). Der Vorrat an Gerichten muß dreimal so hoch sein, wie man für die Gäste braucht. Sie ist gleich der größten Zahl von Menschen, die er zusammenbringen könnte, um diese Pracht zu verzehren, ohne sich allzuviel darum zu kümmern, ob es liebenswürdige Leute sind. Es genügt ihm, daß man sieht, daß er den leckersten Empfang der Welt macht und die beste Aufwartung bietet und daß man öffentlich sagen kann, niemand könne sich von seinem Gute besser die Ehre geben. Doch bei dieser Sorte von Aufwand lebt er in täglichem Ungemach, ohne Freude, falls diese nicht selbst durch Kummer getrübt wird: ohne Behagen trotz seiner Reichtümer, oft ruiniert und wird ganz gewiß nach der Verdauung vergessen.[39]

Von einem gelehrten Burgunder geschrieben, der als Super-Feinschmecker bekannt war, haben diese Worte ein wenig den Charakter eines persönlichen Geständnisses; es ist die gehörige Selbstgeißelung eines reuigen (oder beinahe reuigen) Gourmands, der zu seiner Bußentlastung schließlich ausrief: »Eine schöne ausgekehlte Säule ist ebensoviel wert wie ein gutes Haselhuhn.«[40] Verliebt in die »Altertümer«, aber der »guten Tafel«[41] ergeben, brachte er schließlich das unerhörte Opfer fertig, eine schöne Säule einer »königlichen Henne«, einem dem Rebhuhn sehr ähnlichen Waldhuhn, vorzuziehen. Für den pantagruelischen Präsidenten mußte der Tausch sehr schmerzlich sein. Bereits der »hagere und leicht frierende Redi«, die »Mumie«, hatte die »gewohnheitsmäßige italienische Sparsamkeit« im Gegensatz zu Frankreich betont, »wo alle Menschen von lebhaftem, brillantem, sehr wachem und sehr aktivem Geist sind« und es »natürlich gewohnt sind, sich großzügiger zu ernähren«. Den Grund dafür schrieb er dem Klima wie auch ihrer natürlichen, ethnisch bedingten Neigung zu: »Die Völker Frankreichs sind allgemein sehr große Esser.« Aber unser genügsamer Naturforscher, großer Experte in Purgierungen und Klistieren und Theoretiker von edlen Diäten und sanften Therapien, mißtraute den »berühmten großen Ärzten« und noch mehr den »geheimnisumwitterten« Rezepten der Apotheker und ihren »schlechten Schwindel-Absuden mit einer Unzahl von Kräutern aus hundert Bistümern, mit jenen heiligen, jenen gesegneten Abführmitteln, jenen Misch-Latwergen, und Super-Abführmitteln...«, die mit »großtönenden und hohlen Schwachsinns-Namen« bespickt sind (»die steinebrechenden Latwergen [Litontripticone] / Und die schweißtreibenden Mittel aus drei Sorten Pfeffer [Diatriontonpipereone]«). Er vertraute dagegen vor allem der Natur und den frischen Wässern (im Dithyrambus *Arianna inferma* [die kranke Ariadne] wird die Gattin des Bacchus vom Fieber verzehrt, weil sie aus zu großer Nähe die Exzesse des maßlosen Ehemanns mitverfolgt hatte) und verstand und entschuldigte die Maßlosigkeit der Franzosen, »weil sie nicht Naschhaftigkeit ist, sondern etwas Natürliches – und zwar keine moderne, sondern eine sehr alte Natürlichkeit. Und Sulpicius Severus sagte deutlich in seinem *Dialogo delle virtù de' monaci orientali* (Zwiegespräch über die Tugenden der orientalischen Mönche): *Voracitas in Graecia gula est, in Gallis natura* (Gefräßigkeit ist in Griechenland Genußsucht, bei den Galliern etwas Natürliches).«[42] Da ihr enormer Appetit zur Naturordnung gehörte, war er nicht lasterhaft, sondern eine natürliche Begierde, die von der allerweisesten Mutter Natur eingeplant wurde. Der Präsident De Brosses, der nicht Rede und seine Ratschläge kennenlernen mußte, machte sich folgende Überlegung zurecht:

Die Italiener haben nicht ganz unrecht, wenn sie sich ihrerseits über unsere Art des Prunks lustig machen, *che tutto se ne va al cacatojo* (der gänzlich ins Scheißhaus abgeht; [das ist ihre drollige Redeweise]); und sie haben auch Grund, unsere großen Herren als abstoßend zu werten, weil diese keinerlei öffentliche Gebäude errichten. Sie haben zumindest ebenso recht wie wir, wenn wir ihnen einen ähnlichen Vorwurf machen, weil sie nichts zu essen geben.[43]

Dies ist eine eigenartige Sichtweise und beinahe paradox, weil sie weder der Realität standhält noch die beiden Typen von Kultur, die Architektur und die Literatur berücksichtigt, die die beiden Kulturländer hervorgebracht und zum Ausdruck gebracht hatten. Dagegen hatte Pier Iacopo Martello, ein guter Kenner der französischen Sitten und Kultur, in den »Aufzügen« des *Il vero parigino italiano* (Der wahre Pariser aus Italien), wo er mit einem Abt von jenseits der Alpen polemisierte, die Unterscheidungsmerkmale in der Kultur der beiden Länder analysiert.

Dieser dürstet darauf, mir zu beweisen, daß sich der bessere Geschmack – sowohl in der Dichtkunst wie in der Redekunst – von jenseits der Berge in sein geliebtes Frankreich hinter die bunten Stoffe und die Perücken, in die geschlossenen Kutschen und die Backstuben und unter die Hauben zurückgezogen habe. Und in jenen Werkstätten ist jenes Königreich über jedes andere erhaben.[44]

Die großen italienischen Adelspaläste, die der Präsident so sehr bewunderte, und ihre »endlosen Saalfluchten« erschienen dem »Pariser« Gesprächspartner von P.I. Martello als nutzloses Vorzeigen von Pracht, als luxuriöse, aber unbequeme Heiligtümer des Prunks.

Dort stirbt man im Winter vor Kälte, wenn man sich nicht mit Decken überhäuft – und zwar wegen der Lust, die Gemälde, die Gobelins, die Schreine, das Geschirr und die Statuen zu genießen. Im Sommer stirbt man vor Hitze, wenn man nicht alles bis auf das Leintuch vom nackten und nassen Körper ablegt. Und deshalb quält die Außenwelt je nach Jahreszeit mit soviel eiskalter oder glühend heißer Luft, womit sie ihre Mängel aufgrund der weiten, nie genügend geschützten Fenster und der weiten und zahlreichen Türen mitteilt, die durch die Riegel und die Ritzen Luft durchlassen, die armen Leiber mit Abscheu oder mit Toben. Deshalb steht man am Morgen sozusagen gezüchtigt aus ihrer verrückten Pracht auf. Die großen Apparate von Palazzi, an denen Euer Rom mehr als jede andere Metropole überreich ist, haben eine oder mehrere herrliche Wohnungen, die nur wenige Stunden im Jahr zu irgendetwas dienen. Aber in der übrigen Zeit werden sie von Fliegen, Stechmücken, Spinnen und Mäusen bewohnt. Wenn dies Tiere wären, die Wohlgefallen an den sehr reichen Einrichtungsgegenständen hätten, o, wie stolz wären sie, in Brokat, Samt, Damastseide, dem Gold und dem Silber lustzuwandeln und über die Herren zu lachen wie über Leute, die gezwungenermaßen außer Atem kommen, wenn sie auf den Dachboden der großen Häuser hinaufgehen, wo sie schließlich in wenigen und engen Zwischengeschossen sitzen, um zu leben und zu schlafen.[45]

Den Höhepunkt mangelnder Zweckdienlichkeit dieser vergoldeten und imponierenden, aber unbequemen Museums-Paläste bildete die »Lage der Küchen«.

Von diesen brauchen die Speisen zum Ort, wo der Herr zu Mittag oder zu Abend ißt, eine Viertel Stunde Wegs in den Händen der Hausdiener, die recht blöd wären, wenn sie davon unterwegs nicht kosteten. Und so kommen sie kalt oder übel zugerichtet an, oder man muß sie, um sie warm zu halten, mit so großer Hitze bringen, daß sie, wenn man sie dann auf den Tisch stellt, die Köpfe der Gäste entflammen, damit sich die Mägen nicht verkühlen.[46]

Im Gegensatz zu den Italiern standen die »modernen Franzosen«, die »sich einer bequemen Architektur erfreuen«, mit ihren »Privatwohnungen« den alten Römern und ihrem praktischen Sinn für Funktionalität näher. Nicht nur die Häuser der großen Herren, sondern auch die bescheideneren der Händler waren ein

Muster für elegante und einfache Architektur. Nichts dergleichen hätte in Italien mit den Wonnen der französischen *cabinets* (Arbeitszimmer) verglichen werden können.

Aber was sagst Du zu jenen Arbeitszimmern, mein Martello? Kann man sich mit menschlichem Verstand etwas Reizenderes und Anmutigeres vorstellen als ein französisches Arbeitszimmer? Kleine Gemälde, Buccheround Porzellangefäße und Spiegel, die das ganze Interieur um zierliche, wohlangeordnete kleine Gegenstände vermehren, strahlen Pracht und Wonne aus. Und jene kleinen, so gut in ihren vergoldeten und lackierten Regalen eingerückten und angeordneten Bücherschränke, die alle mit kleinen, von der einen zur anderen Ecke umlaufenden Rüschen geschmückt sind, – zieren sie nicht die Bücher, kommen sie nicht ihrem Anblick gleich und schützen sie sie nicht vor dem Staub? Der geräumige Tisch mit dem Schreibaufsatz, mit der kleinen Presse aus blankem Erz, womit man die Briefe preßt, die Siegel, das Papier, die Federn, die ihn geordnet, ohne etwas zu verstellen, zieren, – laden sie nicht ein, nötigen sie nicht, sich beim Studium geradezu zu erholen, während sich am Tage die Sonne und bei Nacht der Kristallüster dem Anblick des hier Sitzenden darbieten? Und deren Licht wird von so vielen Spiegeln verhundertfacht, die oben und an den Seiten geschickt in die Nischen gestellt werden und in unterschiedlicher Zusammenstellung blenden.[47]

Ein französisches Speisezimmer – maßvoll, lauwarm, gedämpft –, das »so hoch ist, daß es die Köpfe nicht erwärmt und auch nicht unterkühlt, das so weit ist, daß sich der darin Befindliche bewegen kann«, war etwas ganz anderes als jene glänzenden, aber unbewohnbaren Säle der italienischen Palazzi und vor allem der römischen, hießen sie nun »Farnese, Barberino, Borghese oder Panfilo«. Die Speisezimmer jenseits der Alpen waren nach menschlichem Maß, nicht dem von Halbgöttern oder Heroen und boten jene schlichten Bequemlichkeiten, die Pier Iacopo Martello wohl kannte:

Wenn Ihr in einem derartigen Zimmer seid, stoßt Ihr auf eine Verkleidung aus weißem Marmor, die Wasser in die Gläser spritzt. In den Ecken desselben sind lackierte und geschnitzte Treppen für die Buffets. Und dann ist da ein runder Tisch, weder übermäßig hoch noch zu niedrig und von einem Umfang, der den Bedürfnissen der Familie angemessen ist. Und schließlich gibt's Stühle, die im Kreis aufgestellt sind, schlank, um sich bewegen zu können, und eher bequem und leicht als reich ausgestattet... In diesen unseren gedeckten Marktplätzen würden sich die Franzosen verlieren...[48]

Einige Jahrzehnte später, im Jahre 1762, bestätigte ein anderer weltmännischer Reisender, ein Bologneser von Stand, der gelehrte Arzt Giovanni Lodovico Bianconi, Kenner erlesener Kunst und Gönner des jungen Winckelmann, in einem Brief aus Dresden an den Marchese Philipp Hercolani die tiefen Unterschiede zwischen der kurzlebigen Lebensart in Frankreich, die auf Vergnügungen und Freude für den Augenblick aus ist, und der ewigkeitsstürmenden Lebensweise in Rom. Dennoch anerkannte er die zahlreichen Neuerungen, die das gallische »Zartgefühl des guten Geschmacks« sowohl im Innern der Häuser wie in den Gärten eingeführt hatte.

Frankreich ist immer zu heiteren Schöpfungen von kurzer Dauer geneigt gewesen. So ist es nicht verwunderlich, wenn dort die Erhabenheit der Privatbauten auf dem Stande der römischen Architektur geblieben ist, die Raumverteilung in den Häusern, die Eleganz der Laubengänge, Gebüschanlagen und Fontänen hingegen bedeutende Fortschritte zeigt. Ich möchte, Sie könnten den Park der Marquise de Pompadour sehen, der zu Bellevue entworfen und angelegt ist; dort würden Sie im kleinen Maßstab bemerken, bis zu welch hohem Grade Naturschönheit und Feinheit des guten Geschmackes gelangen können. Unter anderen entzückenden Anlagen trifft man auf ein Boskett aus mehrfarbigen Rosen, die sich an Eisenstäben emporranken. Diese stützen die Rosenstöcke, werden aber durch sie ihrerseits verdeckt und verborgen. Ich kann mir nichts Hübscheres und Vollkommeneres für das Auge vorstellen. Wenn Sie die schönen Wege entlangschreiten, so tauchen Sie in einer Wolke himmlisch erquickender Düfte unter; anmutiger und düftereicher mögen wohl auch die heiligen Alleen von Knidos und Pästum nicht gewesen sein. In der Mitte des Parks erhebt sich auf der Spitze eines grünen Hügels ein reizend gebautes kleines Palais, das ganz mit schönen Marmor- und Bronzestatuen, Büsten, Vasen, Porzellan und den feinsten Teppichen aus Siam und China geschmückt ist. Von dort sehen Sie in einer Entfernung von vier italienischen Meilen das gewaltige Paris sich türmen und zu Ihren Füßen die Seine fast wie einen neuen Mäander sich in allen Richtungen durch eine riesige, blühende Ebene schlängeln. Urteilen Sie nun selbst, was die Franzosen von unserer zwar prächtigen, doch würdevollen Schönheit sagen, wenn sie, erfüllt von diesen Bildern, nach Rom kommen. Wir mögen ihnen gern die Schönheit von Polyklets Statuen oder von Athenodors Basreliefs rühmen und ihnen die Urnen sowie die anderen Seltenheiten der Villa Albani oder der Pinciana zeigen – es genügt nicht, ihnen Freude zu bereiten. Doch mögen sie sagen, was sie wollen: Sie hätten jetzt weder Marly noch Versailles, hätten sie zuvor nicht die Villen von Tivoli oder Frascati gesehen – mögen diese heute auch wie bejahrte Matronen die Runzeln des Alters zeigen und nach der Mode Leos X. oder des Papstes Julius gekleidet sein.[49]

Bei dieser Zuwendung zu »heiteren Schöpfungen von kurzer Dauer«, zu vorübergehenden und unbeständigen Freuden, zu rasch verfliegenden Wonnen findet der französische Geschmack am Intimen, feinsinnig Gewendeten im Rokoko seine angestrengte Vollendung. Nichts erscheint verführerischer als »ein entlegenes Plätzchen an einsamem Ort«[50], nichts ist einladender als die »Einsamkeit« und die »Verlassenheit« eines verschwiegenen und versteckten »Landhäuschens«. In der Verinnerlichung des Vergnügens verdichtet sich die Miniaturisierung der Landschaft und die Verkleinerung der Dinge. Das Auge muß umschmeichelt werden mit angenehmen Dingen im richtigen Maßstab, der sich freilich an einer wohl abgewogenen Grazie orientieren soll. Dabei kann es sich um ein »Palais« oder einen »Pavillon« oder ein Treibhaus handeln, das in kontrollierten inneren Welten exotische Pflanzen neu zusammenstellt, die – im Zeichen der Unordnung – im Urchaos des Waldes entstanden sind – jene »fremdländischen Wunder«, jene seltenen akklimatisierten und katalogisierten Wesen. Alle Dinge (wie die Leckerbissen und die Freuden der Küche) müssen »vom Geschmack gutgeheißen« werden und gleichzeitig »unsere Augen bezaubern«.[51] So will es die »frische Jugend«, die »strahlende Heiterkeit«, so wollen es die geläuterten Prinzipien des »modernen Luxus«, der den Freuden des Auges, dem Genuß an den Farben gehorcht. Bei den gefiederten Lebewesen werden die Blicke von den »Paradiesvögeln«[52], dem »Purpurgold des Fasan«, der Farbenpracht des Perlhuhns« angezogen. Es scheint, daß die fremde Schönheit beinahe wie ein Anreiz für den Geschmack wirkt. So läßt sich vermuten, daß die Augen zu Antennen für das innere Vergnügen, zu visuellen Vorkostern werden, die mit den verborgenen Höhlen der Eingeweide in Verbindung stehen.

In den Treibhäusern, im Schutz vor Unwettern und unter Verletzung der Logik der Jahreszeiten reifen zu unnatürlicher Zeit, die die verborgenen Rhythmen der Natur ignoriert, »Früchte eines falschen Sommers«, blühen »Blumen eines falschen Frühlings«[53]. Jene Treibhäuser bezauberten Jacques Delille, den Planer des grünen Raumes und Organisators der weichen Mathematik der Felder und der Gärten.

Doch ich sehe gern diese Dächer, diese durchsichtigen Schutzdächer,
Hinter denen sich die verschiedenen Tribute an die Klimate verbergen,
Jenes Asyl, das den iberischen Jasmin keck macht,
Das das frostige Immergrün seine Heimat vergessen läßt,
Und die gelbe Ananas, die, durch diese Wärme getäuscht,
Euch den usurpierten Schatz ihrer Frucht liefert.[54]

Nie hätte der Abt Roberti, der (wie Giuseppe Baretti) die Würste »unserer einfallsreichen Wurstmacher« überaus schätzte, einen Schinken aus Bayonne in Südfrankreich dem von San Michele oder den Schulterstücken von San Secondo aus der Emilia Romagna vorgezogen. Und er hätte ihn auch keineswegs lieber gemocht als die Mortadella aus Bologna.

In einem Konsilium von Professoren aus Bologna stellte ich vor Jahren die große Frage, ob man am Abend in vollem Einvernehmen mit gesundheitlichen Erwägungen einige Scheiben Mortadella essen könne. Und diese sehr gelehrten Männer antworteten mir ganz ernsthaft, daß das Fleisch vom Ferkel vielleicht gesünder sei als das Rindfleisch.[55]

Wir wissen nicht, ob der Graf Pietro Verri, der gemeinsam mit Pier Iacopo Martello Geschmack an der Schokolade, »einem köstlichen und bekömmlichen Getränk«[56], fand, auch das Schweinefleisch zu den »zähen und schweren Fleischsorten« rechnete.

Aber es scheint sicher, daß die Antwort auf die sensualistische Küche in Bologna anders war, als er erwartet hätte. Auch als P.I. Martello sich in Paris befand, verzichtete er lieber nicht darauf, »als Landsmann an der freizügigen und natürlichen lombardischen Tafel« des gebildeten Grafen Pighetti, des Botschafters des Herzogs von Parma am Hof von Frankreich, »einen Teller Makkaroni mit Butter und Käse zu verschlingen«[57]. Das alte Felsina (Bologna) mißtraute – und nicht nur aus literarischen Gründen – »diesen unseren Franzmännern«, die sehr entschlossen »die Ordnung und Reihenfolge der Speisen von ihren duftenden Suppen bis hin zu den Pyramiden-Desserts aufrechterhalten« wollten.[58] Unverändert hielten sie an der Abfolge der Speisen fest wie an einer Grammatik der Tafel, so wie ihre Prosa natürlich auch der »Verwirrung der grammatikalischen Ordnung«[59] abhold war.

Bologna, die kluge Vermittlerin auch in diesem heiklen Moment in der Entwicklung des Geschmacks, übte mit maßvoller Weisheit die Kunst ausgeglichener Dosierung zwischen Altem und Neuem aus. Ihre »großzügige« Küche in der Tradition des Prälaten- und Senatorentums, die tendenziell konservativ war, war vielleicht nicht in der Lage, angemessen mit den Raffinessen der piemontesischen »Kredenz« des 18. Jahrhunderts (»eines Hofes, der wegen seiner vielen Erlesenheiten ein entscheidender Maßstab für uns ist«)[60] oder der der bourbonischen Höfe von Parma und Neapel zu konkurrieren. Der Graf Benvenuto Robbio aus San Raffaele (er war Literat der *Accademia dei Filopatridi*, Dichter des Vor-Risorgimento mit dem in reimlosen Versen geschriebenen Kurzepos *L'Italia* [1772] und Kammerherr von Vittorio Amedeo III.) tadelte den Abt Roberti wegen dessen überschwenglicher Vorliebe für den Schinken, »einem schlechten, gesalzenen und geräucherten Fleisch«[61], und bot ihm an, ganz andere Delikatessen zu probieren, in ein Meer von Schokolade, Biskuits, Bonbons und Plätzchen einzutauchen, sich in einen dunklen, dickflüssigen See, der nach weißlichem Zuckerschaum duftet, oder sich in den warmen Schlund der Delikatessen aus dem italienischen Voralpenraum zu versenken.

Ich möchte Ihnen einen großen Kessel voll dicker und gut geschlagener Schokolade schicken, die aus echtem Soconusco-Kakao hergestellt ist und von der maliziösesten Vanille belebt wird und obenauf einen Zweispitz mit Plätzchen aus Vercelli hat, mit Biskuits aus Novara oder Chieri bepflastert ist und deren Wände mosaikförmig mit Bonbons aus Mondovì verkrustet sind. Mittendrin sollte sich ein Tempelchen aus Kringeln, Cedrolimonenkonfekt, Pfirsichen, Quitten und vielen anderen schmackhaften Dingelchen erheben, die die unschuldigen Hände unserer Nonnen in ihren kurzen Mußestunden zu machen pflegen. Die Kuppel dieses Tempelchens hätte als Knauf eines unserer Dragées, die aus den Klöstern im Gebiet von Asti kommen. Und überall außen herum würden sich aufrecht in schöner Ordnung verschiedene kleine Statuen erheben, die Phöbus, die Musen und das zu häufig und von zu vielen bestiegene Dichterroß Pegasus darstellen. Und derlei Statuen dürften nicht aus Kristall oder Porzellan sein, sondern müßten aus weißestem, extra-feinem Zucker sein.[62]

Es sollte sehr weißer Zucker sein, zerpulvert aus großen Holland-Zuckerhüten, »hart, weiß, glänzend, steinern, klingend und leicht«[63], Zuckerhüte, die süßer und lockerer als die Zuckerhüte aus Venedig sind, jenes weiße Gold von Konditoren, Kredenzmeistern und Zuckerbäckern. Das Jahrhundert der Frau war verrückt nach der Schokolade, die in Versen und in Prosa gefeiert wurde, überall in die Hälse eindrang und – von der magischen Hand der Architekten-Zuckerbäcker bearbeitet – in die Augen stach. Er sickerte ein in die Rosolio-Liköre, in die Sirupe, in die Sorbets, in die Gelees, in die Konserven, in die Frucht- und Blütenkonfekte, in die geschnörkelten Schnecken aus aufgeschäumtem Zucker, der »sehr reizend« in der vielfarbigen Dekoration des Desserts »anzusehen« war.

Eine sanfte Sucht nach Zucker durchdrang die Palazzi der Patrizier und die Häuser der Jesuiten. Die Schokolade und der Zucker hatten bei den Söhnen des Hl. Ignatius von Loyola ihre ergebensten Bewunderer und ihre glühendsten Besinger gefunden.

> O Zucker, o Süße, o teures Geschenk,
> Das von fremdem Ort zu uns gekommen ist!
> Geh' jeder zugrunde, ob dumm oder geizig,
> Der dich, o lebenspendenden Zucker nicht schätzt.
> Geh' jeder zugrunde, der das üble Spiel übernimmt,
> Einem anderen bitteren Türkenkaffee zu reichen.

> Geh' jeder zugrunde, der ohne dich sich anstrengt,
> Torten oder Pastillen herzustellen.
>
> Dich läßt die Stimme über sich ergehen und säubert sich,
> Wenn sie heiser sich verschanzt und rostig wird.
> Mit dir wird der weiche Pfirsich und die grobe Nuß
> gebeizt, verkrustet und kandiert,
> Damit der harte, feindliche Winter ihnen nicht mehr schadet
> Und ihnen nicht mehr ihr Mark aussaugt und austrocknet.
> Durch dich verwandelt sich die grüne, erlesene
> Pistazie in weißen und unsterblichen Konfekt.
>
> Anderes erwartest du aus Virginia und aus Caracas,
> Von den Molukken und aus Macao:
> Den Zimt, die Nelke, die *vaccacea**
> Und etwa die Vanille und den Kakao
> Und jenes Pulver, das heute die Nase sucht und umbuhlt,
> Wie Helena vormals den Menlaos suchte,
> Jenes Pulver aus Havanna oder Brasilien,
> Wohlriechend, sanft und fein.
>
> Indessen bete ich zu Vater Neptun,
> Daß er das zuckrige Gut im Busen oft
> Der Tochter von Janus [= Genua], der Mutter der Adria [= Venedig]
> Höflich und ohne jeden Schaden zuführe
> Und daß er rasch an den lieblichen
> Italischen Ufern lande und mit dem Dreizack anlange.
> Mit mir tun derlei Wünsche die Nönnlein,
> Die gern ihre ersehnten Kringel verfertigen.[64]

Aber bereits im ersten Jahrzehnt des 19. Jahrhunderts war diese sehr angenehme Kunst, die auf dem Staub aufbaute und das Vergängliche einbalsamierte, in einen bitteren Todeskampf eingetreten. Die *douceur de vivre* (Süße des Lebens) war mit dem Niedergang des alten Regimes zu Grabe getragen worden, die Gesellschaft hatte sich gewandelt, der Geschmack verändert. Die verschnörkelten Landschaften, die zarten Aussichten im klassizistischen Stil, die luftigen Architekturen aus Zucker kamen langsam

---

* Vermutlich (nicht mehr zu entschlüsselnde) Verballhornung des Namens eines tropischen Gewürzes. D.Ü.

aus der Mode. Das Auge ruhte nicht mehr auf Blütenparadiesen, die in der süßen Masse festklebten, verweilte nicht mehr auf der sinnbildhaften Glasur oder auf den Allegorien im Konfekt oder glitt selbstvergessen über die künstlichen Gärten hin, die im Zukker aufblühten. Diese Kunst war im Erlöschen begriffen, das feinsinnige Epos des Zuckers hatte nunmehr seine Tage gezählt. Francesco Leonardi, der Künstler, der den Zusammenbruch der alten Welt überlebte, stellte im Jahr 1807 den unwiederbringlichen Niedergang der Bearbeitung fein ziselierter Zuckermasse dar und hielt damit zugleich die Trauerrede auf die Kredenz.

Noch vor wenigen Jahren waren die Tafeln mit höchster Pracht gedeckt. Die *Dekoration* beim *Dessert* bildete dabei den reizvollsten und glänzendsten Schmuck, und dieser spielte meistens auf den Zweck an, weshalb man die Tafeln sehr üppig und fein deckte. Wir haben in Italien ausgezeichnete Künstler gehabt, die nicht nur sehr tüchtig in der Herstellung jeder Art von *Konfekten, Zuckergebäck, Sorbets und Eis* usw. waren, sondern darüber hinaus mit besonderen Talenten, mit einem umfassenden Geist und einer fruchtbaren Vorstellungskraft begabt waren. Daher brachten sie die schönsten *Dekorationsarbeiten* zustande, die die größten Talente berühmter Männer und die bemerkenswertesten Ereignisse in der Geschichte der Nationen darstellten. Tempel, Gruppenbilder, Ornamente, Wappen, Balustraden, Vasen, Figuren usw., – nichts wurde übergangen, was die Zeichenkunst, die Architektur und der gute Geschmack ihnen Besseres für derlei Arbeiten hätte bieten können. Den Grundstock (*parterre*) bildeten dann die anmutigsten Schnörkel in den schönsten und lebhaftesten Farben. Und die natürlichen Blumen, die die Natur hervorbrachte und die kunstvoll und symmetrisch angeordnet waren, machten ein *Dessert* für den Anblick anmutig und angenehm.

Alle diese eleganten und prächtigen Arbeiten waren nur mit *Zuckermasse* gemacht, und der *sandige Grundstock* mit dem allerfeinsten Sand in verschiedenen und abgestuften Farben... (Es handelte sich in den letzten Jahren um gefärbten Sand, aber vor nicht allzu langer Zeit – [bemerkte F. Leonardi] – verwendete man gekörnten Zucker in Holland-Zuckerhüten, um das *Dessert zu besanden*. Diesen färbte man mit verschiedenen und bunten Farben. Aber diese Methode war mangelhaft, weil Fliegen nicht nur in allerkürzester Zeit die schönsten und elegantesten Muster zerstörten, sondern auch weil diese Insekten die Gäste nicht wenig belästigten. Man überlegte daher, den Zucker durch irgend etwas anderes zu ersetzen, das seine Aufgaben erfüllen würde, und fand, daß der weiße, gebrannte und sehr fein gekörnte Marmor dafür angezeigt war).⁶⁵ Aber all das ist jetzt, ich weiß nicht aus welchem Grund, nicht mehr Brauch, vielleicht weil die Menschen, die immer zu Veränderungen alles dessen, was sie in Fragen des Geschmacks betrifft, hinneigen, geglaubt haben, daß eine schlichtere Aufwartung mehr ihrem philosophischen System entspricht. Das *Dessert* besteht gegenwärtig nur aus einigen *Tischaufsatzplatten*, auf denen Spiegel, irgendein Gruppenbild oder eine Porzellanfigurine oder kleine Vase mit Blumen stehen, und damit hat sich's.⁶⁶

Allerdings hoffe ich, daß, wenn einmal der Janus-Tempel geschlossen sein wird und die wohlhabenden Menschen wieder die *Wonnen* der *Tafel* kosten, nicht nur die verflossenen Schönheiten wieder auf den prächtigen Tischen erscheinen, sondern sie darüber hinaus den guten Geschmack, die Delikatesse, die Ausschmückung und die Pracht weiterentwickeln. Denn auf diesem Gebiet entstehen die Freuden der Gesellschaft, die den Menschen für kurze Zeit die Geschicke seines Lebens vergessen lassen.⁶⁷

Der große Kredenzmeister täuschte sich. Als nach den glutroten napoleonischen Jahren der Janus-Tempel zeitweilig geschlossen wurde, blieb die Rückkehr des Prunks des Ancien Régime ein Traum alter Künstler und nostalgischer Aristokraten. Der »gute Geschmack«, die Zeichenkunst, die Architektur, die »lebhafte und glückliche Einbildungskraft« der Gesellschaft des 18. Jahrhunderts lebten auf den Tafeln der Restauration und auch in der eintönigen Küche des romantischen Zeitalters nicht wieder auf. Die sagenhaften achtziger Jahre des 18. Jahrhunderts verschwanden auch aus der Erinnerung. Das Zeitalter des Zuckers und die Meisterwerke der Kredenztechnik waren für immer begraben und vergessen.

Anmerkungen

Kapitel 1

1 *Carteggio die Pietro e di Alessandro Verri dal 1766 al 1797,* hg. von E. Greppi und A. Giulini, Mailand (Cogliati) 1928, Bd. VI, S. 1
2 Giuseppe Parini, *Il Mezzogiorno,* Verse 205 ff.
3 Ebd., Verse 209-224
4 Francesco Algarotti, *Lettere varie,* Teil 1, in: *Opere del conte Algarotti edizione novissima,* Venedig (Carlo Palese) 1794, Bd. IX, S. 236-237
5 Saverio Bettinelli, *Dialoghi d'Amore,* Teil II, in: *Opere edite ed inedite in prosa ed in versi dell'abate S.B.,* 2. Aufl., Venedig (Adolfo Cesare) 1799, Bd. VI, S. 165
6 Ebd., S. 166
7 S. Bettinelli, *Dialoghi d'Amore,* zit., S. 166
8 F. Algarotti, *Lettere varie,* in: *Opere,* zit., Bd. IX, S. 19
9 Ebd., S. 142
10 S. Bettinelli, *Dialoghi d'Amore,* zit., S. 166
11 Ebd., S. 166-167
12 Ebd., S. 167
13 Ebd., S. 169
14 Ebd., S. 168
15 Ebd.
16 Ebd., S. 168-169
17 Ebd., S. 169
18 G. Parini, *Il Mezzogiorno,* Verse 383-386
19 F. Algarotti, *Lettere varie,* Bd. IX, zit., S. 19
20 Ebd., S. 18
21 Ebd., S. 17
22 F. Algarotti, *Pensieri diversi,* in: *Opere,* zit., Venedig (Palese) 1792, Bd. VII, S. 57

23 Ferdinando Galiani, *Dialogo sulle donne e altri scritti*, hg. von C. Cases, Mailand (Feltrinelli) 1957, S. 27
24 F. Algarotti, *Lettere varie*, in: *Opere*, zit., Bd. IX, S. 187
25 Ebd., S. 164
26 S. Bettinelli, *Lettere a Lesbia Cidonia sopra gli epigrammi*, in: *Opere edite e inedite*, zit., Bd. XXI, S. 32
27 Ebd., S. 25
28 Ebd., S. 39
29 Ebd., S. 40
30 Ebd.
31 Ebd., S. 40
32 F. Algarotti, *Lettere varie*, zit., Bd. IX, S. 163
33 S. Bettinelli, *Lettere a Lesbia Cidonia*, zit., S. 41
34 Ebd., S. 40
35 Anonym, *La Cauchoise o Memorie di una celebre cortigiana*, in: *Romanzi erotici del '700 francese*, übersetzt von A. Calzolari, Vorwort von M. Le Cannu, Mailand (Mondadori) 1988, S. 290
36 François de Sade, *Die 120 Tage von Sodom*, in: de Sade, *Ausgewählte Werke*, Bd. 1, hg. von Marion Luckow, Frankfurt (Fischer) 1972, S. 104-105
37 [Jean-Baptiste Drouet de Maupertuy], *Les avantures d'Euphormion, histoire satyrique*, Amsterdam (Janssons à Waesberge) 1712, Bd. II, S. 8-9. Es ist die französische Bearbeitung aus dem 18. Jahrhundert eines anonymen Werkes des Schotten John Barclay, erschienen 1605.
38 Ebd., S. 10

Kapitel 2

1 Charles-Louis de Montesquieu, *Vom glücklichen und weisen Leben. Einfälle und Meinungen*, Stuttgart (Spemann) 1944, S. 246
2 Pietro Verri, *Discorso sull'indole del piacere e del dolore*, in: *Del piacere e del dolore ed altri scritti di filosofia ed economia*, hg. von R. De Felice, Mailand (Feltrinelli), 1964, S. 44
3 *Encyclopédie ou dictionnaire raisonné des sciences, des arts et des metiers*, Bd. III, S. 762 (dt. Ausgabe 1762)
4 *Ricordi overo ammaestramenti di Monsig. Sabba Castiglione cavalier gerosolimitano*, Venedig (Michele Bonelli) 1574, Bl. 25 a. Erste Ausgabe Venedig 1554
5 Cristoforo Muzani, ehemaliger Jesuit, *Costume di vivere inutile e ozioso*,

in: *Quaresimale di celebri moderni autori italiani,* 2. Ausg., Venedig (Tip. Curti) 1822, Bd. 1, S. 155
6 Ebd., S. 167
7 Giovanni Piva, *Carattere del secolo XVIII,* in: *Quaresimale di celebri moderni autori italiani,* zit., Bd. II, S. 68
8 C. Muzani, *Costume di vivere inutile e ozioso,* zit., S. 164
9 Antonio Valsecchi, O.P., *Spiriti forti del secolo,* in: *Quaresimale di celebri moderni autori italiani,* zit., Bd. 1, S. 137
10 Ebd., S. 138
11 Ebd., S. 147
12 Ebd., S. 136
13 Ebd., S. 143
14 Ebd., S. 145
15 Ebd., S. 146
16 C. Muzani, *Costume di vivere inutile e ozioso,* zit., S. 161-162
17 Ebd., S. 163
18 Ebd.
19 Ergasto Acrivio, *Le notti alla moda,* in: *Satirette morali e piacevoli,* Foligno (per il Tomassini Stamp, vesc.) 1794, S. 71. Hinter dem Pseudonym E.A. verbirgt sich der Kapuzinerpater Francesco Maria da Bologna.
20 Ebd., S. 74
21 Ebd.
22 Giovambatista Roberti, *Lusso,* in: *Quaresimale di celebri moderni autori italiani,* zit., Bd. III, S. 153
23 Pier Luigi Grossi, *Dei peccati del secolo XVIII,* in: *Quaresimale di celebri moderni autori italiani,* zit., Bd. 1, S. 94-96
24 G. Piva, *Carattere des secolo XVIII,* zit. Bd. II, S. 67
25 P.L. Grossi, *Dei peccati del secolo XVIII,* zit., S. 95. Auch die folgenden Zitate sind derselben Predigt entnommen.
26 Francesco Franceschini, *Libero vestire delle donne,* in: *Quaresimale di celebri moderni autori italiani,* zit., Bd. IV, S. 168
27 P.L. Grossi, *Dei pecati del secolo XVIII,* zit., S. 95. Auch die folgenden Zitate sind dieser Predigt entnommen.
28 Pier Maria da Pederoba, *Fine dell' uomo,* in: *Quaresimale di celebri moderni autori italiani,* zit., Bd. II, S. 196
29 Vincenzo Giorgi, *Matrimonio,* in: *Quaresimale di celebri moderni autori italiani,* zit., Bd. IV, S. 90
30 Ebd., S. 89
31 Ebd., S. 90

32 S. Bettinelli, *Dialoghi d'Amore*, in: *Opere edite e inedite in prosa ed in versi dell'abate S.B.*, zit., Bd. VI, S. 170
33 Ebd., S. 170-171
34 Ebd., S. 169
35 *La Toletta*, in Bologna (nell'Istituto delle Scienze), 1788, S. XIX. Die Verse sind vom Abt Clementino Vannetti aus Rovereto.
36 P. L. Grossi, *Dei peccati del secolo XVIII*, in: *Quaresimale di celebri moderni autori italiani*, in: Bd. I, S. 104
37 Ebd.
38 F. Algarotti, *Epistole in versi*, in: *Opere*, zit., Bd. 1, S. 59. »An Seine Exzellenz, Herrn Alessandro Zeno, Prokurator von S. Marco. Über den Handel«
39 Ebd., S. 20. »An Phyllis«
40 *Lettere familiari del conte Lorenzo Magalotti e di altri insigni uomini a lui scritte*, Florenz (Cambiagi) 1769, II, S. 190
41 F. Algarotti, *Epistole in versi*, »An Phyllis«, zit. S. 19-20
42 Antonmaria Perotti, fra gli Arcadi Egimo Afroditico (Karmelitermönch der Kongregation von Mantua), *Gli imenei festeggiati nella deliziosa, e magnificentissima villa detta il Castellazzo*, in: *Rime per le felicissime nozze del Signor Conte Don Galeazzo Arconati Visconti colla Signora Contessa Donna Innocenzia Casati*, Mailand (Francesco Agnelli) 1744, S. 124. Auch das kurze Zitat über den »edlen Durst« ist demselben Hochzeitslied auf S. 126 entnommen.
43 Adeodato Turchi, Bischof von Parma und Graf, *Omelia intorno all'influenza delle vesti su la morale cristiana. Diretta al suo popolo nel giorno di Tutt'i Santi l'anno 1800*, in: *Nova raccolta delle omelie e indulti di A.T.*, Parma 1800, Rimini (G. Marsoner) 1800, S. 17
44 *Lettere capricciose di Francesco Albergati Capacelli e di Francesco Zacchiroli dai medesimi capricciosamente stampate*, in: *Opere drammatiche complete e scelte prose de Francesco Albergati Capacelli*, Bologna (Emidio Dall'Olmo) 1827, S. 303. Die erste Ausgabe der *Lettere capricciose* kam in Venedig 1780 (Pasquali) heraus. Die Anmerkung in eckigen Klammern ist von Albergati.
45 P. L. Grossi, *Dei peccati del secolo XVIII*, zit., S. 97
46 Ebd.
47 Ebd., S. 102
48 F. Algarotti, *Pensieri diversi*, in: *Opere*, zit., Bd. VII, S. 57
49 A. Turchi, *Omelia... recitata nel giorno di Tutt'i Santi dell'anno 1794 sopra l'amore di novità*, Rimini (G. Marsoner) o.J., S. 8
50 Ebd.
51 Ebd., S. 9-10

52 G. Roberti, *Lusso*, zit., S. 156. Auch die folgenden Zitate sind derselben Predigt entnommen.
53 Ebd., S. 155
54 Ebd., S. 153
55 P. L. Grossi, *Dei peccati del secolo XVIII*, zit., S. 97
56 Ergasto Acrivio, *Le villeggiature*, in: *Satirette morali e piacevole*, zit., S. 37-39

Kapitel 3

1 Giovambatista Roberti, *Lettera sopra il canto de' pesci*, in: *Raccolta di varie operette del padre G.R. della Compagnia di Gesù*, Bologna (Lelio della Volpe Impressore dell'Instituto delle Scienze) 1767, Bd. II, S. XIII
2 Zit. von De Cussy, *L'art culinaire*, in: ders. (Hg.), *Les classiques de la table à l'usage des praticiens et des gens du monde*, Paris (Martinon) 1844, S. 263
3 Ebd.
4 Ebd., S. 257
5 Ebd.
6 Ebd.
7 Marie-Antoinin Carême, *Aphorismes, pensées et maximes*, in: *Les classiques de la table*, zit., S. 363
8 Ebd.
9 Zit. von De Cussy, *L'art culinaire*, zit., S. 263
10 Ebd., S. 257
11 Ebd.
12 Ebd., S. 257-258
13 Charles-Louis de Montesquieu, *Vom glücklichen und weisen Leben*, zit., S. 238
14 Ebd., S. 198
15 Ebd. (Widerspruchsfrei gedeutet, bezieht sich dieser Satz auf die heimlichen Verabredungen bei den Abendessen, die für Montesquieu ehezerstörerisch wirkten. Vgl. ebd., S. 246, d.Ü.)
16 De Cussy, *Les classiques de la table*, zit., S. 287
17 Ch.-L. de Montesquieu, *Vom glücklichen und weisen Leben*, zit., S. 182
18 Ebd., S. 198
19 G. Roberti, *Ad un Professore di Belle Lettere nel Friuli*, in: *Raccolta di*

varie operette dell'Abate Conte G.R., Bologna (Lelio della Volpe) 1785, Bd. IV, S. VI-VII
20 G. Roberti, *Risposta del padre G.R. al Conte di S. Rafaele*, in: *Scelta di lettere erudite del padre G.R.*, Venedig (Tipografia di Alvisopoli) 1825, S. 217
21 G. Roberti, *Lettera a sua Eccellenza Pietro Zaguri sopra la semplicità elegante*, in: *Raccolta di varie operette dell' Abate Conte G.R.*, zit., Bd. IV, S. I-XVIII
22 Siehe in: *Lettera ad un vecchio e ricco Signore feudatario sopra il lusso del secolo XVIII*, in: *Scelta di lettere del padre G.R.*, zit., S. 119-149
23 Ebd., S. 121

Kapitel 4

1 Francesco Algarotti, *Pensieri diversi*, in: *Opere del conte Algarotti edizione novissima*, zit., Venedig (Palese) 1792, Bd. VII, S. 148
2 Giovambattista Roberti, *Lettera ad un vecchio e ricco Signore feudatario sopra il lusso del secolo XVIII*, zit., S. 124-126
3 Vgl. Peter Burke, *Il consumo di lusso nell'Italia del Seicento*, in: *Scene di vita quotidiana nell'Italia moderna*, Bari (Laterza) 1988, S. 169-189
4 G. Roberti, *Lettera ad un vecchio e ricco Signore feudatario*, zit., S. 120
5 *Œuvres meslées de Mr. de Saint-Évremond*, London (Jacob Tonson) 1705, Bd. II, S. 462
6 Ebd.
7 Ebd., S. 464
8 Ebd., S. 551
9 Ebd., S. 550
10 Ebd., S. 551
11 Lorenzo Magalotti, *Lettere familiari*, Venedig (S. Coleti) 1732, Teil I, S. 202. Zu den »Austern aus Korsika« vgl. den Brief von F. Redi an Valerio Inghirami vom 30. März 1667.
12 Charles de Saint-Évremond, *Œuvres meslées*, zit., Bd. II, S. 551
13 Ebd., S. 462
14 L. Magalotti, *Lettere sopra i buccheri con l'aggiunta di lettere contro l'ateismo, scientifiche e erudite e di relazioni varie*, hg. von M. Praz, Florenz (Le Monnier) 1945, S. 72
15 Ebd., S. 90-91
16 So zu lesen in den *Annotazioni di F. Redi al Ditirambo*, in: *Opere di F.R.*, Mailand (Società tipografica de' classici italiani) Bd. I, 1809, S. 293

17 L. Magalotti, *Il contento. Vivanda inglese*, in: *Canzonette anacreontiche di Lindoro Elateo Pastore Arcade*, Florenz (Tartini e Franchi) 1723, S. 73-76
18 Ebd., S. 72. Immer noch grundlegend bleibt A. Graf, *L'anglomania e l'influsso inglese in Italia nel secolo XVIII*, Turin (Loescher) 1911. Über Magalotti siehe S. 243, 406-407 und durchgehend.
19 L. Magalotti, *Lettere del Conte L.M. Gentiluomo fiorentino*, Florenz (Giuseppe Manni) 1736, S. 77
20 L. Magalotti, *Diario di Francia dell'anno 1668*, in: *Relazioni di viaggio in Inghilterra Francia e Svezia*, hg. von W. Moretti, Bari (Laterza) 1968, S. 212-213
21 L. Magalotti, *Lettere sopra i buccheri*, zit., S. 310

Kapitel 5

1 Francesco Algarotti, *Lettera a Bernardo Fontenelle* (24. Januar 1736), in: *Lettere del conte Algarotti*, zit., Bd. IX, S. 17
2 Melchiorre Cesarotti, *Saggio sulla filosofia del gusto all' Arcadia di Roma*, in: *Opere scelte*, hg. von G. Ortolani, Florenz (Le Monnier) 1945, Bd. I, S. 212
3 Pietro Verri, *Articoli tratti dal »Caffè«*, in: *Opere varie*, hg. von N. Valerie, Bd. I, Florenz (Le Monnier) 1947, S. 35
4 Ebd., S. 48
5 Ebd., S. 70
6 Ebd., S. 71
7 Ebd., S. 9
8 Ebd., S. 50-51
9 *Carteggio di Pietro e di Alessandro Verri dal 1766 al 1797*, zit., Bd. IV, Mailand 1919, S. 270
10 Lorenzo Magalotti, *Al Signore Francesco Redi*, in: *La donna immaginaria. Canzoniere del Conte L.M. Con altre di lui leggiadrissime composizioni inedite, raccolte e pubblicate da Gaetano Cambiagi...*, Lucca (Stamperia di Gio. Riccomini) 1762, S. 229-230
11 Francesco Redi, *Lettere di F.R. Patrizio aretino*, 2. Aufl, Florenz (Gaetano Cambiagi) 1799, Bd. I, S. 381. Der Brief ist vom September 1689.
12 Zit. von Ferdinando Massai, *Lo »Stravizzo« della Crusca del 12 settembre 1666 e l'origine del »Bacco in Toscana« di Francesco Redi*, Rocca S. Casciano (Capelli) 1916, S. 21
13 F. Redi, *Lettere di F.R. Patrizio aretino*, zit., Bd. I, S. 381

14 Ebd., S. 381-382. »Apicius [fingierter spätrömischer Kochbuchautor, d.Ü.] und Athenion würden mich ausschelten, wenn ich jene andere Beobachtung in Vergessenheit geraten ließe, auch wenn sie nicht gerade auf der Hand liegt; denn das Gehirn des Delphin ist ein sehr köstliches Nahrungsmittel und steht keinesfalls dem des Gehirns der Milchkälber oder irgend einem anderen, in den glänzendsten und einfallsreichsten Küchen gewohnten nach; ja ich würde aus Erfahrung sagen, daß es viel besser und delikater und zarter ist« (*Osservazioni intorno agli animali viventi che si trovano negli animali viventi*, in: *Opuscoli di storia naturale di F.R.*, Florenz [Le Monnier] 1858, S. 429).
15 F. Redi, *Lettere di F.R. Patrizio aretino*, zit., Bd. I, S. 382
16 Ebd., S. 382-383

Kapitel 6

1 Charles-Louis de Montesquieu, *Persische Briefe*, Frankfurt/M. (Insel) 1988, S. 45
2 Anmerkung des Herausgebers im 18. Jahrhundert der *Lettere di Francesco Redi Patrizio aretino*, zit., Bd. II, S. 25
3 Ebd., Brief von F. Redi an Diacinto Cestoni vom 26. März 1680
4 Francesco Redi, *Esperienze intorno a diverse cose naturali e particolarmente a quelle che ci son portate dall'Indie*, in: *Opuscoli di storia naturale die F.R.*, mit einer Rede und Anmerkungen von C. Livi, Florenz (Le Monnier) 1858, S. 287
5 Ebd., S. 291
6 Dieses und andere Zitate sind entnommen aus Lorenzo Magalotti, *Lettere familiari* [contro l'ateismo], zit., Teil I, S. 202
7 Ebd.
8 F. Redi, *Esperienze intorno a diverse cose naturali e particolarmente a quelle che ci son portate dall'Indie*, zit., S. 283
9 Ebd.
10 L. Magalotti, *Donde possa avvenire che nel giudizio degli odori così sovente si prenda abbaglio. Al Sig. Cavaliere Gio. Battista d'Ambra*, in: *Lettere sopra i buccheri*, zit., S. 305
11 L. Magalotti, *Sopra il casciù*, in: *Lettere scientifiche ed erudite*, Venedig (Domenico Occhi) 1740, S. 246
12 Ebd., S. 244
13 Ebd.

14 Ebd., S. 246
15 Ebd., S. 247
16 L. Magalotti, *Lettere familiari* [contro l'ateismo], zit. S. 203
17 [François de La Mothe le Vayer], *Cinq dialogues faits à l'imitation des Anciens.* Par Oratio Tuberus, Liège (Grégoire Rousselin) 1673, S. 117. Bezüglich der Verschiebung von Orasius zu Oratius und über das Problem der Datierung der ersten Ausgabe vgl. R. Pintard, *Sur les débuts clandestins de La Mothe le Vayer: la publication des »Dialogues d'Orasius Tubero«*, in: *La Mothe le Vayer – Gassendi – Guy Patin. Études de bibliographie et critique suivies de textes inédites de Guy Patin*, Paris (Boivin et Cie. Editeurs) o.J.
18 Fragment eines unveröffentlichten Briefes, zitiert von G. Tellini, *Tre corrispondenti di Francesco Redi (lettere inedite di G. Montanari, F. D'Andrea, P. Boccone)*, in: »Filologia e critica«, I, 1976, S. 409, Anm. 10
19 Gabriel-Honoré di Mirabeau, *Erotika Biblion. Édition revue et corrigée sur l'édition originale de 1783...*, Amsterdam (Aug. Brancart) 1890, S. 28
20 F. Redi, *Esperienze intorno a diverse cose naturali e particolarmente a quelle che ci son portate dall'Indie*, zit., S. 279
21 Ebd., S. 280
22 F. Redi, *Sei odi inedite di F.R.*, Bologna (Romagnoli) 1864, S. 15
23 [La Mothe le Vayer], *Cinq dialogues faits à l'imitation des Anciens*, zit., S. 123
24 Ebd.
25 Vgl. Giuseppe Brofferio, *Cenno medico sull'uso della vipera e sopra un suo straordinario effetto*, Turin (Tipografia Chirio e Mina) 1822
26 Giambattista Morgani, *Consulti medici*, hg. von E. Benassi, Bologna (Cappelli) 1935, S. 38
27 F. Redi, *Consulti medici*, Turin (Boringheri) 1958, S. 41
28 Ebd., S. 57
29 F. Redi, *Osservazioni intorno alle vipere*, in: *Opuscoli di storia naturale*, zit., S. 40-41
30 Ebd., S. 41
31 Ebd.
32 Ebd.

Kapitel 7

1 Paolo Palliolo Fanese, *Le feste pel conferimento del patriziato romano a Giuliano e Lorenzo de' Medici*, hg. von O. Guerrini, Bologna (Roma-

gnoli) 1885. Es wird zitiert von G. Mazzoni, »Un convito solenne« im Bd. *In biblioteca. Appunti,* Bologna (Zanichelli) 1886, S. 271
2 Ebd., S. 272
3 Ebd., S. 275
4 Verse von Giovanni Gerolamo Pazzi, zit. von L. Valmaggi, *I cicisbei. Contributo alla storia del costume italiano nel sec. XVIII,* posthumes Werk mit Vorwort und hg. von L. Piccioni, Turin (Chiantore) 1927, S. 171
5 *Carteggio di Pietro e di Alessandro Verri,* zit., Mailand 1910, Bd. II, S. 322
6 Ebd.
7 Ebd.
8 Cesare Beccaria, *Frammento sugli odori,* in: *Il Caffè,* hg. von S. Romagnoli, Mailand (Feltrinelli) 1960, S. 37
9 Ebd., S. 393
10 Ebd.
11 Francesco Redi, *Lettere di F.R. Patrizio aretino,* zit., Bd. II, S. 393
12 Francesco Leonardi, *Apicio moderno ossia l'arte del credenziere* (Der moderne Apicius [fingierter spätrömischer Kochbuchautor] oder die Kunst des Speisenmeisters), Rom (Stamperia del Giunchi, presso Carlo Mordacchini) 1807, Bd. II, S. 83
13 Ebd., Bd. I, S. 3
14 Ebd., S. 3
15 Ebd., S. 4-5
16 Ebd., S. 3
17 Ebd., S. 3-4
18 Ebd., S. 23
19 Ebd., S. 25-26
20 Ebd., S. 150

KAPITEL 8

1 Lorenzo Magalotti, *Per un sogno avuto di tornare di Fiandra in Italia per le poste nel Sollione,* in: *La donna immaginaria,* zit., S. 228
2 L. Magalotti, *La sorbettiera,* in: *Canzonette anacreontiche di Lindoro Elateo,* Florenz (Tartini und Franchi) 1723, S. 35
3 L. Magalotti, *Trionfo dei buccheri,* in: *Lettere odorose di L.M. (1693-1705),* hg. von E. Falqui, Mailand (Bompiani) 1943, S. 305
4 Ebd., S. 306
5 L. Magalotti, *La sorbettiera,* zit., S. 34 und 35

6 L. Magalotti, *Regalo d'un finimento di bucchero nero*, in: *Lettere odorose*, zit., S. 321
7 L. Magalotti, *Lettere sopra i buccheri*, zit., S. 108
8 L. Magalotti, *Regalo d'un finimento di bucchero nero*, zit., S. 321-322
9 Ebd., S. 322
10 L. Magalotti, *Buccheri neri*, in: *Lettere odorose*, zit., S. 314
11 L. Magalotti, *Lettere sopra i buccheri*, zit., S. 95
12 L. Magalotti, *Il fiore d'arancio. Ditirambo intitolato La Madreselva*, in: *Lettere odorose*, zit., S. 327
13 Ebd., S. 326
14 *In giro per le Corti d'Europe. Antologia della prosa diplomatica del Seicento italiano*, hg. von E. Falqui, Rom (Colombo) 1949, S. 489
15 Ebd., S. 488
16 L. Magalotti, *Sopra il mogarino stradoppio detto del cuore, mandato secco a Londra*, in: *Canzonette ancreontiche di Lindoro Elateo*, zit., S. 22
17 *In giro per le Corti d'Europa*, zit., S. 489
18 Ebd., S. 488
19 Ebd.
20 Ebd., S. 491
21 Ebd., S. 490
22 Ebd., S. 493
23 Ebd.
24 Ebd.
25 Ebd., S. 494-495
26 Ebd., S. 493
27 L. Magalotti, *La merenda*, in: *Canzonette anacreontiche di Lindoro Elateo*, zit., S. 62-63
28 *Lettere del Conte Lorenzo Magalotti Gentiluomo fiorentino*, zit., S. 43
29 L. Magalotti, *Lettere sopra i buccheri*, zit., S. 342
30 Ebd.
31 Ebd., S. 343
32 L. Magalotti, *Frittata*, in: *Canzonette anacreontiche di Lindoro Elateo*, zit., S. 69
33 L. Magalotti, *La merenda*, zit., S. 61
34 Ebd., S. 61-62
35 L. Magalotti, *Lettere familiari* [contro l'ateismo], zit., Teil I, S. 317
36 Ebd.
37 Ebd.
38 Ebd., S. 316
39 Ebd.
40 Ebd., S. 300

41 Ebd., S. 301
42 Ebd.
43 Carlo Roberto Dati, *Il cedrarancio. Selva*, in: *Prose*, hg. von E. Allodoli, Carabba (Lanciano) 1913, S. 102
44 L. Magalotti, *Lettere familiari* [contro l'ateismo], zit., Teil I, S. 299-300
45 C.R. Dati, *Il cedrarancio. Veglia*, in: *Opere di C.R.D.*, zit., S. 81
46 C.R. Dati, *Il cedrarancio. Selva*, zit., S. 102
47 C.R. Dati, *Il cedrarancio. Veglia*, zit., S. 81
48 L. Magalotti, *Lettere familiari* [contro l'ateismo], zit., Teil I, S. 301
49 *Lettere del Conte Lorenzo Magalotti Gentiluomo fiorentino*, zit., S. 117

Kapitel 9

1 Pietro Verri, *Articoli tratti dal »Caffè«*, in: *Opere varie*, zit., S. 48
2 Ebd.
3 Lorenzo Magalotti, *Lettere del Conte L.M. Gentiluomo fiorentino*, zit., S. 136-137. Vgl. auch: L.M., *Scritti di corte e di mondo*, hg. von E. Falqui, Rom (Colombo) 1945, S. 346-347. Über den »Bu-Tee«, siehe auch Francesco Leonardi, *Apicio moderno*, zit., Bd. II, S. 333-334
4 L. Magalotti, *Lettere familiari* [contro l'ateismo], zit., S. 202
5 L. Magalotti, *Lettere del Conte L.M. Gentiluomo fiorentino*, zit., S. 135-136; siehe auch *Scritti di corte e di mondo*, zit., S. 346
6 P. Verri, *Articoli tratti dal »Caffè«*, in: *Opere varie*, zit., S. 49
7 Ebd., S. 48
8 Ebd.
9 F. Leonardi, *Apicio moderno*, zit., Bd. I, S. 95
10 Giuseppe Baretti, *Lettere familiari a' suoi fratelli*, Mailand (Silvestri) 1836, S. 216
11 F. Leonardi, *Apicio moderno*, zit., Bd. I, S. 260
12 Ebd.
13 Jacques Delille, *Les jardins, ou l'art d'embellir les paysages. Poème, par M. l'abbé De Lille*, Paris (Valade) 1782, S. 93
14 F. Algarotti, *Lettere varie*, in: *Opere*, zit., Bd. IX, S. 186-187
15 Ebd., S. 185-186
16 Ebd., S. 187
17 Saverio Bettinelli, *Lettere a Lesbia Cidonia sopra gli epigrammi*, in: *Opere edite ed inedite in prosa ed in versi dell'abate S.B.*, zit., Bd. XXI, S. 39
18 F. Leonardi, *Apicio moderno*, zit., Bd. I, S. 261

19 Ebd., S. 261-262
20 *Carteggio di Pietro e di Alessandro Verri*, zit., Bd. III, S. 19
21 F. Algarotti, *Pensieri diversi*, in: *Opere*, zit., Bd. VII, S. 235
22 *Carteggio di Pietro e di Alessandro Verri*, zit., Bd. III, S. 309
23 G. Parini, *Il Mattino*, Verse 80-84
24 F. Algarotti, *Lettere varie*, in: *Opere*, zit., Bd. IX, S. 164-165
25 Girolamo Baruffaldi, *Bacco in Giovecca*, in: *Baccanali*, Bologna (Lelio dalla Volpe) 1758², Bd. I, S. 11
26 G. Roberti, *Lettera ad un vecchio e ricco Signore feudatario...*, in: *Scelta di lettere erudite del padre G.R.*, zit., S. 131
27 G. Roberti, *Lettera al Consigliere Gian-Lodovico Bianconi intorno alle sue opere sopra Celso*, in: *Scelta di lettere erudite*, zit., S. 164-166
28 Ebd., S. 164
29 Niccolò Carteromaco [Forteguerri], *Ricciardetto*, Lucca 1766, Bd. II, S. 383 (Gesang XXX, 82-83)
30 F. Leonardi, *Apicio moderno*, zit. S. 249
31 Filippo Re, *Nuovi elementi di agricoltura*, Mailand (G. Silvestri) 1815, Bd. III, S. 176. Zur Birne in der Nahrungswirtschaft der Renaissance siehe Costanzo Felici, *Dell'insalata e piante che in qualunque modo vengono per cibo dell'homo*, Brieftraktat, 1568 für Ulisse Aldrovandi geschrieben und jetzt zum ersten Mal gedruckt von G. Arbizzoni, Urbino (Quattro Venti) 1986, insbesondere die S. 91-93
32 Vincenzo Tanara, *L'economia del cittadino in villa*, Venedig (G.B. Tramontin) 1687, S. 344
33 F. Leonardi, *Apicio moderno*, zit., Bd. I, S. 244
34 *Il giardiniero francese, ovvero trattato del tagliare gl'alberi da frutto con la maniera di ben allevarli, trasportato dal francese di Monsù René Dahavron giardiniere del Serenissimo Duca di Bransuvich: aggiunto un compendio delle regole, e massime più necessarie per l'esercitio di quest'arte. Cavate da Monsù della Quintinié Sopraintendente generale de' giardini di Sua Maestà Christianissima. Come pure accresciuto in questa seconda edizione della Instruzione per la coltura de' fiori dello stesso Monsù della Quintinié*, Venedig (Girolamo Albrizzi) 1704, S. 50-55 – (*Der französische Gärtner* oder: *Abhandlung über das Früchtepflücken von den Bäumen sowie über die Methode, sie gut zu züchten*, aus dem Französischen übersetzt von Herrn René Dahavron [Dahuron], Gärtner Seiner Durchlaucht, dem Herzog vom Braunschweig. Mit einem Kompendium der Regeln im Anhang, die zur Ausübung dieser Kunst besonders vonnöten sind. Zusammengestellt von Herrn Della Quintinie, Oberaufseher der Gärten Seiner Christlichen Majestät...)
35 Vgl. *Agrumi, frutta e uve nella Firenze di Bartolomeo Bimbi pittore medi-*

ceo, Florenz (Consiglio Nazionale delle Ricerche) 1982, S. 104-122. Die Untersuchung wurde von E. Baldini und F. Scaramuzzi angeregt.
36 Ebd., S. 115
37 S. Bettinelli, *Risorgimento d'Italia negli studi, nelle arti e nei costumi dopo il Mille* (1755), in: *Opere edite ed inedite in prosa ed in versi dell'abate S.B.*, zit., Bd. X, S. 264
38 Ebd.
39 Ebd., S. 264-266
40 Ebd., S. 261
41 Ebd.
42 Ebd., S. 258
43 Ebd., S. 259
44 Ebd., S. 258
45 Giuseppe Colpani, *Il gusto*, in: *Poemetti italiani*, Turin (Società letteraria di Torino, presso Michel Angelo Morano) 1797, Bd. II, S. 104
46 Ebd., S. 104
47 Ebd., S. 116
48 Ebd., S. 104
49 Ebd., S. 106
50 Ebd., S. 104
51 Ebd., S. 104-105
52 P. Verri, *Discorso sull'indole del piacere e del dolore*, in: *Del piacere e del dolore ed altri scritti*, zit., S. 44
53 Ebd.
54 Ebd., S. 45

Kapitel 10

1 Giovambatista Roberti, *Annotazioni sopra la Umanità del secolo decimottavo*, in: *Raccolta di varie operette dell'Abate Conte G.R.*, zit., Bd. V, S. LIII
2 Ebd., S. XLIV-XLVI
3 Ebd., S. XV-XVI
4 G. Roberti, *Lettera ad un vecchio e ricco Signore feudatario...*, in: *Scelta di lettere erudite del padre G.R.*, zit., S. 123-124
5 Joseph de Maistre, *Les soirées de Saint-Pétersbourg ou entretiens sur le gouvernement temporel de la Providence*, Brüssel (Meline, Cans et Cie.) 1837, S. 62

6 *Annotazioni sopra la Umanità del secolo decimottavo*, zit., S. CXVII-CXVIII
7 G. Roberti, *Lettera a un vecchio e ricco Signore feudatario...*, zit., S. 136 und passim
8 Francesco Algarotti, *Epistole in versi*, »An Lesbia«, in: *Opere*, zit., Bd. 1, S. 50
9 G. Roberti, *Lettera a un vecchio e ricco Signore feudatario...*, zit., S. 142
10 Ebd., S. 142-143
11 Ebd., S. 127-128
12 Ebd., S. 127
13 Lorenzo Magalotti, *Relazione d'Inghilterra dell'anno 1668*, in: *Relazioni di viaggio in Inghilterra Francia e Svezia*, hg. von W. Moretti, Bari (Laterza) 1968, S. 56-57
14 G. Roberti, *Lettera sopra i fiori*, in: *Raccolta di varie operette dell'abate conte G.R.*, zit., Bd. IV, S. VI-VII
15 Pietro Chiari, *De' cibi appruovati, e disappruovati dall'uso*, in: *Lettere scelte di varie materie piacevoli, critiche, ed erudite scritte ad una dama di qualità*, Venedig (Angelo Pasinelli) 1751, Bd. II, S. 209
16 Ebd., S. 209-212
17 Ebd., S. 212-213
18 G. Roberti, *Lettera ad un vecchio e ricco Signore feudatario...*, zit., S. 125
19 Ebd.
20 G. Roberti, *Lettera sopra i fiori*, zit., Bd. IV, S. IV
21 Ebd.
22 Ebd., S. VIII
23 G. Roberti, *Lettera di un bambino di sedici mesi colle annotazioni di un filosofo*, in: *Raccolta di varie operette del padre G.R.*, zit., Bd. II, S. LXXIII

Kapitel 11

1 Francesco Redi, *Annotazioni di F.R. al Ditirambo*, in: *Opere di F.R.*, zit., Bd. I, S. 74
2 F. Redi, *Lettere di F.R. Patrizio aretino*, zit., Bd. II, S. 32
3 Ebd.
4 F. Redi, *Scelta di lettere familiari di F.R.*, Venedig (Girolamo Tasso) 1846, S. 186
5 Ebd., S. 189

6 Ebd., S. 187
7 F. Redi, *Annotazioni di F.R. al Ditirambo*, in: *Opere di F.R.*, zit., Bd. I, S. 78-79
8 *Il Mondo Creato diviso nelle giornate*. Poesie mistische del P.D. Giuseppe Girolamo Semenzi, Somasker-Regularkleriker und Professor der Heiligen Theologie an der Universität Pavia, Mailand (Carlo Antonio Malatesta) 1686, S. 196
9 Ebd.
10 Vgl. Wolfgang Schivelbusch, *Das Paradies, der Geschmack und die Vernunft. Eine Geschichte der Genußmittel*, Frankfurt/M. (Fischer) 1990^3
11 »Man kann das Geld nicht zählen, das die Europäer heutzutage für Kakao und für die anderen Gewürze der Schokolade ausgeben. Der Herr Signor Crescenzio Vaselli aus Siena, der nicht weniger wegen seiner freundlichen Höflichkeit als wegen seiner Bildung angenehm ist, bemerkte dies recht einsichtig in einem Brief, den er mir vor kurzem schrieb. Er sagte, ›wenn es keinen anderen Grund gäbe, der Schokolade zu Leibe zu rücken und sie zu ächten, müßte man es aus rein politischen Gründen tun. Denn es fehlen uns keine heimischen und natürlichen Mittel, die die Kehle ohne Verdacht auf Schaden erquicken können.‹« (*Parere intorno all'uso della cioccolata scritto in una lettera dal Conte Dottor Gio. Battista Felici all'illustrissima Signora Lisabetta Girolami D'Ambra*, Florenz [Giuseppe Manni] 1728, S. 67) – (Stellungnahme zum Gebrauch der Schokolade...)
12 G.G. Semenzi, *Il Mondo Creato*, zit., S. 194. Unter den ersten, die die »Medizingeschichte des Kaffees« erzählten, war der Graf Luigi Ferdinando Marsili, der als Sklave, nachdem er von den Türken gefangengenommen worden war, »viele Tage lang in einem verräucherten Zelt die Kunst des Kaffeekochens ausüben mußte«. Siehe seine *Bevanda asiatica* (Asiatische Getränke), Wien (Gio. Van Ghelen) 1685, neuerdings (Bologna 1986) als kritische Ausgabe mit gelehrten Anmerkungen von Clemente Mazzotta. Marsili erkannte im Kaffee – neben seinen anderen Naturgaben – die Kraft, »einen hellen Verstand« zu schaffen (S. 46 der Wiener Ausgabe).
13 Marcello Malaspina, *Bacco in America*, in: *Raccolta di varij poemetti lirici, drammatici e ditirambici degli Arcadi*, Rom (Antonio de' Rossi) 1722, Bd. IX, der *Rime*, S. 381-382
14 Adelasto Anascalio, *Intorno la cioccolata*, in: *Saggio di lettere piacevole, critiche, morali, scientifiche e instruttive in versi martelliani*, Venedig (Marcellino Piotto) 1759, S. 97
15 Pietro Metastasio, *La cioccolata*, Gesang, in: *Tutte de opere di P.M.*, hg. von B. Brunelli, Mailand (Mondadori) 1965, Bd. II, S. 729

16 *Il Sidro*. Poema tradotto dall'inglese dal Conte Lorenzo Magalotti, zweite Ausgabe, Florenz (Andrea Bonducci) 1752 (1. Ausg. Florenz 1744). Es ist die Übersetzung von *The Cider* von John Philips in elffüßigen Versen.
17 L. Magalotti, *Il Sidro*, in: *Canzonette anacreontiche di Lindoro Elateo*, zit., S. 80
18 Girolamo Baruffaldi, *Le nozze saccheggiate*, in: *Baccanali*, zit., Bd. I, S. 36
19 Giovanni Dallabona, *Dell'uso e dell'abuso del caffeè. Dissertazione storico-fisico-medica del dottor G.D. Seconda edizione con aggiunte, massime intorno la cioccolata ed il rosoli*, Verona (Pierantonio Berno) 1760^2, S. 81
20 Franceso Arisi, *Il Cioccolato. Trattenimento ditirambico di F.A., Eufemo Batio tra gli Arcadi*, Cremona (stamperia di Pietro Ricchini) 1736, S. 8-10
21 Ebd., S. 6
22 Ebd., S. 6-7
23 F. Redi, *Esperienza intorno a diverse cose naturali e particolarmente a quelle che ci son portate dall'Indie*, zit., S. 236-237
24 L. Magalotti, *Lettere familiari* [contro l'ateismo], zit., Teil I, S. 126
25 Ebd.
26 Ebd., S. 130
27 F. Redi, Brief an Diacinto Marmi vom 25. Februar 1683, in: *Scelta di lettere familiari di F.R.*, zit., S. 142. Vgl. *Consulti medici e opuscoli minori*, zit. S. 205: »Viele Kranke und viele Ärzte täuschen sich oft mit dieser falschen Ansicht, der Magen müsse kalt und die Leber warm sein. Und was mir am lächerlichsten zu sein scheint, ist, daß sie der Kälte des Magens nicht die Schuld geben für die Hitze dieser dadurch beleidigten Leber. Und sie führen dazu gewisse Gründe und Ursachen an, die sich nicht einmal im Mund unserer alten Mütterchen geziemen würden, wenn sie ihren Kindern die Märlein erzählen.«
28 L. Magalotti, *Lettere familiari* [contro l'ateismo], zit. S. 11-12
29 Ebd., S. 130
30 F. Redi, *Bacco in Toscana*, in: *Opere di F.R.*, zit., Teil I, S. 10
31 F. Redi, *Annotazioni di F.R. al Ditirambo*, zit., S. 120-121
32 G. Baruffaldi, *Le nozze saccheggiate*, zit., S. 40

Kapitel 12

1 Lorenzo Bellini, *La bucchereide*, Bologna (Masi) 1823, Teil I, Proömium II, S. 154, Stanze 98, Vers 3
2 Francesco Redi, *Bacco in Toscana*, in: *Opere*, zit., S. 18-19
3 L. Bellini, *La bucchereide*, zit., Teil I, Proömium II, S. 154-155, Stanze 99-101
4 Giovambatista Roberti, *Lettera di un bambino di sedici mesi*, zit., S. LXXIII
5 Vgl. Krzysztof Pomian, *Der Ursprung des Museums. Vom Sammeln*, Berlin (Wagenbach) 1988, besonders S. 55-72
6 L. Bellini, *La bucchereide*, zit., Teil II, Proömium II, S. 18-19, Stanze 39-40
7 Ebd., Teil I, Proömium II, S. 155, Stanze 103
8 Ebd., Teil II, Proömium II, S. 25, Stanze 65
9 Ebd., S. 25, Stanze 66
10 Ebd., Teil I, Proömium I, S. 97-98
11 Lorenzo Magalotti, *Lettere sopra i buccheri*, zit., S. 306
12 L. Bellini, *La bucchereide*, zit., »Kapriziöse Ansprache des Doktor L.B., die als Proömium für die Bucchereide dienen soll und in der Accademia della Crusca zum Mahl am 13. September des Jahres 1699 gehalten wurde«, S. 68-69
13 *Scelta di lettere familiari di Francesco Redi*, Venedig (Tasso) 1846, S. 145
14 Giuseppe Averani, *Delle lodi del conti Magalotti nell'Accademia della Crusca detto il Sollevato. Orazione funerale di G.A. detta nell'Accademia della Crusca il dì 18 agosto 1712*, in: G. Averani, *Lezioni toscane di varia letteratura*, Florenz (Gaetano Albrizzini) 1766² S. 253 und 255
15 L. Magalotti, *Lettere sopra i buccheri*, zit., S. 310-311

Kapitel 13

1 Giovambatista Roberti, *La moda*, in: *Raccolta di varie operette del padre G.R.*, zit., Bd. I, S. XXI, Stanze IX
2 Ebd.
3 Ebd., S. XXX, Stanze XXVII
4 Francesco Algarotti, *Epistole in versi*, in: *Opere*, zit., Bd. I, S. 9 »An die Majestät August III., König von Polen, Kurfürst von Sachsen«
5 G. Roberti, *La moda*, zit., S. XXII, Stanze X

6 F. Algarotti, »An Pietro Grimani, Doge von Venedig«, *Epistole in versi*, in: *Opere*, zit., Bd. I, S. 11
7 G. Roberti, *La moda*, zit., S. XXIII, Stanze XI
8 G. Roberti, *Lettera ad un vecchio e ricco Signore feudatario*, in: *Scelta di lettere erudite*, zit., S. 126
9 Ebd.
10 Ebd., S.129
11 Ebd., S. 126
12 Ebd., S. 129
13 Ebd., S. 130
14 Ebd., S. 126-127
15 Ebd., S. 129
16 Ebd.
17 Ebd.
18 Ebd.
19 Ebd.
20 Ebd.
21 *Carteggio di Pietro e di Alessandro Verri dal 1766 al 1797*, zit., Bd. III, S. 308
22 Ebd., S. 309
23 Giuseppe Averani, *Lezioni toscane di varia letteratura...*, zit., Bd. III, S. 73
24 *Carteggio di Pietro e di Alessandro Verri*, zit., Bd. VI, S. 25
25 Johann Joachim Winckelmann, *Lettere italiane*, hg. von G. Zampa, Mailand (Feltrinelli) 1961, S. 93 (auch in: J.J. W., Briefe, hg. von W. Rehm, 1. Bd., Berlin [de Gruyter & Co.] 1952, S. 381)
26 *Carteggio di Pietro e di Alessandro Verri*, zit., Bd. VII, S. 260
27 Ebd., Bd. II, S. 191
28 G. Roberti, *Lettera ad un vecchio e ricco Signore feudatario*, in: *Scelta di lettere erudite*, zit., S. 111-112
29 *Carteggio di Pietro e di Alessandro Verri*, zit., Bd. VII, S. 66
30 Ebd., S. 198
31 Ebd., Bd. VI, S. 183

KAPITEL 14

1 Jean-Baptiste Labat, *La comédie ecclésiastique. Voyage en Espagne et en Italie*, Paris (B. Grasset) 1927, S. 133

2 Giovambatista Roberti, *Lettera al Nobil Signore Jacopo Vittorelli*, in: *Raccolta di varie operette dell'abate conte G.R.*, zit., Bd. IV, S. XXXIV
3 Ebd., S. XXXII-XXXIII
4 Francesco Leonardi, *Gianina ossia La Cuciniera delle Alpi*, zit., Rom 1817, Bd. I, S. 96
5 Ebd.
6 A. Bassani - G. Roversi, *Eminenza, il pranzo è servito. Le ricette di Alberto Alvisi cuoco del card. Chiaramonti vescovo di Imola* (1785-1800), Vorwort von P. Camporesi, Bologna (Aniballi) 1984, S. 175
7 *Carteggio di Pietro e di Alessandro Verri*, zit., Bd. V, S. 65
8 Ebd., S. 100-101
9 Pier Jacopo Martello, *Lo starnuto di Ercole*, in: *Seguito del teatro italiano di P.J. M.*, letzter Teil, Bologna (Lelio della Volpe) 1723, S. 247
10 Ders., *Il vero parigino italiano*, ebd., S. 318
11 Lettera del cav. Benvenuto Robbio Conte di S. Rafaele al Padre Giovambatista Roberti, in: *Scelta di lettere erudite*, zit., S. 204
12 G. Roberti, *Lettera sulla semplicità elegante*, in: *Scelta di lettere erudite*, zit., S. 100
13 *Risposta del padre Giovambatista Roberti al Conte di S. Rafaele*, in: *Scelta di lettere erudite*, zit., S. 222-224
14 Ebd., S. 220
15 Ebd., S. 220-221
16 Clemente Bondi, *Il cioccolato*, in: *Poemetti e rime varie*, Venedig (Gaspare Storti) 1778, S. 122
17 Gioan-Ignazio Molina, Americano, *Sul cacao*, in: *Memorie di storia naturale lette in Bologna nelle adunanze dell'Istituto*, Bologna (Tipografia Marsigli) 1821, Teil II, S. 197-199
18 Ebd., S. 211
19 G. Roberti, *Risposta del padre G.R. al Conte di S. Rafaele*, in: *Scelta di lettere erudite*, zit., S. 219
20 G. Roberti, *Lettera ad un vecchio e ricco Signore feudatario sopra il lusso del secolo XVIII*, in: *Lettere erudite*, zit., S. 123-124
21 C. Bondi, *La giornata villereccia* (Der ländliche Tag), in: *Poemetti e rime varie*, zit., Gesang II, Stanze II, S. 63
22 Ebd., Gesang II, Stanze XX, S. 68
23 *Opere del conte Algarotti*, zit., Bd. XIV, S. 88
24 Niccolò Carteromaco [Forteguerri], *Ricciardetto*, zit., Bd. II, S. 208
25 Ebd.
26 *Le Président de Brosses en Italie. Lettres familières écrites d'Italie en 1739 et 1740 par Charles de Brosses*, Zweite unveränderte Ausgabe, Paris (Didier) 1858, Bd. II, S. 168-169

27 Ebd., S. 169
28 Ebd., Bd. II, S. 22
29 Ebd.
30 Ebd., Bd. II, S. 14
31 Ebd., S. 14-15
32 Ebd., S. 84-85
33 Ebd. S. 86
34 Ebd. S. 228
35 *Carteggio di Pietro e di Alessandro Verri*, zit., Bd. VI, S. 1
36 *Le Président de Brosses en Italie. Lettres familières...*, zit., Bd. II, S. 439
37 Ebd., Bd. II, S. 20
38 Ebd., S. 21
39 Ebd., S. 20-21
40 Ebd., S. 21
41 Ebd., S. 22
42 F. Redi, *Consulti e opuscoli minori*, ausgewählt und mit Anmerkungen versehen von C. Livi, Florenz (Le Monnier) 1863. Auch die anderen Zitate von Redi sind den *Consulti*, S. 196, bzw. S. 186, und 182 entnommen. Die beiden Verse sind aus dem Dithyrambus *Arianna inferma*.
43 *Le Président de Brosses en Italie. Lettres familières...*, zit., Bd. II, S. 22
44 P.J. Martello, *Il vero parigino italiano*, zit., S. 298
45 Ebd., S. 312-313
46 Ebd., S. 313
47 Ebd., S. 314-315
48 Ebd., S. 315. Wir behalten die Lesart »sich verlieren« bei und ziehen sie der Lesart »verzweifeln« vor, die von Hannibal S. Noce in der Ausgabe von *Il vero parigino italiano* vorgeschlagen wurde. Diese wurde veröffentlicht in *Scritti critici e satirici* di P.J. Martello, Bari (Laterza) 1963, S. 339
49 Gian Lodovico Bianconi, *Briefe an den Marchese Harcolani über die Merkwürdigkeiten Bayerns und anderer Länder* [1762], eingeleitet, verdeutscht und erläutert von Horst Rüdiger, Mainz und Berlin (Florian Kupferberg) 1964, S. 69-70
50 Jacques Delille, *Les jardins, ou l'art d'embellir les paysages*, Paris (Valade) 1782, S. 94
51 Ebd.
52 Ebd., S. 92
53 Ebd., S. 93
54 Ebd.
55 *Risposta del padre Giovambatista Roberti al Conte di S. Rafaele*, in: *Scelta di lettere erudite*, zit., S. 219

56 P.J. Martello, *Il vero parigino italiano*, zit., S. 318
57 Ders., Lettera a Ubertino Lando, patrizio piacentino, Vorwort zu *Lo starnuto die Ercole*, zit., S. 245
58 Ebd., S. 247
59 Ders., *Il vero parigino italiano*, zit., S. 325
60 *Risposta del padre Giovambatista Roberti al Conte die S. Rafaele*, in: *Scelta di lettere erudite*, zit., S. 217
61 *Lettera del cav. Benvenuto Robbio Conte di S. Rafaele al padre Giorambatista Roberti*, in: *Scelta di lettere erudite*, zit., S. 20
62 Ebd., S. 209
63 F. Leonardi, *Apicio moderno*, zit., Bd. I, S. 186
64 G. Roberti, *Le fragole*, in: *Raccolta divarie operette del padre G.R.*, zit., Bd. I, Gesang II, Stanze XXII-XXV, S. 54-55
65 F. Leonardi, *Apicio moderno*, zit., Bd. II, S. 137
66 Ebd., S. 130-131
67 Ebd., S. 131-132

Aus unserem Programm

Piero Camporesi
Das Brot der Träume
Hunger und Halluzinationen
im vorindustriellen Europa
1990. 262 Seiten

»Piero Camporesis Art, Geschichte zu erzählen, hat literarische Qualität, ohne in die literarische Fiktion zu verfallen. Dazu war und ist Hunger eine viel zu furchtbare Realität. ... Camporesi öffnet die Abgründe dieses wohl elendsten Todes unter allen Toden und beschreibt die Ängste und Wahnvorstellungen, die aus dem Hunger erwachsen, und die Mittel und Wege, diesen Hunger zu überdecken, in Rausch, Trance, Apathie, durch Vermittler des Vergessens, durch ungeeignete Notnahrung und aufputschende Drogen, in kannibalistischen Praktiken, Leichenschändung und Kotfresserei. ... Es ist schwer möglich, sich diesem Panorama der Lebensumstände der einfachen und armen Menschen im vorindustriellen Europa zu entziehen, wo Hunger der Alltag war. In diesem Sinn ist dies wirkliche Alltagsgeschichte, die Verkrüppelungen und Mißbildungen, die Verirrungen und Ängste, die Geschichten über Hexen und Gespenster, die Bewußtseinsveränderungen und Traumzustände, die Stadien von Trance und Delirium, die in Tanzwut und Massenhysterie mündeten und den dunklen Erzählungen vom Hexensabbat oder den utopischen Hoffnungen auf eine verkehrte Welt Nahrung gaben, in der das Unterste zuoberst gekehrt sei. *Die Presse*

Campus Verlag · Frankfurt am Main

Aus unserem Programm

Piero Camporesi
GEHEIMNISSE DER VENUS
Aphrodisiaka vergangener Zeiten
1991. 144 Seiten

Die Suche nach Möglichkeiten, die geschlechtliche Lust und das sinnliche Erleben steigern, ist keine Besonderheit unserer Zeit. Schon immer haben die Menschen Mittel gefunden und erfunden, mit denen sich das sexuelle Begehren anregen und erhalten, aber auch dämpfen ließ.

Von Piero Camporesi erfahren wir, welche Vorstellungen und Praktiken in der frühen Neuzeit verbreitet waren. Es hat alte Rezept- und Arzneimittelbücher nach den sexuellen Alltagsgewohnheiten durchforstet und berichtet, was bedeutende Autoren und Gelehrte jener Zeit darüber dachten. Auffällig ist die häufig enge Verbindung zwischen Sinnlichkeit und Ernährung; Vorstellungen über Sexualität waren untrennbar mit allgemeinen Lebens-, Verhaltens- und Ernährungsfragen verknüpft. Viele der skurrilen Rezepte dokumentieren eine Art sexologischen Aberglaubens, und auch kannibalisch anmutende Praktiken gehörten zur therapeutischen Vielfalt.

»Mittels einer reichen Quellensammlung gewährt uns Camporesi die einmalige Gelegenheit, die ›Alten‹ im O-Ton über Für und Wider der fleischlichen Lust fabulieren zu hören.« *Stadtblatt*

Campus Verlag · Frankfurt am Main